中国系列丛书

中国智慧

CHINESE WISDOM

童世骏——主编

龚咏梅——副主编

上海教育出版社

目　录

绪　论

童世骏

党的十八大以来,习近平总书记在多个场合强调要总结和研究、学习和运用、传播和推广中华文明数千年发展的智慧结晶。

在 2015 年 11 月的十八届中央政治局第二十八次集体学习时,习近平总书记指出:"实践是理论的源泉。我国经济发展进程波澜壮阔、成就举世瞩目,蕴藏着理论创造的巨大动力、活力、潜力,要深入研究世界经济和我国经济面临的新情况新问题,为马克思主义政治经济学创新发展贡献中国智慧。"①

在 2016 年 5 月 17 日,习近平总书记对中国智慧进行了更加系统的论述,对中国哲学社会科学工作者研究中国智慧提出了更加全面的要求:"要加强对中华优秀传统文化的挖掘和阐发,使中华民族最基本的文化基因与当代文化相适应、与现代社会相协调,把跨越时空、超越国界、富有永恒魅力、具有当代价值的文化精神弘扬起来。要推动中华文明创造性转化、创新性发展,激活其生命力,让中华文明同各国人民创造的多彩文明一道,为人类提供正确精神指引。要围绕我国和世界发展面临的重大问题,着力提出能够体现中国立场、中国智慧、中国价值的理念、主张、方案。"②

在党的十九大报告中,习近平总书记把中国智慧对当代世界的贡献,作为考察当代中国最新发展的重要角度之一,认为中国特色社会主义进入新时代"意味着中国特色社会主义道路、理论、制度、文化不断发展,拓展了发展中国家走向现代化的途径,给世界上那些既希望加快发展又希望保持自身独立性的国家和民族提供了全新选择,为解决人类问题贡献了中国智慧和中国方案"③。

---

① 习近平:《立足我国国情和我国发展实践　发展当代中国马克思主义政治经济学》,新华网:http://www.xinhuanet.com/politics/2015-11/24/c_1117247999.htm。
② 新华网:http://www.xinhuanet.com/mrdx/2016-05/18/c_135367340.htm。
③ 《习近平在中国共产党第十九次全国代表大会上的报告》,人民网:http://cpc.people.com.cn/n1/2017/1028/c64094-29613660.html。

1

那么,什么是中国智慧呢?

回答这个问题的第一步,是理解什么是"智慧"。华东师范大学哲学系的前辈冯契教授有一句名言:"意见是以我观之,知识是以物观之,智慧是以道观之。"[1]也就是说,智慧和知识、意见一样是一种认识,但既区别于主观的意见,也区别于客观的知识,而是一种体现了主客观统一、知情意统一,甚至真善美统一的实践之智识、人生之慧见。

有同学会说,智慧是那么高深的东西啊,这种东西有吗? 我们有可能得到吗? 我要说,主客观统一、知情意统一、真善美统一的人类智慧,既是我们要不断追求、或许永远是可望不可即的目的地,但其实也是我们每个人都已经拥有了的、每天都离不开的出发点。举个例子:只要处于不同年龄的我们都能从孔子的下面这段自述中得到启发,我们就都在不同程度已经有了智慧:

> 吾十有五而志于学,三十而立,四十而不惑,五十而知天命,六十而耳顺,七十而从心所欲,不逾矩。(《论语·为政》)

青少年读到这句话,体会最深的是要好好学习。有人会说,孔子到十五岁才下决心学习啊,我在五岁的时候就学了许多东西了呢! 这当然是戏言。我们都知道,五岁的孩子即使"有志于"做什么,也很难具有理性上的自觉性、意志上的自愿性。真正有能力做自觉自愿的人生选择,只有到了孔子所说的"三十而立"的阶段。我们经常用"三十而立"来表示年轻人到了一定阶段就要成家立业,那只是日常经验,属于"意见"层次,并不在智慧层面。随着年龄渐长,我们对什么是"不惑"、什么是"知天命"、什么是"耳顺"、什么是"从心所欲,不逾矩"都会有新的认知和体会;这样的认知和体会是否智慧,对这种认知和体会的高下深浅进行评价,既不能只根据个人经验,也无法只根据客观证据,因为这些阶段上要处理的群己关系、理欲关系、人性与天道的关系等,靠的是"以道观之",而不能仅仅是"以我观之"和"以物观之"。就个人经验而言,今天的大学生中许多已经游历过不少国家;就客观知识而论,只要能考进大学的同学们就一定背得出许多数学公式,算得出许多物理题目,做得成不少化学实验。但是,就智慧而言,我们常常只能像两千多年前司马迁想到孔子时那样感慨一句,"虽不能至,然心向往之"(《史记·孔子世家》)。

说到这里,我想起毛泽东在1938年说过这么一段话:

---

① 冯契:《冯契文集》(增订版)第 9 卷,上海:华东师范大学出版社,2016 年 5 月,第 2 页。

我们这个民族有数千年的历史,有它的特点,有它的许多珍贵品。对于这些,我们还是小学生。今天的中国是历史的中国的一个发展;我们是马克思主义的历史主义者,我们不应当割断历史。从孔夫子到孙中山,我们应当给以总结,承继这一份珍贵的遗产。①

对于我们每个中国人来说,都要珍惜从孔夫子到孙中山给我们留下来的智慧财富,这份财富我们就叫作"中国智慧"。

中国智慧,像任何古老民族的古老智慧一样,其价值都可以从三个方面来认识。第一,它有内在价值。现代生活方式本身就要求在恪守人类共有的基本规范的前提下,尊重各民族文化和价值观念的多样性。第二,它有宏观的工具价值。要实现发展生产力和推进社会公平正义的目标,必须在遵循全人类普遍的价值的同时,让现代技术和现代制度落脚于各民族的文化土壤。第三,它有微观的工具价值。高度现代化条件下造成的种种问题,比如环境污染、资源消耗、传统生活方式解体、人际关系疏远、个人生活意义迷茫、文化遗产内在价值消失,等等,其解决也离不开对各民族传统智慧和本土知识的开发利用。

但我们作为中国人,对我们自己民族的智慧,对中国智慧,对它的内容有更深入的了解,对它的价值也有更真切的体会,这种体会也可以从三个方面来表达。第一,它是中华民族对人类大家庭的独特贡献。中华文明有五千年历史,历经艰难曲折但始终绵延不绝,不仅滋养了构成全球人口五分之一的中华民族的心灵,而且为世界文明贡献了独具特色的精神财富。第二,它是中华民族自己安身立命的独特食粮。本土形成的儒、道传统,源自域外但已扎根本土的佛教传统,以及各民族各地区的区域文化和民间传统,都曾经在不同程度上适应社会功能要求和民众生活需要。第三,它是中国人得以在当代世界昂首挺立的独特力量。十九世纪中叶以来的民族救亡斗争、现代化道路探索和社会革命实践,以及与之伴随的思想史和学术史研究,以不同方式彰显了中国传统文化的内在活力和当代价值。

上面这些说法可能都太抽象了一点。本书以及"中国智慧"课程的目的,就是想办法让读者和听课的同学们对中国智慧有比较具体的了解。在这里,我想从哲学的角度,概括出中华民族古老智慧的五个特点,希望也能让读者们对中国智慧有比较具体的理解。这五个特点是:"尚贤的民本主义""重情的团体主义""务实的理想主义""辩证的理性主义""好学的世界主义"。

---

① 毛泽东:《中国共产党在民族战争中的地位》,《毛泽东选集》第 2 卷,北京:人民出版社,1991 年,第 534 页。

"尚贤的民本主义"与"重情的团体主义"这两点,是从行动主体的角度来说,是从"什么样的人在行动"的角度来说。什么样的人——也就是说,什么样的中国人在行动、在处理各种各样的实际问题呢? 从纵向的人际关系来说,我们有"尚贤的民本主义";从横向的人际关系来说,我们有"重情的团体主义"。

　　"务实的理想主义"与"辩证的理性主义"这两点,是从主体行动的角度来说,从"主体怎么来行动"的角度来说。主体(也就是中国人)是怎么行动的呢? 每个行动都是一定手段追求一定目的的过程。在设定"目的"的时候,中国人最典型的态度是"务实的理想主义";在选择"手段"的时候,中国人最典型的方法是"辩证的理性主义"。

　　"好学的世界主义"这一点既涉及行动的主体(在世界民族之林中,中国人有什么特点?),也涉及主体的行动(在与外部世界打交道的过程中,中国人是怎么做的?)。中国人自古以来就有"天下"情怀,觉得"有朋自远方来,不亦乐乎"(《论语·学而》);又特别重视学习,觉得"学而时习之,不亦说乎"(《论语·学而》)。这里的"学习",既涉及中外关系,与外人有关;也涉及古今关系,与古人有关。

　　对中国智慧,可以从许多方面进行概括;我的上述概括只是其中的一种。下面我们来看看,中国智慧有什么价值?

　　我想借用习近平总书记十八大以来的一些论述,来表明中国智慧对解决中国问题有什么价值,对解决世界问题又有什么价值。

　　中国智慧在解决中国问题中体现重要价值的一个例子,是邓小平经常说的"摸着石头过河"。正如习近平总书记所说,"摸着石头过河,是富有中国智慧的改革方法,也是符合马克思主义认识论和实践论的方法"[①]。

　　中国智慧在解决中国问题中体现重要价值的第二个例子,是"一国两制"的理念。正如习近平总书记所说,"'一国两制'是中国的一个伟大创举,是中国为国际社会解决类似问题提供的一个新思路新方案,是中华民族为世界和平与发展作出的新贡献,凝结了海纳百川、有容乃大的中国智慧"[②]。

　　中国智慧在解决中国问题中体现重要价值的第三个例子,是"大家的事大家商量着办"的社会主义协商民主。正如习近平总书记所说,"中国特色社会主义政治制度是中国共产党和中国人民的伟大创造。我们完全有信心、有能力把我国社会主义

---

① 习近平:《把握全面深化改革的内在规律,坚持正确的方法论》,人民网: http://jhsjk.people.cn/article/25395110。
② 《习近平在庆祝香港回归祖国二十周年大会暨香港特别行政区第五届政府就职典礼上的讲话》,人民网: http://jhsjk.people.cn/article/29376805。

民主政治的优势和特点充分发挥出来,为人类政治文明进步作出充满中国智慧的贡献"①!

中国智慧不仅有助于解决中国的问题,而且有助于解决世界的问题。对这一点,习近平总书记也有不少精辟论述,其中最重要的是"人类命运共同体"的观念:"我们要高举和平、发展、合作、共赢的旗帜,坚持独立自主的和平外交政策,努力为完善全球治理贡献中国智慧,同各国人民一道,共同建设人类命运共同体。"②"中国将继续积极参与全球治理体系变革和建设,为世界贡献更多中国智慧、中国方案、中国力量,推动建设持久和平、普遍安全、共同繁荣、开放包容、清洁美丽的世界,让人类命运共同体建设的阳光普照世界!"③

"人类命运共同体"的观念,可以说是中国人的"天下"观念、"大同"理想和"忧患意识"的现代表现,是中国人的"己所不欲,勿施于人""己欲立而立人,己欲达而达人"为人处世原则的现代表现,是中国人的这些传统智慧在当今世界的杰出表达。

但是,我们要看到,当我们在强调中国智慧的当代价值的时候,我们并不能照抄照搬古人的言语行动。传统的民族智慧要在当代世界发挥有助于人类进步和人民幸福的作用,必须经过我们立足当代世界的提炼和提升,也就是如习近平总书记所说,要"使中华民族最基本的文化基因与当代文化相适应、与现代社会相协调",要"推动中华文明创造性转化、创新性发展,激活其生命力"。

为什么要"推动中华文明创造性转化、创新性发展"呢?我们还是以前面概括的中华文化传统的五个特点,来做一个说明。每一个特点,其实都包括两个方面。比如,在"尚贤的民本主义"中,包括了"尚贤"和"尊民"两个方面;在"重情的团体主义"中,包括了"重情"和"为公"两个方面;在"务实的理想主义"中,包括了"务实"和"理想"两个方面;在"辩证的理性主义"中,包括了"辩证方法"和"理性精神"两个方面;在"好学的世界主义"中,包括了"为我之学"和"天下主义"两个方面。关键是,这每一个特点必须在当代世界进行新的理解,被充实新的意蕴,而且,每一个特点都是各自两个方面结合起来并且结合得好的结果。如果结合得不好呢,往往会导致这个或那个偏向甚至走向极端。我们有"尚贤的民本主义"的优秀传统,但实际生活中常常出现打着"人民群众是真正的英雄"旗号的"民粹主义",或者是以"严重的问题是教育农民"为借口的"精英主义"。我们有"重情的团体主义"的优秀传统,但实际生活

---

① 习近平:《健全人民当家作主制度体系,发展社会主义民主政治》,人民网：http://jhsjk.people.cn/article/29635033。
② 习近平:《在全国政协新年茶话会上的讲话》,人民网：http://jhsjk.people.cn/article/28990896。
③ 《习近平在第十三届全国人民代表大会第一次会议上的讲话》,人民网：http://jhsjk.people.cn/article/29879544。

中要么是不近人情的"君臣之道",要么是罔顾原则的"任人唯亲"。我们有"务实的理想主义"的优秀传统,但实际生活中曾出现"宁要社会主义的草,不要资本主义的苗"那样的狂热,也曾出现"宁可坐在宝马里哭,而不愿坐在自行车上笑"那样的低俗。我们有"辩证的理性主义"的优秀传统,但在实际生活中既有黄宗羲所说的"以理杀人"现象,也有鲁迅描绘的"崇孔的名儒,一面拜佛,信甲的战士,明天信丁"的"做戏的虚无党"现象。我们有"好学的世界主义"的优秀传统,但在实际生活中,常常有人会混淆"学习西方"与"全盘西化"的界线,也常常有人会误解"世界主义"与"怀柔远人"的区别。

也就是说,中华文化上述五个特点中的每一个,其中两个方面结合得好的话,我们就得到宝贵的传统智慧;结合得不好的话,就会走向两极,我们也会因此背上沉重的传统包袱。总结这方面的经验教训,对我们真正掌握中国智慧是必不可少的。

幸运的是,中国智慧的核心,恰恰是告诉我们如何把那些普遍的道理放在不同的语境中恰当地理解,恰恰是告诉我们如何把看似对立的方面综合起来。中华文化的这种核心智慧,在我看来就是一种"中道"传统。

革命前辈李大钊同志在论述中华民族的优秀传统的时候,重视对"中华"之为"中"进行阐发。"中者,宅中位正之谓也",但李大钊要求中华青年"不仅以于空间能致中华为天下之中而遂足",而也要"于时间而谛时中之旨也",在"古往今来,变迁何极"的世界历史当中,"于今岁之青春,画为中点",[①]也就是要以今天为起点,超越过去,创造未来。与此类似,我们也可以借用中国宋代哲人的话来理解"中国"之为"中"在当今世界的意义:"中者,天下之正道也"(程颐),"中者,天下之大本也"(程颢)。我们一开始讲"智慧是以道观之";"中国智慧"因此就是以中国古人所说的"中道"观之:理性通达,不走极端("不偏之谓中,不易之谓庸",程颐语)。

这样既具有传统根基,又具有现代价值的中国智慧,是表现在方方面面的。习近平总书记对我们提出以下要求的时候,也表达了这个意思:"我们不仅要让世界知道'舌尖上的中国',还要让世界知道'学术中的中国''理论中的中国''哲学社会科学中的中国',让世界知道'发展中的中国''开放中的中国''为人类文明作贡献的中国'。"[②]

本书以及"中国智慧"这门课程,因此包括以下内容,或者说包括以下四大板块:

① 李大钊:《李大钊文集》第1卷,北京:人民出版社,2006年,第188页。
② 《习近平在哲学社会科学工作座谈会上的讲话》,人民网:http://jhsjk.people.cn/article/28361550。

第一编　哲学与科技的智慧

第二编　文学与艺术的智慧

第三编　民俗与礼仪的智慧

第四编　经世与致用的智慧

我希望,本书会使读者们对中国智慧有更全面的了解,也会有更深入的了解。我也希望,在习近平新时代中国特色社会主义思想指导下对中华民族的传统智慧进行挖掘和阐发,把这种挖掘和阐发的成果用具体事例、生动语言和现代方式表达出来,能够帮助提高包括大学生在内的当代中国广大民众的文化自信,并进而加强对以中国智慧为核心要素之一的我们的制度、道路和理论的坚定自信。

第一编

哲学与科技的智慧

第一章　先秦诸子的智慧

　　2014 年 10 月 13 日,习近平总书记在中共中央政治局第十八次集体学习时的讲话中指出:"中华传统文化源远流长、博大精深,中华民族形成和发展过程中产生的各种思想文化,记载了中华民族在长期奋斗中开展的精神活动、进行的理性思维、创造的文化成果,反映了中华民族的精神追求,其中最核心的内容已经成为中华民族最基本的文化基因。"

问题一:中国是否有哲学智慧?
问题二:先秦诸子如何表现了轴心文明?
问题三:先秦诸子是怎么兴起的?
问题四:文化理想何以造就新的思想?

一、中国是否有哲学智慧?

　　这门课的名字叫"中国智慧",我们首先要考虑的问题是:"中国"在哪里?"智慧"是什么?"中国智慧"又意味着什么?

　　首先,"中国"的概念,一般可以从两个维度理解:一个是空间维度,这主要涉及地理意义的中国;另一个是时间维度,这主要涉及历史意义的中国,而这又往往与文化意义的中国密切相关。两种维度的中国相互交错,但是,我们更专注的是第二维度的中国。实际上,关注这个意义的中国源于我们的一种忧虑和紧张。当追问何谓中国时,我们所要思考的其实是,作为中国的我们到底是谁? 当我们理解了中国之后,从某种程度而言,也便找到了我们自己。

　　其次,"智慧"这个词,也可以从两个层面理解:一个是日常层面,这时的智慧相当于才智或聪慧,与其他词汇比较,其实没什么特别;另一个则是哲学层面,哲学意义的智慧主要是相对于知识而言的。[①] 我们所说的"中国智慧"主要指向这种哲学意义的智慧。为了理解这种智慧，我们姑且抛开通常被人们窄化的"哲学"一词，而从对知识的理解重新进入这个概念。我们从小到大接触到各种知识，那么知识是什么呢？知识最重要的特点就是以分门别类的方式把握世界，所以知识有一个最典型的形态，我们中国人译之为"科学"。与此相对，哲学意义的智慧则试图以整全的方式来理解世界。用孔子的话来说，智慧就是始终注意到"君子不器"（《论语·为政》）。知识和技能固然重要，但同时也会限制和切割人性与世界，这时，一种整体的意识和关怀，亦即对于"性与天道"的追寻，就显得格外重要，这种追寻就是对智慧的追寻。

由此可见，哲学意义的智慧指向一种整体观念。不过，这种整体性若要贯彻到底，则意味着两点。其一，整体建立在部分的基础上。也就是说，哲学并非与知识和技能对立，而是蕴于其中。照此来看，举凡科学、艺术、历史、政治等领域皆包藏着哲学和智慧。其二，整体亦有相对的独立性。亦即哲学作为一门独立的学科依然有其特有的价值。这种独立性体现在，当其他领域发现并探寻世界的各个板块时，哲学则试图将这些板块焊接为一个整体。这两个重要原则，在明代学者方以智通过传教士初步接触到西方的哲学和科学之后，就明确提了出来，即所谓"质测即藏通几"与"通几护质测之穷"（《物理小识》）。彼时，哲学和科学的译名尚未出现，质测即科学，通几即哲学。前一句是说科学包藏了哲学，后一句则讲科学不能穷尽所有问题，这时就需要哲学出马。

综上所述，从根底的层面来讲，"中国智慧"就相当于"中国哲学"。于是，就涉及"中国哲学"这个术语和学科了。众所周知，"哲学"是一个翻译的词，在与其对应的Philosophy的背后，有一套博大精深而又看起来与中国传统的学术极不相同的学问，所以在中国文化中是否能找到一种东西而可以称之为"哲学"，自中西文化接触之后，就成为一个问题。如果我们将智慧等同于哲学，那么这个问题对于这门课来说就显得很棘手了。因为，假如说中国有没有哲学需要存疑，那么中国有没有智慧也要打上问号了。

公元 2001 年 9 月 11 日这一天，除了那件举世震惊的事件之外，上海文化界发生了一件看似不起眼的事情。当代法国著名哲学家德里达访问上海，那天，在常规的学术演讲之后，上海的学者设宴招待。餐桌上，德里达随口说了一句："中国有思想，但，没有哲学。"当时，华东师范大学中文系的王元化先生作陪，他闻听此言之后

---

① "智慧"一词的这两层区分参见杨国荣：《论人性能力》，《哲学研究》2008 年第 3 期。关于知识与智慧的进一步关联以及何为哲学意义的智慧可参见冯契：《〈智慧说〉三篇》，载《冯契文集》（增订版），上海：华东师范大学出版社，2016 年。

马上表示反对。于是,接下来的两个小时,饭局变成了辩论。不仅如此,接下来的十几年,中国哲学界以此事件为导火索,掀起了一场大规模的有关中国哲学合法性的讨论,一直持续至今。

从表现上看,中国学者的反应似乎有点过度了,最后演变为一场内部的持续不断的自我辩解以及自我反省。不过,这种情况恰好说明了,对于研究中国传统文化的学者而言,他们比一般人更有一种"作为中国的我们到底是谁"的身份认同的焦虑感。事实上,自1919年以胡适的《中国哲学史大纲(上)》为标志而建立了中国哲学史学科之后,中国学者便一直没有摆脱这种危机感。自我的问题往往是在与他者的对待中显现的。为此,我们可以通过对西方人眼中的中国哲学的简单分析看到中国哲学合法性问题的另一面。大约从明代中后期开始,以西方传教士为沟通媒介,西方人对中国哲学就出现了两种典型看法。

一派是西方中心论。除了德里达等当代学者之外,最典型的就是近代德国哲学家黑格尔。黑格尔在听到孔子的盛名之后,找到了翻译的《论语》,看了之后非常失望,说了一段话:"为了保持孔子的名声,假使他的书从来不曾有过翻译,那倒是更好的事。"①在他看来,这不过是一些道德常识,其他任何民族都有,甚至比孔子说得更精彩。当然,黑格尔还翻了一下《周易》和《道德经》,认为这两本书倒有一点哲学的味道。不管怎样,黑格尔站在西方甚至德国中心论的立场,认定作为中国文化精华的儒学算不上哲学。

另一派可以说是中国中心论者。这一派比前一派还早一些,主要产生于启蒙运动时代。当时,西方很多启蒙思想家通过学习传教士反馈的东方资料,达成了一个共识,他们认为中国的思想文化和政治制度达到了人类的高峰,是他们心中的理想国。在此背景下,像莱布尼茨、魁奈、伏尔泰、狄德罗等人都对中国的古圣先贤推崇备至。伏尔泰的一段话代表了这些学者的心声:"欧洲的王族同商人发现东方,只晓得求财富,而哲学家则在那里发现了一个新的精神的与物质的世界。"②这样看来,那时的西方哲学家不仅将中国古代的学者视为同道,甚至认为他们的哲学应当成为西方人学习的楷模。

当你了解了上述历史之后,对于中国有无哲学,进而有无智慧的问题或许会释然一些。很多时候,中国是否有哲学并不是一个名实相副的问题,而是一种以自我追问为核心的文化心理问题。尽管如此,从研究的角度来看,这个问题依然值得追

① [德]黑格尔:《哲学史讲演录》第1卷,上海:上海人民出版社,2013年,第118页。
② 引自方刚:《伏尔泰论中国》,《法国研究》1990年第1期。

究。近代以来，一些西方学者开始打破两种中心论的观点，而主张一种哲学多元论。这种新视角对于我们理解中国哲学和智慧很有启发性，接下来我们就介绍其中的代表——雅斯贝斯轴心时代的理论。

二、先秦诸子如何表现了轴心文明？

雅斯贝斯在 1949 年出版的《历史的起源与目标》中提出，公元前 800 至公元前 200 年是人类历史的"轴心期"（Axial Period）。在这数个世纪中，中国、印度和西方这三个互不知晓的地区几乎同时出现了人类精神的导师：

> 在中国，孔子和老子非常活跃，中国所有的哲学流派，包括墨子、庄子、列子和诸子百家，都出现了。象中国一样，印度出现了《奥义书》（Upanishads）和佛陀（Buddha），探究了一直到怀疑主义、唯物主义、诡辩派和虚无主义的全部范围的哲学可能性。伊朗的琐罗亚斯德传授一种挑战性的观点，认为人世生活就是一场善与恶的斗争。在巴勒斯坦，从以利亚（Elijah）经由以赛亚（Isaiah）和耶利米（Jeremiah）到以赛亚第二（Deutero-Isaiah），先知们纷纷涌现。希腊贤哲如云，其中有荷马，哲学家巴门尼德、赫拉克利特和柏拉图，许多悲剧作者，以及修昔底德和阿基米德。[1]

站在雅斯贝斯的视角来看，这些文明之间虽然相隔了千山万水，却有一些奇妙的共同之处，这可以通过两个层面来看：

首先是表面联系。可以发现，轴心文明发生的区域主要位于北纬 30 度上下，也就是 25 度到 35 度之间。众所周知，北纬 30 度是一条神奇的纬线。围绕着它，有奥妙的百慕大三角、举世闻名的埃及金字塔、传说中的沉没大陆亚特兰蒂斯、世界最高峰珠穆朗玛峰以及最深的西太平洋马里亚纳海沟等。这些神秘的现象凑在一起，难道仅仅是巧合吗？总之，轴心文明不管在时间还是空间上都有重合之处，这些都增加了轴心时代理论的神秘色彩，使人觉得有趣。

其次是深层联系。表面的联系或许可以通过科学研究和考察使之祛魅而得以解释，更值得关注的是深层联系。这种深层联系是说，这些发生于轴心时代的文化相比于此前的古代文化而发生了一种突变，这种变化具有相通性。其中，最重要的变化是"哲学家首次出现了"。雅斯贝斯说：

---

[1] ［德］卡尔·雅斯贝斯著，魏楚雄、俞新天译：《历史的起源与目标》，北京：华夏出版社，1989 年，第 8 页。

> 中国的隐士和云游哲人，印度的苦行者，希腊的哲学家和以色列的先知，尽
> 管其信仰、思想内容和内在气质迥然不同，但都统统属于哲学家之列。人证明
> 自己有能力，从精神上将自己和整个宇宙进行对比。他在自身内部发现了将他
> 提高到自身和世界之上的本原。①

以轴心时代为界，此前主要是神话时代，这个时代的特点在于，由于人类总是体验到
世界的恐怖和自身的软弱，所以总认为世界的根据在自我之外的他者那里。轴心时
代则作了一种翻转，由于运用了理性，人们开始从自身内部寻找统一世界的根据。
于是，神话变为寓言，宗教则被伦理化了。

轴心时代的这个特点为三个世界所共有，而我们中国的儒家最为典型，《中庸》
的说法又最为恳切：

> 惟天下至诚，为能尽其性；能尽其性，则能尽人之性；能尽人之性，则能尽物
> 之性；能尽物之性，则可以赞天地之化育；可以赞天地之化育，则可以与天地参
> 矣。(《中庸》)

在这里，儒家认为人首先应该认识和开发自身的潜能（尽其性），而这需要从一种个
人内在的"至诚"下手；开发了自身的潜能，就可以开发他人的潜能（尽人之性）；开发
了他人的潜能，就可以开发万物的潜能（尽物之性）；开发了万物的潜能，人就创造了
一个全新的人文天地，这个新天地甚至可以弥纶化育万物的天地的不足（赞天地之
化育）。人能做到这一点，也就达到与天地并而立三了（与天地参）。轴心文明的这
种特质其实就涉及哲学和智慧的本质内涵。哲学的那种整体性在此表现为，人类开
始思考物我关系问题，并在自我的探求中找到一种能够统摄物我的整体性观念。由
此可见，轴心时代亦即智慧真正开始的时代。

轴心时代的理论可以用来解释一个重要现象。在当今世界各个集团和国家的
经济、政治、军事、科技等较量的背后存在一个文明的较量，而这种文明的格局为什
么是由西方、印度、中国、伊斯兰等几大文明构成的？因为可以发现，这些文明都是
轴心文明的后裔或者与其有密切联系。那么，轴心时代的文明为什么具有这种顽强
的品性呢？雅斯贝斯分析道：

> 直至今日，人类一直靠轴心期所产生、思考和创造的一切而生存。每一次
> 新的飞跃都回顾这一时期，并被它重燃火焰。自那以后，情况就是这样。轴心

---

① ［德］卡尔·雅斯贝斯著，魏楚雄、俞新天译：《历史的起源与目标》，北京：华夏出版社，1989年，第10页。

期潜力的苏醒和对轴心期潜力的回忆,或曰复兴,总是提供了精神动力。对这一开端的复归是中国、印度和西方不断发生的事。[①]

于是,可以发现,只有那些拥有轴心时代的文明才在历史的发展中生存了下来。而那些没有轴心时代的文明呢? 一种可能是与轴心时代文明保持隔绝而自生自灭。比如南美洲的玛雅文明,后来灭亡了;而太平洋中的某些原始部落则依然保持着几千年之前的形态。另一种可能则是被拖进轴心时代的文明,这些文明当中的一些灭绝了,一些则坚强地存活下来。作为例证,雅斯贝斯指出后一种情况在西方有日耳曼民族,在东方则有日本人。如果我们将轴心文明理解为一种母体和根系,那么或许可以这样理解二十世纪上半叶的那两场世界大战,那种文明上的无根感是造成两个民族野心膨胀的因素之一。

总之,轴心时代的理论既非西方中心论,也非中国中心论,而是从历史学的审慎立场出发,提出的一种人类文明的发展模型。这个模型不仅可以使我们从世界历史的角度重新发现和审视先秦诸子的意义,更以一种历史的方式证成了中国文化的哲学属性,其中包含了一套特有的中国智慧。

不过,这个理论还有一个问题尚未解决:为什么会出现轴心时代的这种现象? 雅斯贝斯认为这是一个"历史之谜",并且指出:"随着对实际情况研究的深入发展,谜团日益增大。"[②]然而,这果真是一个谜吗? 或许三种轴心文明之间的共时性以及地理上的相似性是一个谜,但是具体到三种文明本身是如何发生的,则是有迹可循的。至少就中国而言,对于"为什么会出现先秦诸子"这个问题,中国学者自先秦时代就已经开始讨论了。

三、先秦诸子是怎么兴起的?

先秦诸子起源的问题,中国古代学者提出了各种看法,这些看法可以归结为以下三种。这三种看法的经典出处,有些来自先秦诸子,有些虽然稍晚一些,但依旧可以追溯到先秦时代。可以说,先秦诸子中的一些学者已经充分意识到自身的独特性了,并就自己为何如此作了反省和考察。

第一种看法出自《庄子·天下篇》,可以称为"古之道术说"。《天下篇》是庄子或

---

① ［德］卡尔·雅斯贝斯著,魏楚雄、俞新天译:《历史的起源与目标》,北京:华夏出版社,1989 年,第 14 页。
② ［德］卡尔·雅斯贝斯著,魏楚雄、俞新天译:《历史的起源与目标》,北京:华夏出版社,1989 年,第 21 页。

庄子后学的作品,是一篇学术综述,这种体裁决定了它必然对当时各学派的起源、关系和评价等问题进行讨论。它是这样解释百家之学的产生的:

> 古之所谓道术者,果恶乎在?……其明而在数度者,旧法世传之史尚多有之。其在于《诗》《书》《礼》《乐》者,邹鲁之士搢绅先生多能明之。《诗》以道志,《书》以道事,《礼》以道行,《乐》以道和,《易》以道阴阳,《春秋》以道名分。其数散于天下而设于中国者,百家之学时或称而道之。

在庄子学派看来,遥远的古代有一种完满的"道术",后来虽然散失掉了,却也并非毫无踪迹。有些在旧法和史籍中,有些在"五经"中,还有一些则被不同的人继承下来,进行了创造性转化,于是就有了先秦诸子。

如果从这种对古代核心文化的继承和发展的角度来看,我们还可以找到一些更早的材料。例如《论语》中记载了一个事情,卫国大夫公孙朝见到孔子之后,被他的知识和智慧震惊到了,于是向子贡发出"仲尼焉学"之问。子贡想必对自己的老师为什么这么有学问也思考过,他这样答道:

> 文武之道,未坠于地,在人。贤者识其大者,不贤者识其小者,莫不有文武之道焉,夫子焉不学,而亦何常师之有?(《论语·子张》)

这里面的"文武之道"就相当于"古之道术",它在历经辉煌之后,没有完全失落,秘诀就在人。人是文化的载体,不同的人从不同程度和角度继承和发展了古代的文化,孔子作为一个集大成者,之所以学有所成,就在于学无常师。类似于这样的解释还可以在《淮南子》中看到:

> 孔子修成康之道,述周公之训,以教七十子,使服其衣冠,修其篇籍,故儒者之学生焉。(《淮南子·要略》)

子贡所说的"文武之道"在此变成了"成康之道"和"周公之训",这种"古之道术"被孔子继承发展并教导弟子,于是儒学诞生了。

总之,"古之道术说"实际上构建了一种思想发生的模型。这种模型认为新思想往往不是凭空突现的。在一种或多种新的思想产生之前,一定存在一种完美的或者被想象为完美的思想作为它的智慧之源。

第二种看法出自《汉书·艺文志》,被称为"王官说"。《艺文志》是中国现存最早的目录学文献,这部书的"辑略"部分,叙述了先秦学术的思想源流,提出先秦诸子的源头是古代的王官之学。其大略如下:

> 儒家者流,盖出于司徒之官。道家者流,盖出于史官。阴阳家者流,盖出于
> 羲和之官。法家者流,盖出于理官。名家者流,盖出于礼官。墨家者流,盖出于
> 清庙之守。纵横家者流,盖出于行人之官。杂家者流,盖出于议官。农家者流,
> 盖出于农稷之官。小说家者流,盖出于稗官。

这一看法在后来的影响极大,为主流观点。古代学者如章学诚(《文史通义》)、龚自珍(《古史钩沉论》)都支持此说,近代学者如章太炎(《诸子学略说》)、吕思勉(《先秦学术概论》)更对这种说法进行了深入发挥。

值得注意的是胡适的两篇文章,《诸子不出王官论》和《说儒》,前者对"王官说"提出批评和商榷,后者则通过具体考证提出"儒"是从殷的祝宗卜史转化而来的结论。这两篇文章掀起了讨论先秦诸子起源尤其是儒家起源的热潮,学者们纷纷一陈己见。就儒家的起源来讲,有人将各种观点概括为四类:

一、史官——儒家(儒出于祝史)章太炎、郭沫若(笔者补充:徐复观、姜广辉)

二、术士——儒家(儒出于术士)徐中舒、杨向奎、傅剑平

三、职业——儒家(儒出于职业)傅斯年、钱穆、冯友兰、侯外庐

四、地官——儒家(儒出于司徒)何新、刘忆江①

据此来看,这些学者的论证思路基本上都是"王官说"的演化,只不过作了进一步的细化。就其共性而言,都可分为两步:首先认为古代王官的失守流落造成了春秋时的某种职业,其次认为春秋时的职业演化出了儒家。

总之,这种看法与"古之道术说"有相通之处,认为先秦诸子的产生决定于某种内在的历史因素。上古时期的学问以官学的形态存在,随着春秋以后时代因素的变化,官学散失,经过转换就成了诸子的私学形态。

第三种看法出自《淮南子·要略》,胡适将其概括为"救时之弊说"。《淮南子》是一部综合融贯百家学说的杂家著作,这部书有一篇序言叫《要略》,其中提出并解答了为什么西周以后会出现丰富多彩的思想,认为当时出现了太公之谋、儒者之学、墨子之学、管子之书、晏子之谏、纵横修短、刑名之书和商鞅之法等学说,这些思想的产生是由特定的社会环境、政治需要所决定的,是解决时代问题的产物。就太公之谋而言,作者说:

> 文王之时,纣为天子,赋敛无度,杀戮无止,康梁沉湎,宫中成市,作为炮烙

---

① 陈来:《古代宗教与伦理——儒家思想的根源》,北京:生活·读书·新知三联书店,2009 年,第 372 页。

> 之刑,刳谏者,剔孕妇,天下同心而苦之。文王四世累善,修德行义,处岐周之间,地方不过百里,天下二垂归之。文王欲以卑弱制强暴,以为天下去残除贼而成王道,故太公之谋生焉。(《淮南子·要略》)

这是说,殷周之际,纣王的所作所为造成了一种"天下同心而苦之"的时代弊病,于是"太公之谋生焉"。其他诸家也大致遵循这种原则而生。可惜的是,这种看法在古代的影响并不大,直到胡适写《诸子不出王官论》的时候才重拾此说,并进一步将其概括为"诸子之学皆春秋战国之时势事变所产生""皆起于救时之弊,应时而生",由此才引起学界的广泛重视。

不过,如果从"救时之弊"的这种思路来看,这类观点在《淮南子》之前就已见端倪了。比如孟子认为孔子的《春秋》之学就是这样发生的:

> 世衰道微,邪说暴行有作,臣弑其君者有之,子弑其父者有之。孔子惧,作《春秋》。(《孟子·滕文公下》)

当时的时代问题是"世衰道微",具体则有两个表现,一个是学术层面的"邪说"横行,另一个则是现实层面的"暴行"有作。孔子对此深恶痛绝,并希望有所改变,于是就作了《春秋》。孟子进一步说道:

> 圣王不作,诸侯放恣,处士横议,杨朱墨翟之言,盈天下……我亦欲正人心,息邪说,距诐行,放淫辞,以承三圣者;岂好辩哉? 予不得已也。能言距杨墨者,圣人之徒也。(《孟子·滕文公下》)

孟子一方面感触于政治层面的"诸侯放恣",另一方面则对学术层面的"处士横议"也感到深深的忧虑,于是慷慨自任,以"言距杨墨"为职责。所以,当别人批评他"好辩"时,孟子表示"予不得已也"。所谓"不得已"就是从儒家立场出发,不得不对时代问题作出回应。如果将"好辩"理解为发言著述和阐发儒学,那么这段话就是孟子自己在解释为什么会有孟子思想。

总而言之,这种看法其实是认为时势造英雄,诸子百家就是那个时代在思想领域中的英雄。不过,英雄与时代之间往往需要一个媒介,就是"感",英雄只有"感"于时代,才能成其为英雄。

与此相关,二十世纪六十年代以后,我国港台地区新儒家徐复观、牟宗三等人提出了一种忧患意识说,用来说明中国文化的起源。从这个角度来看,还可以解释中西哲学之间的差异。徐复观说:

> 一般人说,希腊哲学,发生于对自然的惊异;各种宗教,发生于对天灾人祸的恐怖;而中国文化,则发生于对人生责任感的"忧患"。①

在徐复观看来,正是由于所"感"的对象和方式不同,才造成了中西文化之间的差异。古希腊的哲学家已经自觉意识到这一点,所以柏拉图说:

> 惊奇原是哲学家的标志,此外哲学别无开端。②

古希腊人从"感"于自然开始,所"感"到的主要是一种惊诧。同样,先秦哲学家对其所"感"的类型也有自觉的意识。在据信是孔子之孙子思所作的《五行》中,就这样表述他所理解的儒学的内在理路:

> 君子无中心之忧则无中心之知,无中心之知则无中心之悦,无中心之悦则不安,不安则不乐,不乐则无德。(《郭店楚简·五行》)

这是一种由忧患出发,以此激发人的智慧解决人生和社会问题,进而使精神得以提升,最终成德的致思方式。显然,儒家大致是从"感"于人间开始,所"感"的往往是对个人苦难和社会弊端的忧惧。

总之,西方人从感受万物的奇妙开始,推及社会;中国人从感受社会的弊病开始,由此拓及自然,于是便形成两种不同的智慧。

四、文化理想何以造就新的思想?

关于事物起因的理论,马克思主义认为根本原因不在事物的外部,而在事物内部的矛盾性。内因是事物发展的根本原因,是变化的根据;外因是事物发展的第二位的原因,是变化的条件,外因通过内因起作用。照此来看,"古之道术说"和"王官说"应当归为先秦诸子产生的内因,"救时之弊说"则主要属于先秦诸子产生的外因,两者因缘和合,于是就有了先秦诸子。不过,既然内因是根本,而且外因总通过内因起作用,我们也可以概括地说:先秦诸子作为一种新的思想,源于一个古老文化的失落。这个古老的文化就是"古之道术"或者"王官之学"。具体而言,则是所谓"三代礼乐文化"。

"三代"是指夏、商、周三个朝代,加起来一共有一千七百多年的时间,历史非常

---

① 徐复观:《中国人的生命精神》,上海:华东师范大学出版社,2004年,第174页。
② 严群:《泰阿泰德智术之师》,北京:商务印书馆,1963年,第42页。

悠久。三代的文化是礼乐文化,其中以西周的文化最为鼎盛。周代的这种礼乐文化有两个特点,孔子对此有一个概括:

> 远人不服,则修文德以来之。(《论语·季氏》)

孔子曾盛赞西周,称"郁郁乎文哉,吾从周"(《论语·八佾》)。"文德"二字正是孔子所理解的周代文化的精华,它有两个层面。一个是外在的"文"的层面。《国语》中说:"文王质文,故天胙之以天下。"(《国语·周语下》)这是认为文王的精神中灌注了"文"的精神,所以周人才取得了天下。另一个是内在的"德"的层面。《庄子》中提到的"古之道术"有"以天为宗,以德为本"(《庄子·天下篇》)的特点,一般认为就是在描述周文化。

总的来说,周代的礼乐文化既有"文"的层面,又有"德"的层面,两相结合,就形成了一种完美文化。为什么说它完美呢? 因为我们衡量一个人是否完美,就是通过这两个方面。一方面,这个人需要外表出众、穿着得体;另一方面,也需要品性纯良、德才兼备。只有外在和内在的两个方面都健全,恰如《诗经》中所说的"其人美且仁"(《诗经·齐风·卢令》),这种人才称得上"完美"。因此,周代文化具有一种完美性,或者说,人们想象中的周代文化是完美的,正因完美,所以它实际上是一种文化理想。请注意:文化理想对于一种文化来说,具有极为重要的意义。因为有了理想,人便具有了反思的能力,而反思是哲学和智慧的开始。

理想为什么能够使人产生反思的能力呢? 因为只有拥有了理想,人才能真正构建两个世界的思维模式。一方面以理想世界批判现实,另一方面则以现实世界促进理想的进一步升华。西周以后,不管"文德"之制的具体落实情况如何,人们宁愿将其看作一种文化理想,于是就产生了两个方面的变化:一方面,由于心怀理想,人们便会以心中的理想对现实社会进行一个反思性的判断,这就是那个时代人们常说的"礼坏乐崩"或"名实相怨"。另一方面,在批判现实的同时也产生了另外一种可能,人们会反过来考察一下这个文化理想,看看它是不是有什么问题,各种新的思想由此而生。可以说,新思想的产生源于人们对周代礼乐文化的重新思考,以及由此而选择的不同立场。

大体而言,先秦的三个原生的哲学学派,儒家、道家和墨家的学术立场各不相同,这种不同正源于对礼乐文化的立场不同。对于礼乐文化,儒家采取支持和改进的态度,道家采取根本否定和批判的态度。一正一反之外,墨家则采取了一种分析的立场,认为礼乐文化相比于功利和实践,并没有那么重要。如果将礼乐文化抽象为"文",又将"文"抽绎为"名",那么用三家各自的说法,儒家就是通过"正名"求其道,道家是通过"无名"求其道,墨家则通过"实名"("取实予名")求其道。三者均源于思考礼乐文化而生。三个原生学派之后,又有一些衍生学派,比如名家,这是在道家批判和墨家分析礼乐文化的基础上产生的,名家希望通过辨名析理的方式建构一个名理的世界,并以此推动现实社会的革新,他们是通过"辨名"求其道。又如黄老法家之学,这两个学派的用世意味浓烈,所以希望有一种更深的理论基础,于是在道家的宇宙观和儒家的济世思想的影响下,它们共同构建了一种通过"形名"而求道的路数。①

在产生于先秦时代的以上流派中,有两派最为重要,一个是儒家,一个是道家。两家思想一正一副、一阴一阳,相互对立和补充,使得中国文化的内部较早形成了一种稳定的内在结构。中国历史的后续发展与这种文化结构密不可分。下一章,我们就分别看看,这两种思想的具体情况。

---

① 参见苟东锋:《孔子正名思想研究》,上海:上海人民出版社,2016年,第267—280页。

第二章　儒道思想的智慧

2014 年 9 月 24 日,习近平总书记在纪念孔子诞辰 2565 周年国际学术研讨会暨国际儒学联合会第五届会员大会开幕会上的讲话中指出:"孔子创立的儒家学说以及在此基础上发展起来的儒家思想,对中华文明产生了深刻影响,是中国传统文化的重要组成部分。儒家思想同中华民族形成和发展过程中所产生的其他思想文化一道,记载了中华民族自古以来在建设家园的奋斗中开展的精神活动、进行的理性思维、创造的文化成果,反映了中华民族的精神追求,是中华民族生生不息、发展壮大的重要滋养。"

问题一:"儒道互补"的原因是什么?
问题二:孔子如何做到"践仁知天"?
问题三:老子如何提出"道法自然"?

一、"儒道互补"的原因是什么?

本章让我们粗略了解一下儒道两家的智慧。上一章提及,从本源的角度看,儒家和道家形成了一种互补的文化结构,这种"儒道互补"的文化结构对中国历史的各方面都产生了深远影响。那么,大家或许会觉得奇怪,先秦有诸子百家,先秦以降的各个历史阶段都有不同形态的思想,后来又有佛教传入,为什么儒道两家能够发生一种持久的互补呢?

这个问题可以通过各个角度加以研究,[①]不过,我们也可以提供一个一目了然的说明。如果拿出一张东亚地形图就会发现,中国所在的这片区域有十分突出的特点。我们的西南是高原,西北是荒漠,北方是草原和沙漠,东北是森林,东南则是大

---

① 比如从中国文化的精神气质来看,中国人向往天人合一,亦即天道与人道的互补。比较而言,道家重天道,儒家重人道,由此便形成一种儒道互补的结构。关于"儒道互补"的理论可参见李泽厚:《美的历程》,北京:生活·读书·新知三联书店,2009 年。

海。所以,我们的祖先被封闭在一个相对独立的空间里。设想一下,如果一群人被关在封闭空间中,并且资源有限,那么他们会干什么?当然会做很多事,但最后十有八九会打起来。那么请问,这样一个社会的核心问题是什么?一定是有关秩序的,换言之,即政治问题。

这就造成一种结果——整个社会的精英都将自己的智慧和精力主要放在了思考和应付政治问题上。于是,围绕着政治问题,精英阶层分为两类:一方面,一批人被治国平天下的伟大理想感召,积极投身政治活动,这批人叫仕人;另一方面,也有一些人有感于政治黑暗的一面,于是远离政治而亲近自然,这些人叫隐者。仕人和隐者,分别构成了儒道思想的肉身。

由此可见,儒家和道家其实是对政治问题,进而是对与之密切相关的文化问题的两种不同处理态度和思考模型。具体到春秋战国时代,所谓政治和文化主要表现为夏、商、周三代礼乐文化。这个礼乐文化实际上是此前那个古老中国的精英思考政治问题所得到的智慧和结晶。不过,这个智慧结晶在当时似乎遇到了问题,出现了"礼坏乐崩"的现象。针对这个问题,仕人和隐者两方的看法完全相反,在历史的进程中,双方各自产生了代表性的人物,将抽象的立场转化为具体而深刻的思想,这两方面的代表人物就是孔子和老子。

司马迁的《史记·老子韩非列传》为我们留下一段著名的孔子见老子的故事。这个故事的真假尚有争议,但至少代表了那个时代的人对儒道两家以及孔子和老子二人思想及其分歧的一般看法。先是故事的前半段:

> 孔子适周,将问礼于老子。老子曰:"子所言者,其人与骨皆已朽矣,独其言在耳。且君子得其时则驾,不得其时则蓬累而行。吾闻之,良贾深藏若虚,君子盛德,容貌若愚。去子之骄气与多欲,态色与淫志,是皆无益于子之身。吾所以告子,若是而已。"(《史记·老子韩非列传》)

这个故事可以告诉我们三条重要信息:

首先,孔子和老子,即儒家和道家思想的根本分歧。我们看到,当时会面谈论的主要问题是"礼",正是基于对"礼"的不同理解,才造成了两家思想的不同。由此可以推测,孔子和老子的具体想法应当都是在思考"礼"的过程当中产生的,我们也便可以借此考察二人思想的发生史。

其次,老子思想的特质。老子反对"礼",他告诉孔子:"你谈的那些'礼'的东西与谈那些东西的人和骨头早已腐朽掉了,只留下一些言语。"(子所言者,其人与骨皆

已朽矣，独其言在耳）言下之意大约是，你谈的那些关于古代的东西早就过时了。这
或许是时人看待"礼"的常见观点，当然，也是近代以来人们对待传统文化的一般态
度。值得注意的是，虽然表面上看起来差不多，但是老子的观点与这些俗见之间还
是有根本差别。结合老子思想来看，他在回应孔子的过程中主要抓住了"言"的问
题，实际上是注意到了语言的有限性。老子明确区分了名言域和非名言域之间的界
限，认为他所求取的"道"是属于非名言域的不能被任何有限性所羁绊的。所以老子
认为，孔子以语言为据所抓取的东西并非"常道"，所谓"道可道，非常道；名可名，非
常名"（《道德经》第一章）。

再者，孔子思想的特质。这涉及这个故事的后续发展：

> 孔子去，谓弟子曰："鸟，吾知其能飞；鱼，吾知其能游；兽，吾知其能走。走
> 者可以为罔，游者可以为纶，飞者可以为矰。至于龙，吾不能知其乘风云而上
> 天。吾今日见老子，其犹龙邪！"（《史记·老子韩非列传》）

孔、老会面之后，孔子向弟子谈起对老子的印象，我们可以由此体会孔子思想的特
点。孔子认为自己阅人无数，有些人很有能耐，但也正因为这些能耐，反而可能限制
了他们自己，所以这些人还是容易了解的，就像鸟、鱼和兽一样。不过，在孔子看来，
老子与这些人都不一样，他像一条龙，难以把捉和了解，言语之间充满了对老子的赞
叹和欣赏。联系老子对孔子那种尖锐甚至尖酸的批评就能感到，孔子思想的格局很
大，具有极强的包容性。他虽然支持礼乐文化，但也并非全盘接受，而是吸收了包括
老子在内的各方面的意见，熔铸而成一种新思想。

孔子思想的精华是"践仁知天"，[1]老子思想的中心则是"道法自然"，这是学界公
认的。接下来就简单向大家介绍一下这两种思想是怎么产生的，尤其侧重于两者是
如何通过基于"礼"的不同立场而引发的。

二、孔子如何做到"践仁知天"？

孔子思想的基本立场是支持礼乐文化。为什么会这样呢？原因或许很简单，因
为他从小就对礼乐相关的东西发生了兴趣。根据司马迁的记载，孔子在儿童时代就
经常与小伙伴们玩以礼乐为主题的游戏：

---

[1]　参见牟宗三：《心体与性体》（上），上海：上海古籍出版社，1999 年。

> 孔子为儿嬉戏,常陈俎豆,设礼容。(《史记·孔子世家》)

可以发现,这或许是一种角色扮演类型的过家家的游戏。我们知道,游戏的本质是体验,这种体验常常通过角色代入而获得,而"礼"的过程中所体现的角色和身份元素恰好可以成为游戏产生的重要来源。孔子在这种游戏过程中所获得的乐趣显然比其他小伙伴更多。由于兴趣浓厚,后来他就在这方面下功夫,最初也许只是想获得更好的游戏体验,了解多了之后,就有了更深的体会。于是,孔子很快就成为礼仪方面的专家了。《论语》记载:

> 子入太庙,每事问。或曰:"孰谓鄹人之子知礼乎? 入太庙,每事问。"子闻之,曰:"是礼也。"(《论语·八佾》)

这段话表明,孔子最初就是因为"知礼"而小有名气。而"入太庙,每事问"这种不同寻常的行为恰恰说明他对礼的理解已经超越常人。

由于深入礼乐文化的研究,孔子的精神就融入延续了一千多年的三代礼乐文化的智慧中去了,后来遂自觉地以"复周礼"为理想。因此他说:"文王既没,文不在兹乎?"(《论语·子罕》)认为文王之后,继承了"斯文"的就是自己。而且曾有豪言:"如有用我者,吾其为东周乎!"(《论语·阳货》)认为礼乐文化的理想并非空谈,如果给自己一个得君行道的机会,他完全有把握在东方复兴一个西周的盛世。但是,孔子一生时运不佳,即使主动出击,周游列国,也没有觅得合适的机会。直到晚年身体衰弱,才感慨道:

> 甚矣吾衰也! 久矣吾不复梦见周公! (《论语·述而》)

孔子的心中或许也有个中国梦。梦见周公是个象征说法,周公是制礼作乐者,所以孔子的中国梦就是匡复周礼。他一直追求梦想,直到身体不行了,才不得不承认,有生之年这个梦想恐怕不能实现了,但依然是壮心不已。

孔子一生的理想是匡复周礼。可是,如何匡复呢? 其实,我们可以将匡复周礼的伟业理解为克服其中所遇的种种困难的过程。对于这些困难,孔子总是创造性地予以解决,而解决的方案就表现为他的种种思想。于是,我们反过来可以分析一下孔子都遇到了哪些困难,又是如何解决的,由此,我们不仅可以了解他的思想,也会对其心路历程有一番透彻的领会。孔子匡复周礼所需的助力无非两种,或物力,或人力,所以其遇到的困难亦分两类。

孔子复周礼遇到的第一类困难涉及物力。实际上不难理解,孔子周游列国,推行自己的主张,总需要经费支持。有人专门撰文考证这个问题,据说部分来自其在鲁国为官的俸禄,部分来自私人或官方的赞助,还有部分来自学费。孔子说:"自行束脩以上,吾未尝无诲焉。"(《论语·述而》)这里的"束脩"有多种解释,一般理解为十条干肉,是当时的一种见面礼。有人认为这是十分微薄的礼品,但考虑到孔子是中国第一位私人教师,而且门下弟子众多,有三千弟子,七十二贤人,那么这些微薄的供奉加在一起也够多了。不管怎样,你会发现物质供应对孔子并不形成大的挑战。更大的挑战或许来自物质利益对人形成引诱时,人应当如何处理。这就涉及义利之辨了。

如果读读《论语》就会发现,孔子对这个问题想得特别清楚。在他看来,无非是两种情况下的两种原则:

一种情况是义利发生冲突时,孔子认为人理应站在义的一面。这就是所谓的"喻于义"(《论语·里仁》)、"义以为质"(《论语·卫灵公》)和"见得思义"(《论语·季氏》)等。孔子还特别提出,虽然站在义的一面,但对于与自己失之交臂的利并不觉得留恋,在物质贫乏的情况下反而能够获得一种超脱的乐趣,这就是他说的:

> 饭疏食,饮水,曲肱而枕之,乐亦在其中矣。不义而富且贵,于我如浮云。(《论语·述而》)

另一种情况是利并不违背义,甚至还可以成全义时。当然,判明义利是否冲突并不容易,可一旦判明,孔子的态度还是很明确的:

> 富而可求也,虽执鞭之士,吾亦为之。如不可求,从吾所好。(《论语·述而》)

生活总需要物质利益的支撑,孔子甚至比一般人更明白这个道理。所以,一旦确认所获之利并不违背义,那么即使获利的方式再低贱,孔子也是乐意的。另据《孟子》记载,孔子年轻时曾经做过"委吏"和"乘田"(《孟子·万章下》),前者是管理仓库的,后者是管理牛羊的,都是小吏。显然,孔子干这些差事的主要目的是养家。应当说,富裕生活始终是孔子心中的一种追求,这不仅对应于个人层面,国家层面也是如此。孔子曾提出"先富后教"的治国理论,认为治理国家的首要任务是让百姓致富,然后再施以教化。

总之,义利之辨的这两个维度都是对仁义的恪守,其中更显示出一种洒脱的气象。在这种洒脱中,物质利益不再使人异化,而是在成就人。

孔子复周礼遇到的第二类困难涉及人力。相比于物力,人力问题的难度上升到了另一个级别。生活中大家都懂,金钱可以解决很多问题,但总有些事情是金钱也难与为力的,这些事情往往与人相关。其中的道理不难想见,按照康德的理解,金钱遵循的是因果律,而人的自由意志则逸出因果律。孔子在复周礼的过程中所遇到的最大困难都与人有关,大致有三种:

第一种困难来自他人的不理解。像孔子这样的理想主义者,在现实中推行自己的主张,最在意的往往是别人是否理解他。这里的别人不是一般人,而主要是有能力与孔子进行精神交流的精英阶层。孔子在周游列国的过程中偶尔会碰到一些隐者,当孔子与社会精英打交道而经常碰钉子以后,他总觉得或许这些隐者能理解自己,可他们却总留下一些酸溜溜的话。例如,有一次,子路与孔子走失,路遇一个荷蓧丈人,子路以一副好像天下人都知道他老师的口气问丈人:"子见夫子乎?"得到的回答却是:

> 四体不勤,五谷不分。孰为夫子?(《论语·微子》)

又一次,子路在一个城门口夜宿,第二天醒来跟守门人聊天,人家问他是谁,子路自豪地说是孔子的弟子。人家的第一反应是:

> 是知其不可而为之者与?(《论语·宪问》)

再一次,孔子一行人想渡河,可找不到渡口,于是派子路去问路边耕田的两个农夫。人家得知他是孔丘的弟子,便说"是知津矣"。言下之意,孔丘既知渡得天下,岂不知现实中小小的渡口? 并且留下一段话:

> 滔滔者天下皆是也,而谁以易之? 且而与其从辟人之士也,岂若从辟世之士哉?(《论语·微子》)

这显然是说给子路的,或许两个农夫看到子路身强体壮,觉得是干农活的一把好手,于是就劝他,与其跟着孔丘那个"辟人之士",不如跟着我们这些"辟世之士"吧。两位农夫不仅没告诉孔子渡口,甚至还想从他这里挖人。当然,最有名的要属《史记·孔子世家》中的一个故事:

> 孔子适郑,与弟子相失,孔子独立郭东门。郑人或谓子贡曰:"东门有人,其颡似尧,其项类皋陶,其肩类子产,然自要以下不及禹三寸,累累若丧家之狗。"子贡以实告孔子。孔子欣然笑曰:"形状,末也。而谓似丧家之狗,然哉! 然哉!"(《史记·孔子世家》)

孔子与弟子失散,或许因为道路泥泞,孔子的裤腰以下十分狼狈,于是被郑人描述为"累累若丧家之狗"。孔子听到人家给自己这么一个评价,笑着说这个描述倒很准确啊。体会孔子当时的心境,一方面固然是豁达幽默,另一方面想必由此联系到自己在现实中找不到知己和归宿的境况。

路遇隐者而遭嘲讽,这样的事还有很多。这对孔子的内心是一种怎样的打击?人世间最大的痛苦莫过于,你将自己的真诚送与他人,而他们却总是冷眼相待。身处这样的困境,孔子并没有倒下,反而产生了新的思想,获得了更大的自信。大体上,孔子解决这个问题的思路涉及两个层面:

一个是形下层面。这涉及心理建设工作,孔子认为假如别人不理解,那么自己必须做一些心理调适。所以,他郑重地告诫前来问学的人,须做到"人不知而不愠"(《论语·学而》)。面对他人的不解,人往往容易焦躁愠怒,这不仅害人害己,而且极不明智。如果一个人能够做到不为他人所动,并且相信"德不孤,必有邻"(《论语·里仁》),相信未来总会有人理解自己,那么他大致就具备了一种健康心理应当具备的形态,就是"走自己的路,让别人说去吧"。

可是,人作为社会中的一员,难道真能做到不在乎别人的看法吗?至少孔子并非完全不在乎。从一定程度而言,是不是为人所知成了孔门中人的一块心病。《论语》中经常看到弟子们抱怨没人理解,用孔子的话来说就是"居则曰:'不吾知也。'"(《论语·先进》),然后,孔子总是这样劝慰他们:

> 不患人之不己知,患不知人也。(《论语·学而》)
>
> 不患人之不己知,患其不能也。(《论语·宪问》)
>
> 不患莫己知,求为可知也。(《论语·里仁》)

这些话表面上表达的都是不要在乎别人是不是知己,但其中隐藏的意味却是,如果能被理解就再好不过了。可是,将一件自己非常在意的事寄于他人,实际上是受制于人。到头来,完全可能出现一种情况:你费尽心力希望得到他人的理解,却依然没人理解你,岂不悲哉?此时,若一个人仍旧希望得到理解,那就必须从心理学转为哲学,由形下进至形上了。

另一个就是形上的层面。也就是说,当所有人都不理解我,我却依然想被理解,这时我便不再将求得理解的希望寄托在人身上了。不托付到人身上,托付到哪里?只能是非人,要么宠物,要么上帝。我们知道,当鲁滨逊漂流到那座荒岛,他面对的最大问题其实是寂寞,所以小说中安排了一条狗,尤其提供了一本《圣经》。上帝是

个超越的存在,不同的文化对此有不同的领会。在儒家文化,此超越的存在关乎天或天命。下面一段是经典表述:

> 子曰:"莫我知也夫!"子贡曰:"何为其莫知子也?"子曰:"不怨天,不尤人,下学而上达。知我者其天乎?"(《论语·宪问》)

天是中国文化中一等一的大概念,天人关系构成中国哲学的基本问题。一般认为,天表示客观性,人表示主观性。但是在孔子这里,天却被创造性地理解为一种境界,这种境界恰恰是通过对客观性的消解而实现的。所谓"不怨天,不尤人",就是人不要将希望寄托在他者身上(超越的他者、自然的他者或社会的他者)。如果一个人从根本上相信自己的救赎不来自他者,他对自己的生命就做到了自作主宰,此即儒家强调的"为己之学"(《论语·宪问》)。孔子仁学的根本特质就是"为仁由己"(《论语·里仁》)。所以,倘若一个人能够实践"仁"的精神,终会达到一种通天的自我理解之境,这就是"践仁知天"。

第二种困难来自小人作梗。在复周礼的道路上,他人不理解所带来的伤害有时并没那么大。有一种直接的伤害来自小人的蓄意破坏。孔子一生遇到各种小人,仅《论语》记载的就有阳货、公伯寮和桓魋等。这些坏人对于孔子的事业进行各种阻挠,难免使其产生挫折感,心灰意冷。那么,孔子是如何克服这些困难的? 他的秘密武器仍是天命观念。请看:

> 子畏于匡,曰:"文王既没,文不在兹乎? 天之将丧斯文也,后死者不得与于斯文也;天之未丧斯文也,匡人其如予何?"(《论语·子罕》)

> 公伯寮愬子路于季孙。子服景伯以告,曰:"夫子固有惑志于公伯寮,吾力犹能肆诸市朝。"子曰:"道之将行也与,命也;道之将废也与,命也。公伯寮其如命何!"(《论语·宪问》)

> 子曰:"天生德于予,桓魋其如予何!"(《论语·述而》)

以"子畏于匡"为例,这里涉及阳虎,孔子少时曾经遭遇过阳虎的羞辱,后来阳虎因为操控鲁国政权而得罪了匡人,于是给孔子造成了大麻烦。当孔子路过匡地时,匡人以为他是阳虎,要拦住治罪。面对这样的坎坷,孔子的思想武器就是天命思想。天命是一种超越的决定因素,我与天命的关系无非两种情况:一种情况是天不支持我,但这种情况对仁者而言又很难说得过去,因为假如天不支持我,那么天为什么要生下我,并且赋予我如此的使命;于是只剩下另一种情况,就是天支持我,既然天是支持我的,那么眼前的这点破事,眼前这个小人又算得了什么呢? 其他几个例子中的思路与此类似。总之，当一个仁者尽行人事之后，他便能够知晓天命。当这种情况发生之后，原来渺小的个人就能受到天命的加持，从而获得无尽的动力，变得乐观自信，从而克服困难。

第三种困难来自绝大多数人。前面两种困难毕竟只涉及少部分人，在复周礼的过程中，孔子最终发现了一个涉及大多数人的根本问题。就是大多数人明明知道礼是好的、对的，但就不按照礼的要求去做。于是，存在一个知行不一的问题。孔子认为如果这个问题不解决，那么礼的作用再怎么大，孔子个人再怎么推动，也是不行的。经过了长时间的思考，孔子最终确定了一个解决方案，他认为行礼必须有仁作为内在的根据，只有有了内在基础，行礼才能变成一种自作主宰的行为。如果每个人将行礼看作自觉自愿的行为，那么复周礼的事业就获得了一种内在的源源不断的持续动力。只有朝着这个方向努力，复周礼才可能成功。这便是"克己复礼为仁"（《论语·颜渊》）。

由此可见，孔子解决复周礼过程的所有困难的秘密武器就是仁，他认为践仁可以知天，而知天便可以获取无穷的力量。这种方法既适应于个人的修身成德，也适应于治国平天下。因为假如人人都践行仁，那么天下的治理就获得了源头活水，所谓"一日克己复礼，天下归仁焉"（《论语·颜渊》）。

三、老子如何提出"道法自然"？

老子思想的基本精神是反对礼乐文化。为什么会这样？这或许跟他的个性有关。老子是一个怎样的人呢？司马迁说："老子修道德，其学以自隐无名为务。"（《史记·老子韩非列传》）这说明老子是个隐者，他还为像自己一样喜欢"自隐无名"的人建立了一套学说。那么，隐者又是一种什么人？老子在《道德经》中对自己有一段白描，恰好可以看作隐者的独白：

> 众人熙熙，如享太牢，如春登台。我独泊兮，其未兆；沌沌兮，如婴儿之未孩；儽儽兮，若无所归。众人皆有余，而我独若遗。我愚人之心也哉！俗人昭昭，我独昏昏。俗人察察，我独闷闷。澹兮，其若海；飂兮，若无止。众人皆有以，而我独顽且鄙。我独异于人，而贵食母。（《道德经》第二十章）

仅仅从"众人"如何，"我"如何的形式就能感到，老子无非表达了一种"我独异于人"的观念，这大概是隐者共有的一种心理。老子认为自己跟常人不一样，这个不一样并不是外在的表面不同,而是思维方式的根本差异。如果说大多数人是一种正向思维,老子的头脑则属于一种逆向思维。

正是靠着这种逆向思维,老子提出了"道法自然"的思想,而这个思想是从对礼乐文化的思考开始的。按照正向思维来看,一般人总认为那个时代的问题可以归结为"礼崩乐坏"或"周文疲敝"。这是因为他们在前提和预设上是一致的,都认为礼乐文化本身是好的,只不过当时不再起作用了。逆向思维者与此不同,他们往往着眼于对前提本身的拷问,所以比一般人更加深刻。老子就是如此,他的眼光非常毒辣。在他看来,所谓"礼崩乐坏"或"周文疲敝"其实是个伪问题,因为"礼"本身就是罪魁祸首。所以老子说:

> 夫礼者,忠信之薄,而乱之首。(《道德经》第三十八章)

一个社会之所以沦落到人民品质败坏,缺乏忠信,一团混乱,没有秩序,礼乐制度要负主要责任。这个结论一般人是很难想到的。

老子得出这样的观点,还建立在对礼乐制度批判的基础上。当时的社会治理基本上还行驶在礼乐制度的轨道上。老子对于社会现实洞若观火,由此对其背后的治国之道及其整个文化产生了怀疑。他有这样一番观察:

> 朝甚除,田甚芜,仓甚虚。服文采,带利剑,厌饮食,财货有余。是谓盗夸,非道也哉。(《道德经》第五十三章)

这是说,朝廷腐败极了,农田荒芜极了,仓库空虚极了。在社会的政治经济状况极度昏暗的情况下,有的人却身穿锦绣的服饰,手持锋利的宝剑,饱足精美的饮食,占有富余的财货,他们总是口称大道,多言仁义。老子认为,这是十分讽刺和荒谬的事情,这些人其实跟大道没关系,倒是可以称为"盗夸",亦即盗魁,也就是大盗。社会之所以不正常,就是因为这些大盗带领其他各种小盗,盗取了本不属于他们的东西而造成的。从老子的思路来看,礼乐制度在这种偷盗的过程中扮演着很不光彩的角色。比如,从一定程度而言,礼的繁文缛节导致了生产的荒废和财富的浪费,加速了国库的空虚;礼的名分等级则凝固了贫富分化的现实,使其披上了合法外衣。

进一步看,老子之所以不赞同礼乐制度,还因为礼乐制度隐藏着对利、名、知等因素的鼓励,而正是这些因素会使人丧失自然本性,从而相互争斗,最终陷社会于混乱。因此,老子对这三种因素大加批评。

首先是利。老子思想中充满着对于利欲的警惕,所以他会直接提倡"少私寡欲",相信"绝巧弃利,盗贼无有"(《道德经》第十九章)。人因利而争是一个基本常

识,老子不止于此,还看得更深。他提出:

> 五色令人目盲,五音令人耳聋,五味令人口爽,驰骋畋猎令人心发狂,难得
> 之货令人行妨。(《道德经》第十二章)

"五色""五音""五味"等代表着极致的利欲,也是礼乐制度所隐藏甚至鼓励的东西。但是在老子看来,如果对这种极致的利欲不设防线,人终将被利欲所毁。假如一个人变得"目盲""耳聋""口爽""心发狂"以及"行妨",那么他本身已经与野兽没什么区别了。所以,老子并不反对利欲,只是提倡将其限定在自然的范围内,目的其实是为了成就人。

其次是名。在老子看来,没有什么比人自身更重要的了,所以他反问:"名与身孰亲? 身与货孰多?"(《道德经》第四十四章)可是,礼乐制度的发明者却总喜欢设置一些美好的名目,使人们趋之若鹜。老子认为也许制礼作乐者的愿望是美好的,实际上却容易适得其反。所以他提醒:

> 天下皆知美之为美,斯恶矣;皆知善之为善,斯不善矣。(《道德经》第二章)

老子认为,当人们都去追求所谓美的时候,丑也就产生了;当人们都去追求所谓善的时候,恶也就产生了。美好的东西总是看起来光鲜亮丽,但是这种美好的东西一不留神就会产生伤害和丑恶。生活中很多矛盾都是由于过于强调一种好的价值标准而造成的。老子敏锐地发现,周礼从一定程度上助长了人们对于美和善的一味追求,因而是争乱产生的重要原因。

复次是知。老子在反思礼乐制度的过程中发现,礼乐制度最大的问题是"以知治国"。老子对此极不赞同,在他看来,如果统治者只用私人才智,至多只是在做查漏补缺的工作,并不能解决根本问题。更严重的是,如果上位者依靠知识和技能对付下位者,下位者也会采取相应的方式应付上位者。由此,两方就会陷入无限的恶性循环,治国的初衷也会被遗忘。所以老子提出:

> 民之难治,以其智多。故以智治国,国之贼;不以智治国,国之福。(《道德
> 经》第六十五章)

这话很直白,也很刺耳。原因或许在于一般人总将"知(智)"理解为褒义,而老子却批判性地发现了它的贬义。在老子看来,"知"中包含着一种心机和狡猾,最终又会与名利勾连在一起。所以老子干脆说:"古之善为道者,非以明民,将以愚之。"(《道德经》第六十五章)同样,这里的"愚"也不宜从贬义理解,而是包含着朴素、真诚和自

然的意味。所以,从更深的层面来说,老子反对礼乐制度主要是因为其中藏有太多虚伪和造作的因素。

　　作为一个理论家,老子最厉害的地方并不是就事论事,简单对礼乐制度提出一些批评意见,而是从对礼乐文化的批判上升到对于当时已知的整个人类文化的反思上面,并在此基础上提出了"道"的观念。老子设想了一种人类文化的发展模型:人类社会最初是一个有道的社会,后来随着文明的发展,即开始注重对欲、名、知的强调,整个社会却越来越倒退,终于酿成当时的乱世。所谓:

　　　故失道而后德,失德而后仁,失仁而后义,失义而后礼。(《道德经》第三十八章)

有道的社会是一种理想国。没了道,人们就用德来治理社会;没了德,人们就用仁来治理社会;没了仁,人们就用义来治理社会;没了义,人们就以礼来治理社会了。可见,道、德、仁、义、礼五种境界是依次降低的,礼是最坏的一种方式。所以老子才说礼是"忠信之薄,而乱之首"(《道德经》第三十八章)。

　　老子构建这套模型的思维方式就是一种逆向思维。他深刻地意识到:一个社会往往因为缺乏某种东西,人们才进行相应的补救。可是,生活于其中的人却总被补救措施所吸引,并拘泥于补救的东西而无法自拔。这就像一件本来完好的衣服后来磨破了,于是人们给它打上补丁继续穿。补丁虽好,但并不能因为打上了某个漂亮的补丁,就认定这件补丁衣服甚至补丁是最好的,从而忘记了衣服实际上是可以完整的。据此,老子作了一种推论,认为人们进行补救的种种措施,并不是根本的大道。对应于治国理论,他遂有下述论断:

　　　大道废,有仁义,……六亲不和,有慈孝,国家昏乱,有忠臣。(《道德经》第十八章)

大道废弛了,仁义才显现;家庭不和了,孝慈才彰显;国政混乱了,忠臣才出现。老子发现,仁义、孝慈、忠信、礼义等这些礼乐文化和儒家思想所强调的东西,其实只是一些补救措施而已。

　　老子相信,这些补救措施总是有局限性的。相对于这种局限性,或者于此局限性之外,一定存在一种根本的东西,它是没有局限性的。由于没有任何局限性,甚至连起个名字都是对它的局限,所以老子说:

　　　吾不知其名,字之曰道,强为之名曰大。(《道德经》第二十五章)

这就是老子"道"的观念的提出。在老子看来,"道"最根本的特点是,它不是一种补救措施。补救总是人为的补救,所以,超越补救所走向的一定是自然的道路。由此老子就为人类文化指明了一个方向:

> 人法地,地法天,天法道,道法自然。(《道德经》第二十五章)

万物未经雕饰总是自然如此,老子认为,这就是道的状态,也是万物的最佳状态。所以,人为了应对自身发展中的各种问题,就应当向万物学习,首先从自己所栖居的大地上的万物开始,再拓展到遥远的天际。

以上所谈,大致就是孔子"践仁知天"与老子"道法自然"思想的产生过程。相信这种讨论更能清晰地呈现儒道二家的基本气质。至于这两种思想具体应当如何理解,这就需要大家下功夫研读经典,并在实践中细加领会了。

第三章　传统科技的智慧

2013年3月7日,习近平总书记在中央党校建校80周年庆祝大会暨2013年春季学期开学典礼上的讲话中指出:"中国传统文化博大精深,学习和掌握其中的各种思想精华,对树立正确的世界观、人生观、价值观很有益处。学史可以看成败、鉴得失、知兴替;学诗可以情飞扬、志高昂、人灵秀;学伦理可以知廉耻、懂荣辱、辨是非。"中国科技史是中国历史的重要组成部分,值得我们认真梳理,加以借鉴,并把我国优秀的科技文化和传统发扬光大。

问题一:中国古代有哪些重要的工程技术和科学成就?
问题二:如果要评选中国古代五项科学技术成就,你会选哪五项?
问题三:中国古代科学的优长与局限是什么? 能否古为今用、推陈出新?
问题四:什么是"李约瑟问题"? 你认为"李约瑟问题"成立吗?

在人们的印象中,中华文明是一种人文文化,中国自古便是"文科生"的国度。这一印象大体不错,然而中国古代也有较为发达的科学技术,在不少方面独步全球,其智慧之光至今闪耀。

中国有悠久的文明史,其科学技术史同样久远。大体上,可将中国古代科学技术的发展分为以下几个时期:史前至春秋战国时代是奠基时期,秦汉至南北朝为中国科学技术体系的形成和完善时期,隋唐至宋元达到了中国古代科学技术的最高水平,明清继续缓慢发展,直到被西方科学技术体系所取代。

一、古代工程技术智慧举隅

中国古代的工程技术硕果累累,举世公认。造纸术、指南针、火药、印刷术等"四大发明"人们耳熟能详。除此以外,农业方面,有粟稻茶菽麻柑橘栽培、垄作法、间作套作法、多熟种植法、温室栽培、犁壁、扇车、翻车、猪的驯化等;军事方面,有青铜弩

机、马镫、火枪火铳等;冶金方面,有胆铜法、叠铸法、块范法、生铁冶炼、水排等;天文
学方面,有赤道浑仪、水运仪象台、简仪等;医学方面,有四诊法、针灸术、人痘等;造
船与航海方面,有转轴舵、水密舱壁、牵星术等。此外,瓷器、丝绸、缫丝、豆腐、髹漆、
顿钻、大风车、提花机、水转大纺车等也是著名的技术发明。中国古代的重要工程建
设也很多,如秦陵、长城、北京紫禁城、重庆合川钓鱼城、京杭大运河、苏州园林、沧州
铁狮、应县木塔、郑和航海等。这些成就无不为人类文明作出过巨大的贡献,并且至
今仍然启发着人们。受晋代古方启发研制的青蒿素获得 2015 年度的诺贝尔生理学
或医学奖即一例。限于篇幅,此处仅就水利工程和度量衡体系两个领域作一简单
介绍。

1. 都江堰

古代文明对水源具有高度的依赖性,中华文明即被称为黄河文明和长江文明。
因此中国自古就有治水的壮举。大禹治水是最早的文字记载。四千年来,在防洪治
河、农田灌溉、运河开凿等方面,中国都有着杰出的成就。此处仅举一例,即世界水
利工程的光辉范例——都江堰。都江堰位于四川省都江堰市(原灌县),由秦蜀郡太
守李冰父子主持兴建。秦昭襄王五十一年(公元前 256 年)开始,历时八年完成。工
程建于岷江干流之上,是世界上现存最古老的无坝水利工程。

岷江是长江上游流量最大的支流,距成都约 50 千米,但与成都平原的落差却达
到 270 余米,水患频仍,洪旱交替。因而李冰决定修建一大型水利工程,以绝水患。
这一工程由鱼嘴、飞沙堰、宝瓶口,以及配套的金刚堤、百丈堤、外江闸(该闸系二十
世纪七十年代新修,以取代平水槽)等组成。鱼嘴是分水堤,状如鱼嘴,故名。鱼嘴
将岷江分为西边的外江和东边的内江。内江流入宝瓶口,用于灌溉。宝瓶口是将岷
江东岸的玉垒山突入江中的部分凿开,形成一个山口,宽 17—23 米,高 40 米,长 80
米。因形似瓶口,故名。当时没有火药,故以火加热岩石,爆裂后凿之。由于岩石是
天然砾岩结构,因而抗冲刷能力非常强。在鱼嘴和宝瓶口之间,依地形布置了三处
不同堰顶的湃缺(泄洪排沙设施的统称):平水槽(外江闸修建后失效封堵)、飞沙堰
和人字堤。当洪水使内江水位上升时,便漫过平水槽,进入外江;溢洪道前设计有一
个弯道,使洪水形成漩涡,漩涡的离心力能够将泥沙甚至巨石抛过飞沙堰,从而减少
内江的泥沙沉积。若洪水过大,则飞沙堰自行溃决,增加了排洪能力。李冰为观测
水位,特雕刻了三个石人像置于水中。其标准是"竭不至足,盛不没肩"。由于飞沙
堰用竹笼装卵石堆砌而成,并不十分稳固,加之洪水挟带的泥沙不可能完全被抛入
外江,故须每年对都江堰进行例行维护加固(岁修)。

　　该工程之所以成功,有几处巧妙的设计非常关键。首先,工程选址极为合理,位于岷江冲积平原的扇形顶部,也是整个成都水利系统的制高点,居高临下,收放自如。第二,鱼嘴选址也非常巧妙。鱼嘴位于河床弯道处。该弯道曲率半径 850 米,北凹南凸,且凹岸一侧水位高于凸岸一侧。岷江与鱼嘴处的外江流向成 45 度角,因离心力作用,表层含沙量小的水可流向凹岸一侧,并插入河底,而底层含沙量较大的水流则向凸岸运动。[①] 第三,虎头岩的作用。虎头岩位于飞沙堰对岸,石壁陡峭,并向南突出至江心,自北向南的洪水与之直接碰撞,形成强大的回旋流,连同泥沙飞过飞沙堰,泄往外江。第四,离堆的作用。上游来水正对离堆而非宝瓶口的口门,洪水直撞离堆,折转 90 度流向宝瓶口,形成立轴漩涡。这个漩涡具有强大的阻水作用,使得上游水位抬升,水流便通过飞沙堰泄洪。

　　内江与外江相比,江面较窄,河床较深。在枯水季节(春灌时期),水位较低,流入内江的水量可达总水量的 60%;而在汛期,水位增高,分水比例便颠倒过来。而沙石的 80% 可被排往外江。此即"四六分水,二八排沙"。

　　都江堰治理还为后人留下了丰富的经验,如著名的"防沙六字诀""深淘滩,低作堰""治水八字诀""遇弯截角,逢正抽心"以及水利指导思想"乘势利导,因时制宜"等。这一水利工程惠及成都平原农田达六十余万亩,且除防洪旱、灌溉以外,还兼具航运功能,为四川成为天府之国立下不朽功勋。整个工程设计之巧妙、规划之周密、功能之完善,堪称世界水利史上的奇迹。很多古代的工程技术早已过时,但都江堰却青春永驻,仍然在护佑着天府之国。1964 年岷江发生特大洪水,水量达 7 700 立方米每秒,而宝瓶口进水量仅为 740 立方米每秒。[②] 其工程之效能,可见一斑。

　　除都江堰外,古代还有一些无坝引水工程,著名的有黄河河套段宁夏和内蒙引黄灌区、海河流域的引漳十二渠等。[③]

　　2. 度量衡

　　中国古代的度量衡体系非常发达,其最有特色之处是其标准的选取。《汉书·律历志》说:"度者,分、寸、尺、丈、引也,所以度长短也。本起于黄钟之长,以子谷秬(jù,黑黍子)黍中者,一黍之广,度之九十分,黄钟之长。一为一分,十分为寸,十寸为尺,十尺为丈,十丈为引,而五度审矣。"这就是所谓的"乐律累黍"或"黄钟累黍",即两套计量标准相互参校。古人认为音律极为重要,是万事万物之准则。《史记·

---

① 查有梁、周邃志:《巴蜀科技史略》,成都:四川人民出版社,2010 年,第 110—117 页。
② 林承坤、吴小根:《2 200 多年来都江堰的效能为何历久不衰》,《自然杂志》2001 年第 4 期,第 195 页。
③ 周魁一:《中国科学技术史·水利卷》,北京:科学出版社,2002 年,第 208 页。

律书》说:"王者制事立法,物度轨则,壹禀于六律。六律为万事根本焉。"度量衡自然也不例外。取均匀竹管,若能吹奏出"黄钟"之音,则该竹管即为一特殊长度(汉以后均采纳刘歆九寸之说①)。"黄钟"是中国古代音乐十二律(六律六吕)的起始音高,具有特殊的文化意蕴。音律标准虽然符合科学原理,但误差并不容易控制,故须再设一辅助标准以参校之。取黑黍中大小适中者,一粒为一分,十分则为一寸。这就等于有了双重保险。这在世界上是独一无二的。

长度标准定下之后,体积和重量标准也可相应确定。具体不赘。

由于度量衡的重要性,中国历朝历代都十分重视度量衡建设。从现存的一些重要文物即可看出。例如新莽铜嘉量,系王莽始建国元年(公元9年)颁行的度量衡标准器。以龠、合、升、斗、斛五量具备,故名嘉量。其正中圆柱体的上部为斛,下部为斗,左耳为升,右耳上截为合,下截为龠。器外有铭文,分别说明各部分的量值及容积计算方法。设计合理,考虑周全。该嘉量现藏台北"故宫博物院"。

更加令人惊叹的是,王莽时期中国就有了滑动卡尺。现存于世的两把新莽铜卡尺,分别藏于国家博物馆和北京市艺术博物馆。其正面刻有铭文"始建国元年正月癸酉朔日制",可见其制作于公元9年。该卡尺的固定尺刻度为40格线纹,4寸,每寸10分;滑动尺正面刻度为5寸,无分。新莽铜卡尺说明,西汉时期"我国测量长度的技术已发展到能制造出既可测量圆球体外径,又便于测量深度的多用途的专用测量工具"②。

二、古代科学智慧举隅

中国古代的科学也是辉煌灿烂。例如,在物理学上,战国时期的《墨经》中就记述了小孔成像的现象,并揭示了其原理。在农业上,中国很早就发现了杂种优势现象,并在东周时期就培育出了骡子。这是世界上最早成功的远缘杂交培育。在医学上,中国很早就有了比较系统的本草学。东汉初就有了中国最早的本草学专著《神农本草经》。唐朝的《新修本草》(又称《唐本草》)是中国历史上第一部官修本草学著作,也是世界上第一部国家颁布的药典。明朝李时珍著《本草纲目》则是中国古代本草学的集大成之作,具有世界性的声誉,被达尔文誉为"古代中国的

---

① 关增建:《量天度地衡万物——中国计量简史》,郑州:大象出版社,2013年,第19页。
② 丘光明:《中国古代度量衡》,北京:中国国际广播出版社,2011年,第81—82页。

百科全书",李约瑟称之为"中国博物学中的无冕之王"。① 在乐律和数学方面,明朝朱载堉在 1567 年至 1581 年发明的十二平均律及此类等比数列的求解方法为世界首创,欧洲十九世纪出现的十二平均律是在朱载堉理论的启发下产生的。② 通常认为,中国古代科学最为发达的有四个领域,即"天农医算"。此节以数学和天文学为例加以说明。

1. 数学

早在殷商时期中国就发明了十进位值制。从先秦开始,就产生了分数概念,至魏晋时期,负数、无理数乃至实数系统逐步产生。魏晋时刘徽发明了割圆术,在此基础上产生了极限思想。割圆术的方法只须用圆内接多边形面积,无须外切多边形,虽晚于阿基米德,但比其方法简便。祖冲之求得的圆周率,其精确度要一千年后才被阿拉伯人超越。

从《孙子算经》的"物不知数"到南宋秦九韶的"大衍求一术",中国在一次同余方程问题上的工作远远早于西方(欧洲最早接触此问题者为十二世纪的斐波那契),因此这被称为中国剩余定理。

在高次方程数值解法方面,北宋时期的"贾宪三角"早于中亚四百年以上;贾宪提出、秦九韶完善的增乘开方法,欧洲要到十九世纪才产生;金元时期李冶的天元术(一元高次方程),欧洲到十六世纪才产生;而元代朱世杰的四元术(求解四元高次方程组),欧洲则到十八世纪方才解决。

中国数学与西方数学走的是两条完全不同的道路。西方是一种以几何为主体、以证明为主线的数学传统,而中国则是一种以代数为主体、以算法为主线的数学传统。相应地,希腊数学是公理化方法,中国数学则是机械化、构造性方法。过去人们一般认为,公理化方法才是先进的,中国古代数学没什么优越之处。然而,西方数学并非没有弊端。西方数学家也有人认为,公理化方法对逻辑证明过于依赖,容易扼杀创造力和新思路。

中国的"算术"有什么含义?所谓"术",即算法,是一种计算性、构造性、程序性的解题方法,具有模式化、机械化的特点。"中国传统数学凭借其显著特点,不但在宋元时期把算术和代数推向当时世界的最高峰,而且以一种独特的方式在某种程度上起着数学证明的作用,发挥'算''证'交互作用推动数学发展的效能。"③而在计算

---

① 廖育群、傅芳、郑金生:《中国科学技术史·医学卷》,北京:科学出版社,1998 年,第 401 页。
② 杜石然:《中国科学技术史·通史卷》,北京:科学出版社,2003 年,第 750 页。
③ 郭金彬、孔国平:《中国传统数学思想史》,北京:科学出版社,2007 年,第 411 页。

机时代,这种方法越来越显示出其独到的价值。中国数学似乎就是为计算机而产生的。中国著名数学家、中科院院士吴文俊(1919—2017)先生指出:"我们现在强调构造性证明,基于这样的理由:一是解数学问题不能忘记最终的目标是把具体解法找出来;二是现代计算机的发展,为我们提供了从事这一研究的强大武器。客观的需要和可能总是决定一切的。……我国古代数学中的证明就只有算法性的特色,如《九章算术》中解线性联立方程组的消去法,《数书九章》中解一次同余式组的大衍求一术,它们都是给出了算法的,即按照计算程序,一步一步做下去,必定能得到所求的解。这种证明的思维方式在近代一个长时期内不受重视,被认为是无足轻重的。现在,由于客观条件的变化,人们开始重新重视这种方法,包括西方数学界。"①

　　正是基于这样的认识,吴文俊在对中国数学史作精深研究的基础上,建立了求解多项式方程组的"吴文俊消元法"。这一方法创造性地继承了中国古代代数方法,具有鲜明的中国特色,并且开辟出了机器证明的一条新路,被西方称为"吴方法"。② 吴文俊因此获得 1997 年度 Herbrand 自动推理杰出成就奖和 2000 年度首届中国国家最高科学技术奖。吴文俊的工作是对中国传统数学智慧进行挖掘利用的一个杰出范例。

　　2. 天文学

　　中国古代天文学的主要目的是政治星占,核心工作是制定历法。中国历法是阴阳合历,比单纯的阳历或阴历要复杂得多。因星占需要,古代历法除了轨漏(授时)之外,还要计算中朔(月相)、发敛(节气)、日躔(太阳运行)、月离(月球运行)、交会(日月食预报)、五星(五星运行及预报)等。天文学对数学要求很高,天文学家往往同时也是数学家。例如,在制订历法时,对"上元积年"(古代历法中一个理想起算的时间点)的推算,就需要解一次同余方程组。

　　为了尽可能准确地观测星象,几千年来,天文学家设计了各种观测仪器,并代有改进,体现了古人的聪明才智。天文观测需要建立坐标系。古代天文学通常使用三种坐标系,即地平坐标、赤道坐标与黄道坐标。中国这三种都有,其中赤道坐标系是中国的特色。一种比较常用的赤道坐标系包括两个指标:入宿度为经度,去极度为纬度。所谓入宿度,即先选定二十八宿中每一宿的测量标志星(距星),然后测定各距星之间的角距离。去极度是以北天极为起点测量天体与北天极的角距离。西方

---

① 　吴文俊:《古今数学思想(摘要)》,《辽宁师范大学学报(自然科学版)》1986 年增刊,第 2 页。

② 　纪志刚:《吴文俊与数学机械化》,《上海交通大学学报(社科版)》2001 年第 3 期,第 14 页。

在十六世纪之前都使用黄道坐标系,十六世纪后才逐渐改用赤道坐标系。可见赤道坐标系是中国最早创立的。同时也可以确定,中国天文学是独立发展的。[1] 因为天赤道和北天极是基本固定的,观测仪器的设计与使用都比较简便,所以赤道坐标系是现代天文学使用的主要坐标系。

由于星占术认为异常天象是对人的警示,古代天文学家对日月食、彗星、客星(新星与超新星)、太阳黑子等异常天象的观测十分勤勉。这些记载是天文学研究的宝贵资料库。例如,长期系统的日食数据能为研究地球自转速度长期变化提供依据,而这方面的历史资料主要来自中国。再如,太阳黑子的资料能为有关太阳活动周期的研究提供证据。从殷商至 1640 年,共有约 133 次太阳黑子的记录。[2] 云南天文台据古代黑子记录计算得出太阳活动周期为 10.6 ± 0.3 年,并存在 62.2 ± 2.8 年和 257 ± 9.8 年的长周期。[3]

在所有天文史料中,客星的记载最为重要。天文学家为研究恒星演化、宇宙高能射线源等,非常需要研究新星和超新星爆发,而这种天文事件是随机的、稀少的,因此历史上的客星资料就十分宝贵。而这方面又以中国的史料最为长期、系统、精确。以蟹状星云为例。该星云 1731 年由英国人首先发现,因形状像螃蟹,1844 年被命名为"蟹状星云"。1921 年,瑞典天文学家发现该星云位置与 1054 年天关客星位置相近。此后邓肯和哈勃等对蟹状星云作了精密观测并计算出了其膨胀速度。1942 年,荷兰天文学家奥尔特推论其为 1054 年超新星爆发的遗迹。1968 年蟹状星云脉冲星被发现。根据脉冲星理论,可算出该脉冲星年龄符合天关客星爆发至今的时间。现在我们知道,蟹状星云大小约 10 光年,距地球约 6 300 光年,膨胀速度约 1 500 千米/秒,属 Ⅱ 型超新星,同时还是 X 射电源和 γ 射电源。《宋史》《宋会要》《续资治通鉴长编》《文献通考》等多部史书均有关于天关客星的记载。如《宋会要》记载:"嘉祐元年三月,司天监言:客星没,客去之兆也。初,至和元年五月,晨出东方,守天关。昼如太白,芒角四出,色赤白,凡见二十三日。"事实上,当时的天文学家观测时间从 1054 年 7 月 4 日至 1056 年 4 月 6 日,达 643 天。

1955 年,天文学史家席泽宗(1927—2008)发表《古新星新表》。1965 年,席泽宗与薄树人合作,发表《中、朝、日三国古代的新星记录及其在射电天文学中的意义》,对《古新星新表》作了补充、修订,并为将新星和超新星与彗星等其他变星相区别提

---

[1]　陈遵妫:《中国天文学史》(上),上海:上海人民出版社,2016 年,第 503 页。
[2]　陈遵妫:《中国天文学史》(上),上海:上海人民出版社,2016 年,第 770 页。
[3]　庄威凤:《中国古代天象记录的研究与应用》,北京:中国科学技术出版社,2009 年,第 281—282 页。

出了七项标准,为区分新星与超新星提出两项标准。这一研究成果发表后,被各国相关研究文献引用达一千次以上。在美国著名天文学家 O. Struve 所著的《二十世纪天文学》中,《古新星新表》是唯一一项被提及的中国天文学研究成果。[①] 英国著名天文学家 D.H.克拉克和天文学史家 F.R.斯蒂芬森在其合著的《历史超新星》一书中指出:"天文学从中国的文字传说和丰富的历史记载中获得了巨大的益处。远东的天文记录代表着整个两千年以来珍贵无比的天文资料的集成,观测的基本可靠性(不管政治的、社会的和占星学的压力)是毋庸置疑的。……欧洲文艺复兴后的观测在精度上可以胜过古代,但在现代天体物理研究方面的影响却逊于古代。"[②]

1974 年,中国科学院组织北京天文台等单位汇集古代天象记录,于 1988 年出版了《中国古代天象记录总集》一书,内收天象记录一万余条。

值得一提的是,与天文学类似,中国古代对地震的记载也非常详尽,为世界所独有。1956 年,《中国地震资料年表》出版。此后据该年表编辑而成的《中国地震目录》(李善邦主持)出版并经三次修订。1976 年唐山大地震后,中国社会科学院、中国科学院与国家地震局联合报请国务院批转各省、直辖市、自治区,组织一千多人查阅各种历史文献资料两万余种,于 1983 年至 1987 年出版《中国地震历史资料汇编》五卷。[③] 据统计,自公元前 1177 至公元 1955 年,中国历史上共有 8 100 余次地震记录,其中 5—5.9 级地震 1 095 次,6—6.9 级地震 410 次,7—7.9 级地震 91 次,8 级以上地震 17 次。[④] 根据历史地震记录,可归纳出我国中部存在一条纵贯南北的地震密集区,北起贺兰山,向南经六盘山,沿甘肃天水、文县,至川西、滇东等地,绵延两千多千米。该密集区称南北地震带。[⑤] 有学者认为,中国古代对世界地震科学的发展曾作出过三大贡献:除了世界上唯一延续 4 000 年的历史地震资料以外,还有公元 132 年张衡发明地动仪,这是世界第一台地震仪器,以及自公元 474 年起对震前异常现象的丰富的早期记载和积累。[⑥]

三、中国古代科学技术的特点

中国古代科学技术虽然辉煌灿烂,但也不是完美无缺。理性地审视自身的科学

① 江晓原:《〈古新星新表〉问世始末及其意义》,《中国科学院上海天文台年刊》1994 年第 15 期,第 253—254 页。
② [英] D.H.克拉克、[英] F.R.斯蒂芬森著,王德昌等编译:《历史超新星》,南京:江苏科学技术出版社,1982 年,第 300 页。
③ 谢毓寿:《历史地震研究概述》,《国际地震动态》1987 年第 4 期,第 3—4 页。
④ 中国科学院自然科学史研究所:《中国古代科技成就(修订版)》,北京:中国青年出版社,1995 年,第 335 页。
⑤ 王仁康:《我国古代地震科学的伟大成就》,《复旦学报(社会科学版)·历史地理专辑增刊》1980 年,第 139 页。
⑥ 冯锐:《中国地震科学史研究》,《地震学报》2009 年第 5 期,第 580 页。

传统,有利于我们追赶世界科技先进水平。欧洲自宗教改革时期科学革命以来,科学加速发展,逐渐开始超越中国。再以客星观测为例。欧洲重视超新星始于丹麦天文学家布拉赫·第谷对 1572 年仙后座超新星的观测。我国《明实录》亦有记载。中国的观测早于第谷三天,并比第谷观测的时间长约一个月,但精度则远逊于第谷。[①]

1."李约瑟问题"

在探讨中国古代科学技术的特点时,绕不开著名的"李约瑟问题"或"李约瑟难题"。李约瑟(Noel Joseph Terence Montgomery Needham,1900—1995,号十宿道人、胜冗子)是英国的中国科技史专家,他在其巨著《中国科学技术史》第一卷中提出了自己的写作计划以及一个需要解答的问题:"为什么近代科学……是在地中海和大西洋沿岸,而不是在中国或亚洲其他任何地方发展起来呢?"[②]

在《文明的滴定》一书中,李约瑟增加了一个问题:"为什么现代科学没有在中国(或印度)文明中发展,而只在欧洲发展出来? ……我渐渐认识到还有一个问题至少同样重要,那就是:为什么从公元前 1 世纪到公元 15 世纪,在把人类的自然知识应用于人的实际需要方面,中国文明比西方文明有效得多?"[③]

《文明的滴定》中的表述一般被认为是"李约瑟问题"的标准形式。由于李约瑟的影响力,以及问题本身的魅力,对此问题的解答俨然成了一门"显学"。1982 年,"中国近代科学技术落后原因"学术讨论会在成都召开,专题研讨这一问题。学者们认为:"有必要把科学的内部史和外部史结合起来,把科学技术史的研究与经济史、政治史、文化史的研究结合起来。这似乎应该是我们今后努力的方向。"[④]这次会议对中国学术界的研究产生了深远影响。

对李约瑟问题的解答大约可分为截然不同的两类。

一类是认为该问题是"真问题",因而存在客观的答案。社会文化决定论认为,古代科学自身存在缺陷,外部的社会环境亦不利于科学发展。社会环境因素包括:重农抑商的经济政策、愚民政策、科举制度、官办性质的科技管理体制、故步自封闭关自守的思想与政策、以政治为主要关切的文化以及知识产权保护制度缺乏、经济资源不足等。地理环境决定论认为,欧洲地理环境相对开放,海岸线犬牙交错,半岛

---

① [英]D.H.克拉克,[英]F.R.斯蒂芬森著,王德昌等编译:《历史超新星》,南京:江苏科学技术出版社,1982 年,第 234—237 页。

② [英]李约瑟著,《中国科学技术史》翻译小组译:《中国科学技术史》第 1 卷,北京:科学出版社,1990 年,第 18 页。

③ [英]李约瑟著,张卜天译:《文明的滴定》,北京:商务印书馆,2016 年,第 176 页。

④ 中国科学院《自然辩证法通讯》杂志社:《科学传统与文化——中国近代科学落后的原因》,西安:陕西科学技术出版社,1983 年,第 3—4 页。

就有五个,在所有这些半岛上都形成了独立的语言、种族和政府。而中国地理环境较为封闭,为高原、大山、沙漠、海洋所环抱;海岸线平直得多,因此易形成大一统帝国。哥伦布之所以能够成功发现新大陆,是因为他能够"在几百个王公贵族中说服一个来赞助他的航海事业",而中国只需"一个决定就使整个中国停止了船队的航行"。①

第二类是认为该问题是"伪问题",因而注定不可能存在任何有意义的解答。

第一,从逻辑角度看该问题是同义反复。张秉伦认为,"近代科学"就是"近代以来产生于西方的各种科学理论与传统的一个集合",因此该问题等于是问"产生于西方的科学为什么产生于西方"。②

第二,"李约瑟问题"默认一个前提:中国科学在近代之前始终领先于西方。然而它并不成立。李约瑟对中国传统文化热爱非常,难免存在"过分拔高的倾向"。而且李约瑟是科学家出身,未受过科学史与科学哲学的专业训练,系半路出家。③ 以上局限导致其研究产生了重要失误。李约瑟混淆了科学和技术,并且"刻意贬低基本理论对西方科学的重要性"。同时他认为中国的许多发明"传播"到西方,从而对西方产生重要影响,而事实上他仅仅证明了这些发明"早于"西方。④

第三,上述前提本身又需要另一个前提:两者的"范式"或者说"模式"是可以比较的。然而,中西古代科学差异巨大,完全不是一种类型,孰优孰劣根本无法比较。余英时认为:"中国科学如果沿着原有的轨道前进,无论如何加速,也不可能脱胎换骨,最后与以'数学化'为特征的西方'现代科学'融合成一体。"⑤

第四,产生科学是低概率事件,世界上文明类型众多,产生科学的只有一种。美国著名中国科技史学家席文(Nathan Sivin,1931—)认为,中国为什么没有产生近代科学,就像"你的名字为何未登载在今天报纸的第三版上"一样,毫无意义。合适的问题是:"在十七、十八世纪的欧洲,科学革命是在什么情况下发生的?"另外,人们在解答李约瑟问题时常爱使用"抑制因素"的概念。例如李约瑟、何丙郁等人都认为"《周易》中精心推演的符号系统几乎一开始就起了阻碍科学发展的坏作用,诱使那些对自然感兴趣的人停留在根本不能说明问题的解释上",因而中国科学家"就不会

---

① [美]贾雷德·戴蒙德著,谢延光译:《枪炮、病菌与钢铁:人类社会的命运》,上海:上海译文出版社,2006 年,第 443—449 页。
② 张秉伦、徐飞:《李约瑟难题的逻辑矛盾及科学价值》,《自然辩证法通讯》1993 年第 6 期,第 35 页。
③ 江晓原:《被中国人误读的李约瑟——纪念李约瑟诞辰 100 周年》,《自然辩证法通讯》2001 年第 1 期,第 59—61 页。
④ 陈方正:《一个传统,两次革命——论现代科学的渊源与李约瑟问题》,《科学文化评论》2009 年第 2 期,第 24 页。
⑤ 陈方正:《继承与叛逆:现代科学为何出现于西方》,北京:三联书店,2009 年,第 13—15 页。

再去探索数学公式和科学研究的实验验证了"。另一个典型的抑制因素是士大夫阶层占据了主导地位,他们死读书,崇古,只注重发展行政机构,而不把自然科学作为造福人类之本。然而,欧洲在科学革命的初期,学者和经院哲学家也同样占据着主导地位。照此逻辑,欧几里得几何也是发明非欧几何的抑制因素。这种推理的错误有二:一是混淆了某种文化的早期状况与历史事件的原因(或必要条件);二是让"抑制因素"去"抑制本来就不太可能发生的事物"。于是"由于蹩脚的哲学造成了蹩脚的历史",这两个错误推理双管齐下,世界科学史成了欧洲的成功史和非欧文明的失败史。然而这会导致自相矛盾的结论。"马车是汽车发明的必然先导,还是延误了汽车的发明?"若欧洲有马车,则马车是汽车发明的必然先导(必要条件);若中国有马车,则马车抑制了汽车的发明。[1] 因此李约瑟问题的几十个答案也许有一定的参考价值,但没有史学价值。[2]

　　不过无论如何,李约瑟问题促使人们反思中国古代科技问题,功莫大焉。那么,究竟应该如何看待中国传统科学呢?

　　2. 中国传统科学的特征

　　首先,中国古代有没有科学? 与西方科学有什么异同? 这就涉及"科学"这一概念。本文所讨论的"科学"(science)主要指自然科学,中国古代的"科学"是"科举之学"。明朝后期,传教士将西方科学带入中国,中国人称之为"格致之学"。显然该词来自《礼记·大学》中的"致知在格物"一说。日本原也沿用这一译名,明治维新之后,有学者借用"科学"一词来翻译 science,意为分科之学。1885 年,康有为首先把"科学"一词引入中国,随后严复在翻译《天演论》《原富》等西方著作时也予以采用。

　　因此,"science"这一概念是舶来品,本土无之。那么,中国古代是否有过事实上的科学呢? 一种观点认为中国没有科学。1953 年,爱因斯坦在致他人的一封信中说道:"西方科学的发展是以两个伟大的成就为基础的:希腊哲学家发明形式逻辑体系(在欧几里得几何学中),以及(在文艺复兴时期)发现通过系统的实验可能找出因果关系。在我看来,中国的贤哲没有走上这两步,那是用不着惊奇的。作出这些发现是令人惊奇的。"[3]爱因斯坦的观点简明有力,切中肯綮。当然,实际的历史要复杂得多。

---

① ［美］N.席文:《为什么中国没有发生科学革命? ——或者它真的没有发生吗?》,《科学与哲学》1984 年第 1 期,第 5—23 页。
② 席温:《席文教授的一封来信》,《自然辩证法通讯》1987 年第 1 期,第 69 页。
③ ［德］爱因斯坦著,许良英等译:《爱因斯坦文集(增补本)》第 1 卷,北京:商务印书馆,2009 年,第 772 页。

有学者认为不应一切以西方模式为圭臬,世界上既有"西方科学",也有"东方科学"。也有学者认为,科学的含义有狭义有广义,中国古代存在广义的科学。例如,吴国盛认为,中国古代没有数理实验科学和西方理性科学,但有博物学意义的科学。博物学(Natural History)又称自然志,注重对具体事物的具体考察,而不研究事物的一般本质,属于唯象研究。中国古代的"天地农医"均属此类。[1]

以上不同观点均各有其理由,此处不拟详加讨论。简而言之,中西之间研究自然界的方式的确存在很大差异。从历史角度看,中国的"格致学"既有别于欧洲古代科学,更与西方现代科学不同。笔者以为与后者的对比更有现实意义。从不同领域看,中西差异各有不同,数学差异相对较小,天文学、地学、化学次之,医学、农学又次之,但它们均含有不同程度的科学因素。例如,古代天文学是一种占星术,但并不就等同于"迷信"活动。"在编历过程中逐步建立起一套工作程序,这就是从研制仪器开始,坚持观测取得数据,按各种数学方法处理后建立一套计算公式,又推算出过去某年之日食,以兹跟事实比较,再作出修改。这无疑是一整套科学的工作方法,是我国科学思想宝库中的一件珍品。"[2]这一总结是符合事实的。再如古代医学,虽然其理论基础是阴阳五行等古典哲学,方法论是"取象比类"的类比逻辑、"天人感应"的巫术思维,但也有"尝百草""望闻问切""辨证施治"等含有一定实证科学成分的诊疗手段。因此中国古代不是有无科学的问题,而是科学成分多寡的问题。

那么中国传统科学有什么特点呢?通观中国传统科学,大致有以下一系列特点:

实用型。中国科学与哲学一样,非常理性,不过是一种实用理性或工具理性,而不是价值理性。西方科学与哲学产生的原因之一是"惊奇",而中国科学产生和发展的主要动力是经世致用、经邦济世。这是古代科学家的基本价值观。所以中国没有"为科学而科学"的传统,没有发展出所谓的"纯科学"。

经验型。实用价值观导致中国古代"应用科学""经验科学"发达,为社会作出了重大贡献,但对自然界的研究以描述为主,停留在唯象层面,无意愿也不善于深究现象背后的规律。

整体型。古代科学以一定的自然观为基础。中国古代自然观是一种整体哲学或有机哲学,认为天人合一、天人交感,天人相分(主客体相分离)思想不占主流。同时,科学理论与自然观的思辨哲学往往混合在一起,难分彼此。

① 吴国盛:《什么是科学》,广州:广东人民出版社,2016年,第282—302页。
② 刘金沂、赵澄秋:《中国古代天文学史略》,石家庄:河北科学技术出版社,1990年,第8页。

直觉型。中国文字是一种象形文字,不便于逻辑推导,古代逻辑始终不发达。思维方式受原始巫术影响大,以直觉方法、类比方法为主,不重证明,未能真正发展出一套实验方法。

保守型。"信而好古"是古人的"潜意识",敬畏大师,拘泥传统。古代科学家亦未能免俗。这种传统能够把一种范式的潜力挖掘得比较充分,但不愿也不敢质疑前人,鲜有颠覆性、反叛性思考,最多是"六经注我",因此难以摆脱既有的概念框架和理论体系。

总之,中国传统科学的主要特点是:以经邦济世为价值导向,以实用技术为创新目标;以整体哲学为信仰基底,以唯象理论为学科主体;以直觉感悟为思维方式,以交感类比为推理法则。这些特点一体两面,往往既是古代科学优长之所在,同时也是古代科学局限之原因。

第二编

文学与艺术的智慧

第四章　古典诗词中的智慧

　　习近平总书记在党的十九大报告中指出："深入挖掘中华优秀传统文化蕴含的思想观念、人文精神、道德规范，结合时代要求继承创新，让中华文化展现出永久魅力和时代风采。"中国古典诗词正是蕴含着丰富人文精神和处世智慧的文学经典。本章主要通过对苏轼、王维、杜甫诗词的分析解读，展现其达观的人生态度和人生智慧，帮助大家认识中国古代文人面临人生磨难和困境时所表现的可贵品质，日常的生活态度以及与人相处的智慧。

　　问题一：以抒情为主要特质的古典诗词为何能与人生智慧联结？
　　问题二：苏轼词《定风波》是怎样表现其达观人生态度的？
　　问题三：王维《终南别业》的"禅意"何在？
　　问题四：杜甫《客至》可以看出诗人是怎样一种性格？

　　古诗词与中国古典的智慧有什么关系呢？一般我们想起中国古典的智慧，大家脑海里会呈现出这样一幅图画：一位胡子很长很白的老先生，坐在那里，穿着非常宽大的衣服，对中国古代思想娓娓道来。

　　的确，以儒家思想为主体的中国传统思想，包含着丰富的智慧。除了儒家以外，我们比较熟悉的道家，《老子》也好，《庄子》也好，他们的著作都蕴含着很深的智慧。尤其是《庄子》，其内篇、外篇、杂篇里有很多精彩的饱含智慧的小故事。比如《庄子·外篇·至乐》里有个"鲁侯养鸟"的故事：

　　　　昔者海鸟止于鲁郊，鲁侯御而觞之于庙。奏《九韶》以为乐，具太牢以为膳。鸟乃眩视忧悲，不敢食一脔，不敢饮一杯，三日而死。此以己养养鸟也，非以鸟养养鸟也。

　　这是说鲁国国君得到一只海鸟，想豢养它，就用车子把它迎进宗庙，把鸟供起来，给它酒喝，奏《韶乐》给它听，还给它吃档次最高的祭品，结果这只鸟头晕目眩，不敢吃也不敢喝,没有几天就死掉了。《庄子》总结说,鲁侯的问题在于他是"以己养养鸟也,非以鸟养养鸟也"。你既然要养鸟,就要根据鸟适应的环境养鸟;你给他吃那么高级的食品,给它听那么高级的音乐,这鸟是受不了的,这是反自然的。这故事同样被后来的诗人们写进诗里,比如东晋王胡之的《答谢安诗》(其八):"鸟养养之,任其沉飏。取诸胸怀,寄想郢匠。"(《文馆词林》卷一五七)就用了"鲁侯养鸟"和"运斤成风"的故事,都是出自《庄子》。明代王立道的《杂诗》(其一)更是直接概述了"鲁侯养鸟"的故事并加以评论:"太牢飨杂县,不能餐一脔。至味芳且腴,无乃非鸟养。"(《具茨集》卷一)这是古代诗歌吸取先秦诸子智慧的例证。

一、古典诗词与人生智慧的联结

中国传统文化中有很多部类,古典诗词到底是什么样的一种存在? 它首先是文学作品,而抒情性是古典诗词很重要的一个特质。早在 1971 年,著名学者陈世骧先生就曾做过这样的比较:"与欧洲文学传统——我称之为史诗的及戏剧的传统——并列时,中国的抒情传统卓然显现,我们可以同时在文学创作活动以至批评的经典著述中,得到证明。"(《论中国的抒情传统——1971 年在美国亚洲研究学会比较文学讨论组的致辞》)诗词以写景抒情、抒发作者感慨为主,一般说来与"智慧"不是一回事。智慧更多是理性的活动,对于世事人生的洞见和参悟,照理应该更适合用古文的形式表达,而不是诗词。但在中国古代,对于"诗",人们的理解和今天不太一样。

中国古代最早的诗歌总集是《诗经》。《诗经》是汉代毛亨作传,郑玄作笺,到了唐代,孔颖达为它作疏。孔颖达在《毛诗正义》里面说"诗"这个字有三层意思:

> 然则诗有三训,承也,志也,持也。作者承君政之善恶,述己志而作诗,为诗所以持人之行,使不失队(坠),故一名而三训也。

"承也,志也,持也",这是什么意思呢? 他说诗人所处的时代,君王治国理政有非常明善的,也有非常昏恶的,诗人根据当时朝政的情况,用诗把自己心里的情志写出来。同时,诗又可以"持人之行,使不失坠",约束支撑他人的行为,使人们不失去约束和控制,不至于堕落、肆意妄为,或者随波逐流等。这就是孔颖达所认为的"诗"之"一名而三训"。

钱锺书先生对于孔颖达的上述定义有所补充:"非徒如《正义》所云'持人之行',

亦且自持情性,使喜怒哀乐,合度中节,异乎探喉肆口,直吐快心。"(《管锥编·毛诗正义》)这是说,诗还约束作者自己,不光约束别人,他人和自我都受到诗的约束,这里用了一个"持"字。"使喜怒哀乐,合度中节",就是有一定的分寸,所谓"乐而不淫,哀而不伤",开心不要太过分,悲伤不要哭天喊地。这是钱锺书认为孔颖达没有讲完整的意思,诗里的情感要有所节制,异乎纯然心直口快的表露。举一首现代旧体诗的例子,鲁迅悼念"左联五烈士"的《无题》诗,就是"惯于长夜过春时,挈妇将雏鬓有丝"那一首,内心的情感很强烈,但表达得极其深沉,读起来才更加有情味,这是诗词的妙处。

孔颖达和钱锺书的说法合起来看,我们不难明白古诗并不纯然是一件抒情的东西,它对于你的道德和情感有一定的约束作用,它可以使你往一个正确的轨道上走。诗承载了人生经验和人生体会,这样,诗和人生智慧就建立起了一种联结。

以下我们以苏轼为例,来看看诗词与他的人生智慧有什么关系。

二、"归去,也无风雨也无晴"——达观的人生态度

"归去,也无风雨也无晴",出自苏轼的词《定风波》,是整首词的最后一句,意思是说无论刮风下雨还是天气晴朗,我都无所谓,都要回家去。这句话很好地表明了苏轼对于人生的达观态度,也是人们讲起苏轼的达观时经常会引用的一句话。《定风波》是苏轼因为"乌台诗案"被贬黄州(今湖北黄冈)之后写的,是作者十分著名的一首词作:

> 三月七日,沙湖道中遇雨。雨具先去,同行皆狼狈,余独不觉,已而遂晴,故作此词。
> 莫听穿林打叶声,何妨吟啸且徐行。竹杖芒鞋轻胜马,谁怕?一蓑烟雨任平生。
> 料峭春风吹酒醒,微冷,山头斜照却相迎。回首向来萧瑟处,归去,也无风雨也无晴。

根据这首词的小序我们得知,词写于元丰五年(1082年)三月七日,正是他到达黄州的第三个春天;沙湖在黄州东南三十里。"雨具先去",是说随行的人把雨具都拿走了。因为雨具拿走了,所以跟他同行的人都狼狈不堪,唯独苏轼不觉得被雨淋是件狼狈的事,下雨不是很正常吗?一会儿雨停了,苏轼就专门写了这首《定风波》。

这首词充分展现了苏轼在黄州时期的潇洒风神和精神境界。比如说"一蓑烟雨任平生"足见苏轼的豁达、旷达。但假如深入文本作细读,就可能会读出这首词中不一样的味道。第一句说"莫听穿林打叶声",你看"莫听"两个字,因为雨是突然下起来的,之后雨很大,穿林打叶。苏轼说,你们不要听,就当它没事儿,这句话语法上来讲是祈使句,是一个命令的口吻,教大家下雨了不应该做什么。但是应该如何呢?就是第二句写的"何妨吟啸且徐行"。"何妨"就是"不妨",一般下雨的时候我们都会走得很快,而不是闲庭信步,可是苏轼说我现在偏要慢慢走,不但要"徐行",而且还要"吟啸",啸是喉咙里发出高亢悠长的呼叫之声,魏晋时代很多名士都会长啸。"吟啸"加上"徐行",这两个行为颇见苏轼的悠然自得之意。非但如此,词中还刻意用了"何妨"两个字,强调下雨对于这两种悠然自得的行为一点妨碍都没有。第三句"竹杖芒鞋轻胜马"中,"芒鞋"就是草鞋,下了雨,手里拄着竹杖,穿着草鞋在雨中走,比骑马还要轻快,只要设身处地想一想,这是无论如何都不可能的事情。那么苏轼为什么要故意这样说呢?这只是他的主观感觉,或者他想要故意通过文字呈现给读者的一种感觉。接下来两个字恐怕非常出乎读者的意料:"谁怕?"当然,《定风波》这个词牌到这时候确实需要两个字顿一下,但"谁怕"这两个字一般是在什么场合下说的?吵架的时候会说,或者表明决心的时候会说,这个词很直白,甚至有些粗鲁,为什么苏轼在一首词作里面会口无遮拦说"谁怕"?怕什么?表面看是怕雨,接下来是"一蓑烟雨任平生",作者说,我不怕,因为我有蓑衣,雨能奈我何?

从这首词的上片,我们看出苏轼的达观和潇洒。但是在他这几句词里面,你可以感觉到,苏轼在遇雨的情况下,他非常强烈并且很主观地向读这首词的人表明:我和别人是不同的!他在小序里说"同行皆狼狈,余独不觉",一般人都很狼狈,就我不觉得。任它风吹雨打,我可以照样慢慢走,照样可以按照我自己的节奏做事,突如其来的雨对我不算什么。他刻意要表达的这个意思,是要把自己跟一般官员同僚做一个区别,仿佛是说,我苏轼不怕,你们都怕;我苏轼可以做到"一蓑烟雨任平生",你们大多数人都做不到。

再看词的下片:"料峭春风吹酒醒,微冷,山头斜照却相迎。"这时候已经到黄昏了,下了大雨反而走得慢,原来是因为他喝醉了。这时候醒过来,夕阳正好照着他,"回首向来萧瑟处",形容刚才大雨中间的环境以及被雨淋后的狼狈局促,整个行为过程,这里用"萧瑟"两个字来形容概括。"向来"就是刚才,因为天已经放晴了,不是说往事不堪回首,而是觉得刚才的局促狼狈其实都是短暂的一瞬,因为天气说变就变,现在已经变成了另外一副模样,雨过天晴,很多负面的东西已经过去了。最后说

"归去,也无风雨也无晴",这句话作何解读?无论是风雨还是晴天,我都无所谓。因为他回去的路上还有可能遇雨,这是三月七日,暮春时节,雨水非常多,但是苏轼说我无所谓,因为这个问题我想明白了。即使是再来这么一点雨我也完全可以不在乎了,我照样回去。

需要强调,苏轼的词《定风波》是通过文本的构建来营造一种达观的形象和态度。第一,苏轼用他人与自我反应作对比,别人遇雨都抱头疾走,但是他却不觉得有关系,故意吟啸着慢慢走,这也是非常反常的举动。第二,他自身行为与天气突变的对比,他的行为和这突如其来的天气变化相比也是不正常的。"竹杖芒鞋轻胜马"固然是一种洒脱,但事实上这副装束在雨天野外走路肯定不如骑马轻松。第三,对于自己人生态度的直接申明,无论是"一蓑烟雨任平生",还是"也无风雨也无晴",这样大胆直截地在词中表明自己的人生态度,也显得格外醒目。总之,《定风波》表现了苏轼对达观形象的一种自我营造,但这并不妨碍我们对其中达观精神的倾慕。尤其是"也无风雨也无晴"一句,把苏轼对于逆境和气候变化的那种满不在乎,写得非常潇洒。今天有很多人借用这句话自豪地宣布,在今后的人生道路上,无论处于顺境还是逆境,我都能够坦然面对和接受。这不就是这首《定风波》所给予我们的最宝贵的人生智慧吗?晚清郑文焯在《手批东坡乐府》中说:"此足征是翁坦荡之怀,任天而动。琢句亦瘦逸,能道眼前景。以曲笔直写胸臆,倚声能事尽之矣。"他一方面作了人生态度的直接申明,一方面又把自己的人生态度放在突如其来的下雨场景当中,好像是因为大自然的变化而激发出的种种内心感受。这就是填词的最高功夫,苏轼是做到家了。

苏轼诗词中的人生智慧,可以看作中国古典诗词中人生智慧的一个代表,具有十分典型的意义。在中国古代文人中,苏轼或许是最善于用中国古代的儒、释、道思想来使自己的人生丰富而有趣味的,正如林语堂在《苏东坡传》序中所说:"至于他(指苏轼)自己本人,是享受人生的每一刻时光。在玄学方面,他是印度教的思想,但是在气质上,他却是道地的中国人的气质。从佛教的否定人生,儒家的正视人生,道家的简化人生,这位诗人在心灵识见中产生了他的混合的人生观。"林语堂对于苏轼思想的概括也许比较简单化,但"混合的人生观"之说应当是不错的。苏轼的人生智慧来源于其"混合的人生观",而他的诗词,又是人生智慧的直观显现。

三、"行到水穷处,坐看云起时"——随性的人生境界

除了在人生的挫折困顿面前表现出一份可贵的达观,中国古典诗人还常常用诗

词抒写一种随性的人生境界。所谓"随性",就是并非刻意求之,得之不喜,失之不惧。这里用唐代诗人王维《终南别业》中"行到水穷处,坐看云起时"两句来概括。读王维的山水诗,我们不难感受到一种舒心和惬意,感觉到诗人仿佛一直是个仕途顺利的成功人士。但其实,他早年还写过《不遇咏》之类抒发自己不被重用而心怀不平的诗。诗中他就像一个"愤青",做什么事情朝廷都不理会,别人组织达官贵人的宴会也没有邀请他,他在诗中写自己是多么挫败。在这样的人生境遇中,人恐怕很难表现出随性的一面。他抒写随性人生境界的诗,主要创作于隐居辋川别业的时候。比如这首《终南别业》:

> 中岁颇好道,晚家南山陲。
>
> 兴来每独往,胜事空自知。
>
> 行到水穷处,坐看云起时。
>
> 偶然值林叟,谈笑无还期。

南山指终南山,是唐人喜欢选择的隐居之地。王维说他中年很喜欢"道",这个"道"主要指佛家的道理。王维字摩诘,名字即与佛教有关。维摩诘是早期佛教的著名居士,曾经称病与文殊菩萨辩论,富有智慧。王维号称"诗佛",其一部分诗作充满佛教意趣。"晚家"并非晚年安家的意思,这里的"晚"是指"近来",是说自己近来居于终南山。"兴来每独往,胜事空自知","胜事"当然是好事,这个好事不是一般意义上令人快乐的事,这是独属王维的快乐。他悟到一些什么,兴之所至,每每往山中散步,去享受大自然赐予的清静、欢愉。散步是独自一人,好事也只有自己知道,这两句中的"独"和"空"字形象地呈现了王维居于终南别业(别墅)时的生命状态,在山林中独来独往,独自参悟,独自欢欣。

山中散步,也是随性往来,没有固定方向。"行到水穷处,坐看云起时",写诗人散步的情态。我们想象一下,王维沿着溪水散步,走到水尽头,他知不知道云会从山间升起? 当然不知道,他也应该不知道溪水到那个地方就没有了、穷尽了。但他已经走到那里了,水流已尽,似乎没有景物可以观赏了。读到这里,我们不知道诗人心头会不会有一点小小的失落。他坐下,抬头一看,这时候正好白云从山谷中升腾起来。于是,诗人眼前又有了可以欣赏的景致。在王维笔下,水穷云起的过程没有一丝刻意斧凿的痕迹,完全是自然而然地"无缝衔接",这两句是王维随性的人生境界的最好表征。水穷云起的景致背后,透露出的是浓浓的禅意。佛教有所谓"因缘和合"之说,佛教学者方立天先生曾解释道:"佛教认为,一切现象都是因缘和合而生,因缘在现象在,因缘散现象灭,因缘不是永恒不变的,所以现象也不是永恒不变的,是为'空'。"①这个因缘和合并不是刻意求之的,而是正好碰巧凑合在一起,有因缘在,即使水穷之后,亦复有云起。王维只用了水穷云起的景物迭代,就把佛教的一个根本理念表现出来了。当这种佛家智慧,也就是诗人所好之"道",落实于现实人生的时候,就化为一种随性到极致的人生境界,正如《世说新语》里王子猷雪夜探访戴安道时所言"我本乘兴而行,兴尽而返,何必见戴"。诗的最后说:"偶然值林叟,谈笑无还期。"林中老人来得正是时候,似乎和王维配合好的,相互谈笑,毫无顾忌,不在乎天色已晚,不在乎什么时候回家。王维这里特意用了"偶然"两个字,强调了不是事先约好,只是不期而遇。所以,与老人的相遇、谈笑也是一种因缘和合,"无还期"同样表现了诗人的随性,不受丝毫的约束和羁绊。

王维与苏轼不同,苏轼写的是挫折中的达观,王维写的是平静中的随性,他们的诗词作品从不同的侧面展现了古典诗词里中国古人的人生智慧。

四、"肯与邻翁相对饮,隔篱呼取尽余杯"——温馨的人情世界

人生智慧中,除了人独自体悟的那些道理之外,还包括人与人之间相处的艺术。《论语》说:"有朋自远方来,不亦乐乎?"中国人历来重视朋友,注重待客之道,所以这里选取唐代大诗人杜甫《客至》中的两句"肯与邻翁相对饮,隔篱呼取尽余杯",借用诗中对待客人的方式,来展现古诗词中温馨的人情世界。温馨的人情世界从表面看仿佛与智慧无关,其实标志着古人温暖的感情联结。孔子所谓《诗》的兴、观、群、怨四大功能里,"群"是相当重要的。诗可以促进人与人之间的感情交流,培养良好的人际关系,这难道不是一种可贵的智慧吗?杜甫的《客至》是这样写的:

> 舍南舍北皆春水,但见群鸥日日来。
>
> 花径不曾缘客扫,蓬门今始为君开。
>
> 盘飧市远无兼味,樽酒家贫只旧醅。
>
> 肯与邻翁相对饮,隔篱呼取尽余杯。

这首诗写在杜甫日子比较好过的时候,上元二年(761 年)春,他在成都西郊浣花溪建造的草堂落成,诗人终于结束了长期的漂泊生涯,住进春水环抱的新居之中。"但见群鸥日日来",既是写水鸟频频光顾的实景,也是自述诗人没有任何机心。这里用

---

① 　方立天:《谈"空"说"有"话佛理》,《法音》2013 年第 6 期,第 4 页。

的是《列子·黄帝篇》里的典故，小孩子有了计算利害之心，海鸥就盘旋不下，仿佛洞悉了他的机心。所以群鸥日日来，反过来表明诗人没有机心，心思淳朴。"花径不曾缘客扫，蓬门今始为君开"，"蓬门"就是蓬草编的门，门前小径铺满了野花，他还没来得及扫除，因为新居刚刚落成，还未曾有过什么客人光顾。这时候他的这位好友或远亲来看他，主人相当重视，"今始"二字足见客人的重要了。且看诗人拿什么东西招待人家。"盘飧市远无兼味，樽酒家贫只旧醅"，酒和菜倒是都有，但杜甫坦率地说，我这里只有一盘熟菜。为什么只给你吃一盘熟菜？不是我不愿意给你吃，是我家离集市太远了，买菜不太方便。"樽酒家贫只旧醅"，是说家里太穷，我的酒还是旧酒，不是新近酿制的。只能端出这种酒来，说明杜甫虽然生活已经安定，但是他的家庭经济状况还是比较困难。其实，从情理上推测，可能所谓"市远"也只是一个借口，实际上也还是因为诗人手头没有多少钱，后面"家贫"二字就是实实在在的话了。酒也没好酒，菜也没好菜，我就是这个条件。从这两句中，我们既看出了杜甫待客的坦诚，也足见其贫困，让我们既佩服诗人的襟怀人格，同时也不免为他的生活窘境感到惋惜。诗写到这里，是不是心中有点儿小小的失意和无奈？寒碜的条件和对客人重视的态度形成了鲜明的对照，这盘飧旧醅，是不是把先前营造的"客至"的温馨氛围都破坏了呢？恐怕有一点吧。

　　所以说，假如《客至》写到这里，固然呈现了人情世界，但"温馨"两字要大打折扣了。杜甫从已经没有诗意可写的地方又翻出新的诗意，写了最后两句"肯与邻翁相对饮，隔篱呼取尽余杯"，隔壁的老人家，你愿不愿意也到我这里来，一起坐下把剩下的酒喝完呢？这不但是诗意上的翻新，更再次表明杜甫心地绝对纯朴善良，重情义，自己都没有什么东西吃，他不管，还要邀人同乐。所以，这首诗特别能够反映出中国古代乡村里人与人之间诚心以待的朴实感情。这就是《客至》所营造的温馨的人情世界。清代人黄生在《杜诗说》里评论这首诗说道："前半见空谷足音之喜，后半见贫家真率之趣，隔篱之邻翁，酒半可呼，是亦鸥鸟之类，而宾主两各忘机，亦可见矣。"意思是说，邻居家的老翁虽说是别人家的人，我酒喝到一半的时候却可以随便把他叫过来，这个老翁就相当于《列子·黄帝篇》中的鸥鸟，一呼即来，正因为杜甫和客人都没有什么机心，所以老翁对他们也没有什么戒备，主人对邻居也没有什么戒备，大家能真情相交。这样的诗歌，最能说明中国古代老百姓彼此之间那种和谐无间、充满温情的关系。

　　古典诗词中的中国智慧，当然不止以上几个方面，但是从苏轼的《定风波》里，我们见到的是道家忧乐两忘的达观和词人的超迈，从王维的《终南别业》里，我们见到的是佛家因缘和合的妙趣和诗人的随性,从杜甫《客至》里,我们见到的是儒家的人际礼仪和诗人淳厚率真,儒、释、道的传统智慧,自然地融化在古典诗词之中,如水中着盐,虽有滋味而了无痕迹。

第五章 《红楼梦》中的道家智慧

习近平总书记指出:"中华文化延续着我们国家和民族的精神血脉,既需要薪火相传、代代守护,也需要与时俱进、推陈出新。""学习和掌握其中的各种思想精华,对树立正确的世界观、人生观、价值观很有益处。""我们要加强对中华优秀传统文化的挖掘和阐发,激活其内在的强大生命力,让中华文化同各国人民创造的多彩文化一道,为人类提供正确精神指引。"《红楼梦》是小说领域最能体现中国立场、中国智慧、中国价值的文本,因全书体例与篇幅限制,本章主要以《红楼梦》中的道家智慧为切入点,展现其中国智慧的一个侧面。

问题一:《庄子》在《红楼梦》中有怎样一些具体呈现形态?

问题二:《庄子》与宝玉形象的塑造有何内在关联?

问题三:《红楼梦》怎样形象化地体现出了《庄子》中审美的人生态度?

问题四:《红楼梦》中对"灵性"生命的探寻吸收了怎样的道家智慧? 有何启示?

《红楼梦》是优秀传统文化的载体与窗口,以其直观生动的文学性展现了丰富而深刻的中国智慧。本章结合《红楼梦》中的人物形象与情节细节,揭示《红楼梦》与《庄子》的内在关联,帮助学生真切理解道家思想智慧对《红楼梦》的文本建构。

儒、释、道"三教"是中国智慧的主体与核心。"三教合一""佛道并举"在《红楼梦》中有着三个层面的呈现形态:

第一层面是名物形态。例如,贾氏宗族的日常生活中既设有宣讲儒教经典的家塾,又有佛禅的铁槛寺、栊翠庵,也有道教的清虚观;贯穿全书、在结构中起着重要作用的是一僧一道,还有在开头"风尘怀闺秀"、结尾"归结红楼梦"的儒者贾雨村;宝玉明明是出家做了和尚,却被朝廷封为"文妙真人";太虚幻境中既有"钟情大士""度恨菩提"这样的佛禅名号,又有"痴梦仙姑""引愁金女"这样的道教称谓,警幻仙子又劝诫宝玉"而今后万万解释,改悟前情,留意于孔孟之间,委身于经济之道";第五回《红楼梦》十二支曲的《虚花悟》中有云:"闻说道,西方宝树唤婆娑,上结着长生果。"其中既有佛禅的"西方宝树",又有道教的"长生"追求……

第二层面是典籍形态。例如,宝玉曾说"'明明德'外无书""除四书外,杜撰的也多",号称"愚顽怕读文章"的宝玉对儒家经典予以了极高的评价;第二十二回中,宝钗谈到禅宗公案时提到惠能称神秀偈"美则美矣,了则未了",此语载于《景德传灯录》《五灯会元》等禅宗典籍,不见于《坛经》任何版本。《红楼梦》中提到宝玉平日所读之书亦列有《五灯会元》;尤其是,《红楼梦》第八十七回写妙玉"断除妄想,趋向真如",后来却又走火入魔,这是由《五灯会元》所载张拙秀才"断除烦恼重增病,趋向真如亦是邪"语而来。此外,《红楼梦》第二十五回中所说"你家现有希世奇珍"源自《五灯会元》《坛经》《法华经》等佛禅典籍中所说的"自家财珍"。至于道家典籍,书中言及宝玉平时最爱读的书有《庄子》《参同契》《元命苞》等,其中《庄子》在《红楼梦》中应该是出现最多的。如第二十一回中,写到宝玉读《庄子》:"正看至外篇《胠箧》一则,其文曰:故绝圣弃知,大盗乃止;擿玉毁珠,小盗不起;焚符破玺,而民朴鄙;掊斗折衡,而民不争;殚残天下之圣法,而民始可与论议。擢乱六律,铄绝竽瑟,塞瞽旷之耳,而天下始人含其聪矣;灭文章,散五采,胶离朱之目,而天下始人含其明矣;毁绝钩绳而弃规矩,攦工倕之指,而天下始人有其巧矣。"第六十三回中有言:"常赞文是庄子的好,故又或称为'畸人'。"宝玉很多想法都是受到《庄子》的直接影响,如第二十二回:"宝玉见说,方才与湘云私谈,他也听见了。细想自己原为他二人,怕生隙恼,方在中调和,不想并未调和成功,反已落了两处的贬谤。正合着前日所看《南华经》上,有'巧者劳而智者忧,无能者无所求,饱食而遨游,泛若不系之舟';又曰'山木自寇,源泉自盗'等语。""巧者劳而智者忧,无能者无所求,饱食而遨游,泛若不系之舟"出自《庄子》杂篇之《列御寇》,"山木自寇,源泉自盗"出自《庄子》内篇《人间世》与外篇《山木》。又如,第一百十三回中,当妙玉遭劫之时,"宝玉听得十分纳闷,想来必是被强徒抢去,这个人必不肯受,一定不屈而死。但是一无下落,心下甚不放心,每日长嘘短叹……又想到:'当日园中何等热闹,自从二姐姐出阁以来,死的死,嫁的嫁,我想他一尘不染是保得住的了,岂知风波顿起,比林妹妹死的更奇!'由是一而二,二而三,追思起来,想到《庄子》上的话,虚无缥缈,人生在世,难免风流云散,不禁的大哭起来。"此外,第五回中,警幻仙子对宝玉说:"此乃迷津,深有万丈,遥亘千里。中无舟楫可通,只有一个木筏,乃木居士掌柁,灰侍者撑篙,不受金银之谢,但遇有缘者渡之。尔今偶游至此,设如坠落其中,便深负我从前谆谆警戒之语了。"所谓"木居士""灰侍者"云云,与第四回中称李纨"虽青春丧偶,居家处膏粱锦绣之中,竟如槁木死灰一般，一概无见无闻，唯知侍亲养子，外则陪侍小姑等针黹诵读而已"一样，皆出自《庄子》中的"形如槁木""心如死灰"。第七十八回中，宝玉杜撰《芙蓉诔》，不仅明确宣称要"远师"《庄子》中的《秋水》篇，而且在诔文中运用了《庄子》其他篇目中的不少语词与典故。

　　还有一个层面是象征隐喻层面。这是一个隐性层面，可以看出，尽管《红楼梦》受到《庄子》等道家典籍的很大影响，它却并非道家思想的传声筒，而是以生动性、形象性使得《庄子》中种种抽象思想得到感性显现，晦涩的哲学表述变成活泼的生活诉求，灰色的理论经由活色生香的生命引发心灵的共鸣。下面，让我们走进《红楼梦》的精彩世界，以《红楼梦》与《庄子》的深层关联作为切入点，去体会、感悟其中深刻隽永的中国智慧。

一、"情种"庄子与《红楼梦》中的"多情公子"

　　庄子的高傲脱俗与愤世嫉俗最容易给人留下深刻的印象。在许多人看来，庄子就是那扶摇万里的大鹏，睥睨万物，不可一世；庄子蔑视功名富贵，宁可"曳尾于途中"，也不愿去做一国之相；庄子就是那高洁的鹓雏，"非梧桐不止，非练实不食，非醴泉不饮"，相位对他来说不过是"腐鼠"而已；那些名利场中的凡夫俗子遭到他非常刻薄尖锐的讥刺：国相不过是一只"不知腐鼠成滋味"的猫头鹰，得到秦王的赏赐是因为"舐痔"一般的猥琐行径，为了追求功名富贵而丧己失性的人还不如"为豨谋"……庄子又常常强调"虚静恬淡寂漠无为"（《天道》），声称"悲乐者，德之邪；喜怒者，道之过；好恶者，德之失。故心不忧乐，德之至也；一而不变，静之至也；无所于忤，虚之至也；不与物交，惔之至也；无所于逆，粹之至也"（《刻意》），认为得道之人"疾雷破山、飘风振海而不能惊"（《齐物论》），"死生亦大矣，而不得与之变，虽天地覆坠，亦将不与之遗"（《德充符》）。他本人在妻子死的时候鼓盆而歌，在自己临终前所表现出的旷达也都给人留下深刻的印象。对许多人来说，庄子似乎淡定得近乎冷漠，超脱得不近人情，何况他还在《德充符》中大谈"无情"，言之凿凿地说圣人"有人之形，无人之情"。可是，闻一多先生曾说过这样的话："庄子是开辟以来最古怪最伟大的一个情种。"清代学者胡文英亦曾云："庄子眼极冷，心肠极热。眼冷，故是非不管；心肠热，故悲慨万端。虽知无用，而未能忘情，到底是热肠挂住；虽未能忘情，而终不下手，到底是冷眼看穿。"

　　而说到《红楼梦》，第一回中就开宗明义地讲此书"大旨谈情"，回目中更是对

"情"不断地强调。《红楼梦》第五回中咏叹:"开辟鸿蒙,谁为情种?都只为风月情浓。"神仙姐姐警幻仙子煞费苦心地对宝玉"醉以美酒,沁以仙茗,警以妙曲",还将可卿许配于他,目的就是要宝玉"以情悟道"。按照脂批的说法,《红楼梦》中还有"情榜",以人物在"情"上的不同表现品评人物,如宝玉是"情不情"、黛玉是"情情"。宝玉梦游太虚幻境时看到"孽海情天"匾额所配的楹联是"厚地高天,堪叹古今情不尽;痴男怨女,可怜风月债难酬",这里有一处细节值得注意:匾额与楹联之间出现了"犯笔"的现象,共用了一个"情"字,以《红楼梦》中高超的楹联撰写水平,这种低级错误不应该出现。这恐怕还要以《红楼梦》对"情"的强调来解释:为了强调"情",不惜在撰写楹联时出现硬伤。或者甚至可以这样推测:作者故意出错,以引起读者注意《红楼梦》中所强调的"情"。

当然,这些还只是字面上的表现,要理解《红楼梦》的"大旨谈情",我们不得不谈到作为"情种"的庄子怎样影响了后世,包括《红楼梦》中的"情文化"。

《红楼梦》中的灵魂人物毋庸置疑是贾宝玉。过去的读者更倾向于把宝玉视为"情痴情种"乃至"情圣"。如读花人涂瀛在《红楼梦论赞》中如此高度评价宝玉:"孟子曰:伯夷,圣之清者也。伊尹,圣之任者也。柳下惠,圣之和者也。我故曰:宝玉,圣之情者也。"但现代读者用更功利更现实的眼光评价宝玉时则贬多于褒,甚至把宝玉视为"滥情人"。如这样一种观点:宝玉虽然说过"女儿是水做的骨肉,男人是泥做的骨肉。我见了女儿,我便清爽;见了男子,便觉浊臭逼人",然而他感到"清爽"的主要是"女儿",是"貌美"的并且大多是未婚的女儿,在贾宝玉眼中,这些年轻貌美的女子是"珍珠",而那些年长色衰的中老年女性则是"死珠子""鱼眼睛"。这就难怪有人提出这样的说法:"宝玉对女性是有限地同情、有私心的关爱……若现实生活中有某一男子提出献爱心,但最终资助与否要以被资助对象的性别、年龄,尤其是要以相貌来决定,年轻貌美、长相可人的女子才被资助,而长相平平者却被置之一边、不闻不问,对此种情况,不知读者诸君作何感想?"而且,宝玉不仅和小姐们有情感纠葛——虽然与林妹妹青梅竹马,却又垂涎宝钗"雪白的臂膀",还送给史湘云一个金麒麟,连林妹妹都生怕他因这样的小物件"成其好事"而专门前去探视;还和丫鬟们有情感纠葛——与袭人"初试云雨情",对丫鬟们常常动手动脚,甚至因此而害得金钏儿投井自尽。他还和丫鬟们一起洗澡(第三十一回),吃丫鬟们嘴上的胭脂(第二十四回)……他不仅和丫鬟们有情感纠葛,还和村姑有情感纠葛(第十五回);不仅和村姑有情感纠葛,还和尼姑(妙玉)有情感纠葛;不仅和尼姑有情感纠葛,还和伶人有情感纠葛(第六十三回)。甚至,他和女人有情感纠葛倒也罢了,他还和男人有情感纠葛：秦钟、蒋玉菡、香怜、玉爱……学者们在研究古小说中同性恋现象时都免不了把贾宝玉作为研究对象。

如此看来，宝玉当然用情不专，把《红楼梦》中"滥情人"的称号扣在他头上似乎并不为过。但是且慢，"滥情人"在《红楼梦》中明确指称的是薛蟠，对于宝玉，《红楼梦》给他的名号是"多情"：第三回宝玉出场，书中对他的韵文描述中有这样的语句，"转盼多情，语言常笑"；第五回晴雯的判词中说到"多情公子空牵念"；第七十八回宝玉所拟的《芙蓉诔》中又有言，"红绡帐里，公子多情"。"多情"一词在现如今也可指用情不专，但在明清小说的语境中，"多情"是褒义，无论是"三言"中的《闹樊楼多情周胜仙》，还是《红楼梦》中提到"多情"之处，都是称赞人物的情深意重，与"无情""薄情"相对。

其实，宝玉对众多女子的"多情"并非用情不专。用情不专只能特指爱情，宝玉的爱情只对黛玉一人，他对其他女子的"多情"其实主要是"友情"，这一点《红楼梦》第五回中已让神仙姐姐下了定论："在闺阁中固可为良友，却于世道中未免迂阔怪诡，百口嘲谤，万目睚眦。"在与众女儿做"良友"的过程中，宝玉作为一个正常人，免不了也会有青春期的躁动，但是，尽管他也有过"这个膀子要长在林妹妹身上，或者还得摸一摸，偏生长在她身上"这样的想法，却始终未及于乱。而且，当他与黛玉耳鬓厮磨时，当看到湘云睡觉将臂膀露在外面时，当他将晴雯拉到自己被窝暖身子时，当他与芳官同床共枕时，他没有什么不堪的邪念，他在这些时候只想到对众女儿的体贴与关爱。《红楼梦》又名《风月宝鉴》，在男女"风月"之情外还浓笔重彩地写了男女之间的友情，这在古典文学作品中是罕见的。

封建时代的"五伦"中，"朋友"是唯一平等的人伦关系，其他无论是君臣还是父子，夫妻还是兄弟，都有等级之别、主从之分。

儒家之"礼"讲等级，道家之"道"则讲平等。《庄子》外篇《秋水》中说得很清楚："以道观之，物无贵贱。"《庄子》内篇第二即是《齐物论》，尽管究竟是齐物还是齐论，学界一直有争论，但本篇主旨乃强调万物平等，反对人类中心论，这一点研究者们并无异议。也正是由于这种伟大的平等精神，道家并不因为张扬个性而对万物有一丝傲慢，"独与天地精神往来而不敖倪于万物"（《天下》），而是充满了善意与尊重，如《庄子》内篇《应帝王》中写列子如此修道："为其妻爨，食豕如食人"；《庄子》外篇《知北游》中有道在屎溺之中的惊世骇俗之论；《庄子》中还多处描写了与万物和谐相处而非对立冲突的动人画面："禽兽可系羁而游，鸟鹊之巢可攀援而窥"（《马蹄》），"入兽不乱群，入鸟不乱行"（《山木》），"与物为春"（《德充符》），"与物有宜"（《大宗师》），

"兼怀万物""万物一齐"(《秋水》),"缘而葆真,清而容物"(《田子方》),"处物不伤物"(《知北游》),"与物委蛇,而同其波"(《庚桑楚》),"其于物也,与之为娱矣"(《则阳》),"育万物,和天下"(《天下》)……

尽管超凡脱俗,却能够包容尊重万物;不仅爱人,而且还强调"利物",庄子对万物可谓"多情"矣!难怪闻一多先生会将庄子称为"情种"。《庄子》中"食豕如食人"的典故还影响到了魏晋风度,《世说新语•任诞》中讲了这样一个有趣的故事:

> 诸阮皆能饮酒,仲容至宗人闲共集,不复用常杯斟酌,以大瓮盛酒,围坐,相向大酌。时有群猪来饮,直接去上,便共饮之。

耐人寻味的是,《庄子》中是"食豕如食人",阮咸则可谓"饮豕如饮人"了。要知道,魏晋时期最盛行的是玄学思潮,玄学最推崇的经典是"三玄":《老子》《庄子》与《周易》。其中道家著作占了三分之二,道家思想对魏晋名士影响极大。不难看出,阮咸的"饮豕如饮人"体现出《庄子》中"天地与我并生,而万物与我为一""其于物也,与之为娱矣"的平等精神与爱物观。同样地,《红楼梦》中宝玉不是与土豪做朋友,而是与女性做朋友,"连那些毛丫头的气也受的""每每甘心为诸丫鬟充役",这是对人不分贵贱的一种平等;不仅仅视贱如贵,《红楼梦》中还多次描写了宝玉的"视物如视人"。

第十九回中写"宝玉见一个人没有,因想'这里素日有个小书房,内曾挂着一轴美人,极画的得神。今日这般热闹,想那里自然无人,那美人也自然是寂寞的,须得我去望慰他一回'";第二十二回中写宝玉"只见一阵风过,把树头上桃花吹下一大半来,落的满身满书满地皆是。宝玉要抖将下来,恐怕脚步践踏了,只得兜了那花瓣,来至池边,抖在池内";第三十六回中写宝玉"看见燕子,就和燕子说话;河里看见了鱼,就和鱼说话;见了星星月亮,不是长吁短叹,就是咕咕哝哝的";第五十八回中写宝玉"因想道:能病了几天,竟把杏花辜负了!不觉倒'绿叶成荫子满枝'了!因此仰望杏子不舍……只管对杏流泪叹息。正悲叹时,忽有一个雀儿飞来,落于枝上乱啼。宝玉又发了呆性,心下想道:这雀儿必定是杏花正开时他曾来过,今见无花空有子叶,故也乱啼。这声韵必是啼哭之声,可恨公冶长不在眼前,不能问他。但不知明年再发时,这个雀儿可还记得飞到这里来与杏花一会了?"……不用多举了,这些例子已经足够让我们看出,尽管星星、月亮、画上的美人是无生命之物,桃花、杏花、燕子、鱼是虽有生命却无人情之物,宝玉却都"视之如视人",珍惜它们的情缘,同情它们的命运,向它们诉说情话,对它们体贴关爱……脂批注意到了宝玉的这一特点,声称宝玉在"情榜"中的称号是"情不情"。所谓"情不情",就是"凡世间之无知无识,彼俱有一痴情去体贴"。结合前面的论述,我们不妨说,宝玉的"情不情"与《庄子》中"兼怀万物""与物为春"的"多情"在精神实质上并无二致。

庄子能够对万物有包容尊重与爱利的"多情"并不是一种简单的感性,而是有着深刻睿智的哲学基础。冯友兰先生曾经将人的精神境界划分为四个层次:自然境界、功利境界、道德境界与天地境界。自然境界按照本能与习俗行事,功利境界按照功利目的行事,二者皆以小我为立场,价值视域相当有限。道德境界突破了一己之私的狭隘,以集体利益为立场,当然这个集体亦有大小的区别:可以是家、组织、集团、国家、民族,也可以是全人类。着眼于全人类的视域当然非常宏大,但道德境界还不是最高境界,因为它至少还有着人类中心的局限。最高境界是天地境界,用冯友兰先生的话来说,天地境界以"宇宙利益"为立场,这是最大最全、已然进入无限视域的立场,已经没了任何的局限。

《吕氏春秋》记载了这样一个故事:

> 荆人有遗弓者,而不肯索,曰:"荆人遗之,荆人得之,又何索焉?"孔子闻之曰:"去其'荆'而可矣。"老聃闻之曰:"去其'人'而可矣。"故老聃则至公矣。

在这个故事中,"荆人遗之,荆人得之"以楚人为立场,"人遗之,人得之"以全人类为立场,而老子"得之,失之"的说法不正是以"宇宙利益"为立场吗?楚人失弓不以为失已经表现出超越功利立场的宽广胸怀,孔子着眼于全人类是一种更为阔大的境界,而老子以"宇宙利益"为立场则表现出最为"大观"的视域。

《庄子》中反复提到视域的种种局限,如"拘于虚""笃于时""束于教"(《秋水》),"囿于物"(《徐无鬼》),"拘于俗"(《渔父》),"陋于知人心"(《田子方》)等,正是由于这些局限,人们才会受到种种束缚,不能用"以道观之"的"大观"视域"育万物,和天下"。

我们当然不能简单地说《红楼梦》中宝玉的"情不情"也有这样的哲学基础,已经达到了天地境界。但是,《红楼梦》中"大观园"的命名恐怕不是随意为之,很有可能是对道家"大观"视域的一种深切体会;"茫茫大士""渺渺真人"贯穿全书始终,可理解为以时空之无限突破"拘于虚""笃于时"之遮蔽;甄士隐、宝玉、黛玉等人对功名富贵的疏离可视为对"束于教""囿于物""拘于俗"之超越;《葬花词》虽说并不能体现出哲人之思,却以诗性智慧描述了一种极为"大观"的视域,诗中的花不是园林之花,甚至不是大自然中的花,而是飘飞于天地之间的花——"花谢花飞花满天""随花飞到天尽头";宝玉听闻《葬花词》后有了深刻的生命体验,也是因为这篇作品引发了宝玉

"逃大造,出尘网"的"大观"视域。

二、《庄子》中审美的人生态度与《红楼梦》中的"痴情"

"以道观之"的大观视域不仅使庄子成了"爱人利物"的"情种",而且还造就了庄子审美的人生态度。

正是因为"天地有大美而不言",庄子强调"原天地之美"(《知北游》),"独与天地精神往来"(《天下》);正是因为"朴素而天下莫能与之争美"(《天道》),"澹然无极而众美从之"(《刻意》),庄子津津乐道于返璞归真、淡漠无为;得道是"得至美而游乎至乐"(《田子方》),而道又"无所不在"(《知北游》),存在于万物之中,于是"以道观物"自然也就具有了一种超功利的审美态度。

大家都知道"子非鱼,安知鱼之乐"的著名典故,如果从逻辑的层面、认识论的角度来看,庄子"子非我,安知我不知鱼之乐?""我知之濠上也"的言论说穿了就是诡辩,但是从上下文来看,庄子根本不是在讲如何认识事物的问题。

朱光潜先生在《我们对于一棵古松的三种态度》一文中谈到我们对待事物有实用、认识与审美三种态度。回过头来再看《庄子》的《秋水》篇,我们可以看出,庄子"儵鱼出游从容,是鱼之乐也"的说法根本不是在论述"鱼之乐"的认识是否为真,而是因自己"出游从容"而移情于鱼的一种审美体验。庄子对鱼并不是持客观的认识态度,而是持主观的审美态度。不仅仅水中的游鱼,对于天地、山林、皋壤、燕子、鸥鸦、麋鹿……甚至丑陋的"畸人""散木",庄子都由衷地表达了欣赏喜爱之情,体现出一贯的审美态度。正是因为有着审美的人生态度,尽管生于乱世,生活贫困,庄子仍然很快乐,仍然能够"逍遥游"。而所谓"无待"的"逍遥游",李泽厚先生曾将之论为审美之境。

同样,庄子这种审美的人生态度也极大地影响了魏晋风度。魏晋人对美的追求可以说是到了狂热地步:

为了美,他们不惜放下矜持。例如,为了一睹美男潘岳的风采,"妇人遇者,莫不连手共萦之",而且还常常向他投掷水果,以致潘岳回家时常常水果满车。这些女性的行为难道是为了博得潘岳的欢心,让她们成为潘太太吗?其实历史中的潘岳虽然人品不佳,趋附权贵,他对妻子却是感情甚笃,他为妻子写的《悼亡诗》也是文学史中的名篇,以至于后世文学作品专以"悼亡"为题指悼念亡妻。潘岳与妻子的佳话人所共知,别的女性根本没机会上位为潘太太。所以,与其说那些女性的行为是出于实用的功利目的,还不如说是出自纯粹的审美热情。

为了美,他们可以付出服毒的代价。名士们为了使自己皮肤更为白嫩,"悍然"服用五石散。五石散毒性极大,尽管满足了名士们对美的追求,却也使他们的皮肤真的到了"吹弹得破"的地步,衣服稍紧就会使皮肤溃烂,所以晋人的着装常常是宽袍大袖,看上去固然潇洒飘逸,实际上却不知暗含了多少追求美的残酷代价。

为了美,他们不怕麻烦。五石散服用后精神亢奋、浑身燥热,不狂奔数公里不能发散药力,但名士们仍旧乐此不疲。

为了美,他们甚至能够把人活活看死。如卫玠有"璧人"之号,美名远播,当他来到一处地方时引发了交通堵塞,围观群众使他寸步难行,来到住处休息时因劳累过度而一病不起,被传为"看杀卫玠"。

老作家端木蕻良为宝玉的"意淫"找到了一个"滥觞",这个"滥觞"就是阮籍对待女性与众不同的态度:

> 阮公邻家妇有美色,当垆酤酒。阮与王安丰常从妇饮酒,阮醉,便眠其妇侧。夫始殊疑之,伺察,终无他意。(《世说新语·任诞》)

> 阮籍嫂尝还家,籍见与别。或讥之。籍曰:"礼岂为我辈设也?"(《世说新语·任诞》)

> 兵家女有才色,未嫁而死。籍不识其父兄,径往哭之,尽哀而还。其外坦荡而内淳至,皆此类也。(《晋书·阮籍传》)

醉卧于漂亮的酒店老板娘身边却又"终无他意";因欣赏嫂嫂而不惧打破"叔嫂不通问"的礼法;尽管素不相识,却为有才色而早夭的兵家女一掬同情之泪,这些举止用世俗的眼光是难以理解的,但如果我们对庄子审美的人生态度有所体会,就不难看出,深受庄子影响的阮籍其实是以审美的态度,而不是功利的目的对待这些女性。

《红楼梦》中,警幻仙子对宝玉的"意淫"作了这样一番描述:"淫虽一理,意则有别。如世之好淫者,不过悦容貌,喜歌舞,调笑无厌,云雨无时,恨不能天下之美女供我片时之趣兴,此皆皮肤滥淫之蠢物耳。如尔则天分中生成一段痴情,吾辈推之为'意淫'。惟'意淫'二字,可心会而不可口传,可神通而不能语达。汝今独得此二字,在闺阁中固可为良友,却于世道中未免迂阔怪诡,百口嘲谤,万目睚眦。"根据神仙姐姐的描述,"意淫"不是出于肉体欲望的"皮肤滥淫",而是出于精神追求的"痴情"。

魏晋时期,"情"与"痴"是很有文化内涵的两个关键词。"情"比较好理解,主要是指深情与真情,《晋书》《世说新语》对此有大量记载。而所谓"痴",正如周汝昌先生在《红楼梦与中华文化》中所指出的那样,从文化内涵来讲,"痴"的对立面不是如字书所说的"慧",而是"俗常世情"。清代张潮《幽梦影》说:"曰'痴'、曰'愚'、曰'拙'、曰'狂',皆非好字面,而人每乐居之。"为什么?不正是因为"痴"的对立面可以是"俗常世情",自谦为"痴"正是自誉为"不俗"吗?

而《红楼梦》中的"痴情"也有"不俗之情"的意义,这一点神仙姐姐说得很清楚:"在闺阁中固可为良友,却于世道中未免迂阔怪诡,百口嘲谤,万目睚眦。"

"意淫"是一种"痴情",而宝玉的"痴情"很多时候其实也正如深受庄子影响的阮籍那样,是以审美的态度对待女性。

明白了宝玉对众女儿的审美情怀,我们才能理解,看到一个不客气呵斥自己的村姑二丫头,宝玉不仅不以为忤,而且还对二丫头的野性美、自然美投注了欣赏的目光;平儿受气挨打时,宝玉帮平儿理妆,因能为这个自己非常欣赏的女孩儿"稍尽片心"而"心内怡然自得"。宝玉为什么"每每甘心为诸丫鬟充役"?因为她们往往都有可供"审美"之处:晴雯的风流灵巧、袭人的温柔和顺、紫娟的情深意重、平儿的乖觉善良、芳官的率真可爱、鸳鸯的果决明快、香菱的娇憨朴诚,甚至还可包括小红的口才、莺儿的巧手、龄官的唱功……用世俗功利的眼光来看,宝玉是"有些痴病"的,殊不知宝玉在以审美态度对待女性的过程中获得了多少愉悦与幸福啊,因为,"审美在审美中便满足了",不需要功利的占有与身心的损耗。

不仅仅以审美的态度对待女性,《红楼梦》在描述"正邪两赋"之人时把宝玉归在"生于公侯富贵之家,则为情痴情种"一类,这类人中大部分都是魏晋名士,也都因受到庄子的极大影响而有着审美的人生态度;宝玉被嘲为"富贵闲人""无事忙",但我们可以看出他闲的是对世俗功利的追求,忙的却是审美性的艺术活动——"或读书,或写字,或弹琴下棋,作画吟诗,以至描鸾刺凤,斗草簪花,低吟悄唱,拆字猜枚,无所不至,倒也十分快乐"(第二十二回);宝玉出场时的韵文描述他"潦倒不通世务,愚顽怕读文章",但连贾政都称赞宝玉在题诗作对方面颇有"才情",为贾兰贾环所不及,而宝玉的这些"才情"不也正是审美方面的才能吗?总之,《红楼梦》非常认同《庄子》中审美的人生态度,以审美情怀超越世俗功利的追逐,这是一种大气度、高格调,塑造了《红楼梦》非同凡响的境界与品位。

三、《庄子》中的生命立场与《红楼梦》中的"灵性"问题

对道家最大的误解是简单武断地给道家智慧贴上"消极""悲观"等带有贬义的

标签。

说道家思想消极最主要的依据是道家的"无为"主张,只是从字面上把"无为"理解为无所作为、不去行动。要知道,诚如林语堂先生所说,中国古代的哲人体现出不同的历史表情,孔子在微笑,老子在傻笑,庄子在狂笑,傻笑与狂笑的老庄最拿手的好戏就是逆向思维与以曲线方式达成目的,怎么能够仅从字面上去理解他们的思想呢? 何况,即使仅从字面上去理解,我们也不能忽略了,老庄在说"无为"的时候还连着一个关键词叫"无不为"。

一代名将蒙哥马利元帅曾经说过这样一段俏皮话:一种人又聪明又懒惰,这种人适合做高级指挥官;一种人又聪明又勤快,这种人适合做中下级军官;一种人又笨又懒,这种人只能做士兵。因为他笨,所以他要听从聪明的计划;因为他懒,所以必须用命令对他强制。第三种人似乎挺糟糕,但这种人还不是最糟糕的,最糟糕的是第四种人:又笨又勤快。因为笨,所以他做的事情往往是错的,而他又勤快……这种人适合做敌人,当然在敌人中这种人越多越好。

虽是俏皮话,却能小中见大,这与道家无为的智慧可谓英雄所见略同。因为,道家的"无为"绝对不是无所作为,而是强调有所不为才能有所为,不去妄为才能更好地行动。所谓"无为",实际上是主张不妄为、不折腾,是在适当的时候能够选择正确的方向,懂得适时放弃与停止,这就需要洞察力、胆识以及对人性弱点的超越,是一种大智慧。

《庄子》外篇《骈拇》说:"凫胫虽短,续之则忧;鹤胫虽长,断之则悲。"人如果以自己的主观好恶把鸭腿加长,鹤腿截短,对鸭与鹤来说这就是妄为,会导致"忧""悲"的后果。此时,"无为"反而能产生好效果,人与鸭鹤不仅能够相安无事,而且还免去了一番瞎折腾,诚如《红楼梦》所说,"岂不省了些寿命筋力? 就比那谋虚逐妄,却也省了口舌是非之害,腿脚奔忙之苦"。

《庄子》还讲到,病了才去治,治好了可谓"有为",但更好的是,将病消除于无形,根本不需要去治。不用治病可谓"无为",但这种"无为"当然是一种高明的智慧。同样地,不等天下乱了才去平,不等人心邪了才去教化,从迹象上来看这些都是"无为",但这些"无为"却能实现"平天下""正人心"的"有为",正可谓"无为而无不为"。

《红楼梦》中的王夫人被贾母戏称为"木头",平时也不怎么管事儿,当她"无为"的时候贾府倒也没出什么乱子。可当她这么一个"笨"人开始"有为"的时候,祸事接踵而至:第一次"有为",金钏儿死了,宝玉也差点被他爹打死;第二次"有为",晴雯死了,大观园被折腾得鸡犬不宁;第三次"有为",黛玉死了,贾府被抄。而王熙凤自恃才干,处处逞强,好像很"有为"的样子,最终却"力拙失人心""反算了卿卿性命"。如果她能够听从秦可卿托梦给她的建议,"早为后虑",消除祸乱于无形,这样的"无为"岂不是更为高明的智慧? 可以说,《红楼梦》以其生动形象的描写,通过艺术化的形式,折射出道家"无为"的妙谛。

认为道家思想悲观主要是因为庄子似乎有"生不如死"的慨叹。如《庄子》外篇《至乐》中有这样一个寓言:庄子看到骷髅后大发了一通对"生人之累"的感慨,结果骷髅托梦给庄子说:"死,无君于上,无臣于下;亦无四时之事,从(纵)然以天地为春秋,虽南面王乐,不能过也。"庄子不信,要为骷髅起死回生,骷髅皱着眉头说:"吾安能弃南面王乐而复为人间之劳乎?"在这段寓言中,"生"有"累""劳"之苦,"死"却有"南面王乐",所以骷髅不愿复活,似乎确实在说"生不如死"。然而,《庄子》常常以惊世骇俗之语来振聋发聩,此处虽然说得颇为激愤,但与其说是在"厌生",还不如说是"厌世";与其说生命本身没有价值,还不如说黑暗的现实世界使生命无法实现其价值。通读《庄子》,不难发现全书洋溢着对生命的珍惜热爱:宁肯生时"曳尾于途中",也不愿"死为留骨而贵"(《秋水》);即使"必有天下",也不愿"愁身伤生"(《让王》);虽然"生有轩冕之尊",也不愿"死得于腞楯之上、聚偻之中"(《达生》);《庄子》还倡导"养生""全生""存生""达生""卫生""长生""尊生""重生""其生可乐",反对"残生""伤生""害生""弃生""苦其生"……总之,《庄子》并没有视生命为虚无,而是肯定并张扬了生命的价值与意义,有着鲜明的生命立场。

在《庄子》中,人之生命不仅指"身""形"这样的物质生命,而且还指"心""神"这样的精神生命。相比较而言,《庄子》更看重的是精神生命。对物质生命的过度追求反而会带来生命整体的异化与损害,所谓"且夫失性有五:一曰五色乱目,使目不明;二曰五声乱耳,使耳不聪;三曰五臭熏鼻,困惾中颡;四曰五味浊口,使口厉爽;五曰趣舍滑心,使性飞扬。此五者,皆生之害也"(《天地》);看重物质生命也会导致追逐外物的功利立场,但"若不得者,则大忧以惧"(《至乐》),"不得"会使生命质量下降。"钱财不积则贪者忧,权势不尤则夸者悲"(《徐无鬼》),已得而欲再得,还会使生命质量下降。得到又唯恐失去,仍会使生命质量下降:"今世之人居高官尊爵者,皆重失之"(《让王》),"内则疑劫请之贼,外则畏寇盗之害"(《盗跖》)。在《红楼梦》中,王熙凤是功利立场的代表人物,通过这样一个人物形象的成功塑造,《庄子》中描述的功利立场所导致的生命困境,在她那里得到了生动的表现。除了前面所述之外,我们还可以看到:尽管精明强干,乃至"恃强羞说病",可终究是"力拙失人心",这不正是"终身役役而不见其成功,苶然疲役而不知其所归,可不哀邪"(《齐物论》);收受贿赂而害死人命,以公钱放高利贷,利用职权便利克扣银钱,这不正是"民之于利甚勤,子有杀父,臣有杀君,正昼为盗,日中穴阫"(《庚桑楚》);她以"借剑杀人""坐山观虎斗"之法害死尤二姐,和他人打交道时非常擅长玩弄权术,可是,"机关算尽太聪明,反算了卿卿性命",这不又是"螳螂捕蝉,黄雀在后"式的"物固相累"(《山木》)?

《庄子》中,精神生命是更高级别的生命层次。如《田子方》中认为人生最大的悲哀还不是物质生命的结束,而是精神生命的消亡——"哀莫大于心死",同样的意思在《齐物论》中又有不同的表达:"其形化,其心与之然,可不谓大哀乎?"正因为对精神生命的看重,《庄子》认为"世之人以为养形足以存生,而养形果不足以存生"(《达生》),强调精神生命的培养与发展。

但是,这一生命层次也可能遮蔽、扰乱、压抑、损害生命整体。例如精神生命发展到一定阶段必然会追求道德,但是,即使人们真诚地持有某些道德立场,却仍然无法安顿生命。《庄子》中明确指出了道德立场很多时候其实无法消解个体生命与他人的尖锐冲突,他人并不会因个体具有道德立场就不去残害个体生命:"且德厚信矼,未达人气,名闻不争,未达人心。而强以仁义绳墨之言术暴人之前者,是以人恶有其美也,命之曰灾人。灾人者,人必反灾之"(《人间世》);"不仁则害人,仁则反愁我身;不义则伤彼,义则反愁我己"(《庚桑楚》);"昔者龙逢斩,比干剖,苌弘胣,子胥靡,故四子之贤而身不免乎戮"(《胠箧》)……另外,《天运》篇中指出"三皇五帝之礼义法度,其犹柤梨橘柚邪!其味相反而皆可于口。故礼义法度者,应时而变者也",《至乐》篇中讲了鲁侯"以己养养鸟"的寓言,虽角度不同,可都强调道德的相对性和变动性,如果因坚持道德立场而无视道德的相对性和变动性,就会"莫得安其性命之情"(《天运》),"仁则反愁我身""义则反愁我己"(《庚桑楚》),"仁则仁矣,恐不免其身,苦心劳形以危其真"(《渔父》),同样也会损害生命整体。

李纨是《红楼梦》中道德立场的典型。李纨的道德立场是真诚的,可是,《红楼梦》中对她的评价却耐人寻味。第五回中,她的判词有一句"枉与他人作笑谈",《晚韶华》曲中又说:"镜里恩情,更那堪梦里功名!那美韶华去之何迅!再休提绣帐鸳衾。只这带珠冠,披凤袄,也抵不了无常性命……问古来将相可还存?也只是虚名儿与后人钦敬。"李纨居然被说成一个笑柄、一个虚名。《庄子·盗跖》中有这样一段:"世之所谓忠臣者,莫若王子比干、伍子胥。子胥沉江,比干剖心,此二子者,世谓忠臣也,然卒为天下笑。"正如比干等人不虚伪的"忠"会被耻笑一样,对于《庄子》所说的把道德作为手段而功利作为目的的"利仁义"之人来说,李纨自然也就成了笑柄。而且,越是因为不虚伪,才越会被"利仁义"之人视为呆傻:你那么真诚地守节,可除了得到一个"虚名儿"之外,得到了什么"好处"呢?另外,李纨判词中有"如冰水好空相妒"一句,这不也正体现出人们对"灾人"的普遍心态吗?而且,就算李纨运气足够好,没有遭到外界的伤害,可是,由于拘守了不道德的道德,李纨自己加害了自己,仍然没能很好地安顿自己的生命。

由于精神生命只停留在道德立场层面也无法真正地安顿生命,《庄子》强调对精神生命还要加以净化与升华,使精神生命进入以"灵"来描述的更高层次:"故不足以滑和,不可入于灵府"(《德充符》),"故其灵台一而不桎"(《达生》),"不足以滑成,不可内于灵台。灵台者,有持而不知其所持,而不可持者也"(《庚桑楚》)。既然《庄子》中以"灵"来描述,我们不妨把这一生命层次称为"灵性生命"。

不知是无心契合还是有意为之,《红楼梦》中也很突出一个"灵"字:石头经女娲锻炼之后,"灵性"已通,石头在人间又是"通灵宝玉",《石头记》是"借通灵之说"写成的,石头"造历幻缘"是"失去幽灵真境界";仁者所禀是"清明灵秀,天地之正气",正邪两赋之人"其聪俊灵秀之气,则在万万人之上";为了使宝玉悟道,警幻仙子"醉以灵酒",太虚幻境是"幽微灵秀地",风月宝鉴出自太虚幻境"空灵殿"上,宝玉才情被形容为"空灵娟逸"……尤其是,荣宁二公托付给警幻仙子的却只有他一人,为什么?不还是因为他"聪明灵慧"吗?——"其中惟嫡孙宝玉一人,禀性乖张,生性怪谲,虽聪明灵慧,略可望成,……幸仙姑偶来,万望先以情欲声色等事警其痴顽,或能使彼跳出迷人圈子,然后入于正路,亦吾兄弟之幸矣。"黛玉清高、孤傲、"多心""小性儿",毛病不少,但她却是众女儿中最脱俗,又是和宝玉最知心、最得宝玉敬而且爱的一个,为什么呢?恐怕也是因为她和"灵"有不解之缘吧:黛玉前身是"灵河"岸边的绛珠仙草,而且生有"灵窍",因此宝玉续《庄子》才有"灰黛玉之灵窍"这样的句子。

与宝黛的"灵性"相对照,宝钗博古通今,多才多艺,可藏可露,能屈能伸,会做人能做事,直到今天还有不少人发出"娶妻当娶薛宝钗"的感叹,然而,在《红楼梦》中,宝钗却被说成"钓名沽誉,入了国贼禄鬼之流",是"真真有负天地钟灵毓秀之德"(第三十六回),居然和"灵性"无缘,这是为什么呢?

《红楼梦》中也并不讳言宝钗持有功利立场。连宝玉初见小红都不知是自己房中的丫鬟,而宝钗却能够听声辨人,而且深谙小红的性情为人。她还对宝玉房中服侍之人的人际关系了如指掌,所以在"小惠全大体"时能够轻易地化解矛盾。这些很难说不是她为了成为"宝二奶奶"而进行的火力侦察。古人有"诗言志"之说,她也确实写有"好风频借力,送我上青云"之句,表现出对功名富贵的热衷。另外,元妃省亲时,她也确实流露出对"穿黄袍子"的艳羡……尤为重要的是,《红楼梦》中还以象征的手法暗示了宝钗的功利立场：有研究者认为冷香丸表明了作者对宝钗的赞赏，因为冷香丸由白牡丹花蕊、白荷花蕊、白芙蓉花蕊、白梅花蕊组成，而这几种花在古典文学中都是高洁的象征。这几种花在古典文学中确实都是高洁的象征，可这样的象征顶多只能表明冷香丸之"高洁"，而不是宝钗之"高洁"。巧合的是，"高洁"的冷香丸是用来医治宝钗"从胎里带来的一股热毒"的。何谓"热毒"？《庄子》外篇《达生》中有这样一段："有张毅者，高门县薄，无不走也，行年四十而有内热之病以死。"张毅是一个"好恭"、热衷于富贵的人，《庄子》称此人患"内热之病"而致死。

宝钗的道德立场也有值得肯定之处。《红楼梦》中，钗、黛二人出类拔萃于众姊妹之列，几乎总是被放置于并列的位置加以评价，而且明确地用"停机德"来概括宝钗的出类拔萃。这个出类拔萃的宝钗也许有点儿虚伪，例如她讨好迎合元春、贾母与王夫人，她的"安分随时，自云守拙"也未必没有表演性；这个出类拔萃的宝钗也许有点儿自私，例如她"不干己事不开口，一问摇头三不知"；这个出类拔萃的宝钗也许有点儿功利，例如她博施小惠不是济众，而是只愁"人人跟前失于应候"。即使宝钗确实有这些毛病，她还有一个很大的优点不能忽略了，那就是"克己"：她虽然博学多才，但从不恃才傲物；她虽是大家闺秀，但从不仗势欺人。她内敛低调，她恭俭谦让，她善解人意。从性格逻辑来看，这个"克己"的宝钗是不会自我膨胀的，即使自私，也不愿害人；即使功利，也不至歹毒；即使虚伪，也不会阴险。

凤姐的功利立场与"灵性"无缘，李纨的道德立场与"灵性"无缘，宝钗既功利又道德的立场仍然与"灵性"无缘。其实，在《红楼梦》中我们可以看出，宝钗可被指责的不是她面对鲜活生命的丧失没有表示同情与怜悯（因为此时的同情与怜悯对死者既没有道德意义，也没有功利意义），而是鲜活生命的丧失居然没能唤醒她的生命立场。聪慧如她，对待生命的态度居然与那被她称为"呆霸王"的哥哥如出一辙：薛蟠将人命官司"视为儿戏，自为花上几个臭钱，没有不了的"。而宝钗在金钏儿投井后劝王夫人时居然说："十分过不去，不过多赏他几两银子发送他，也就尽主仆之情了。"二人的语言虽有雅俗的不同，可是二人都把生命视为"物"，而且还是可以用不很多的银钱就能购买的"物"。维特根斯坦曾说："即使一切可能的科学问题都能解答，我们的生命问题还是没能触及。"生命问题岂止与科学水平无关，它还与生活中的长袖善舞无关，与对现实世界的适应能力无关，可以说，在宝钗那里，唯独缺失的就是生命立场。正是生命立场的缺失，宝钗的生活之"技"不能"进"于"道"，她虽然能与现实世界保持高度的适应与协调，却同时也在如鱼得水、左右逢源中沉沦；正是生命立场的缺失，宝钗虽然有"克己"的素质，却并不能真正善待他人与自己的生命，倒是常常被"不道德的道德"规劝异化。

　　"生命立场"是《红楼梦》中的一大亮点，也是中国智慧的一大体现。中国智慧把宇宙视为生生不息的一个大生命，人与万物都是构成此生命的必不可少的部分，虽然"天地间，人为贵""域中有四大，人居其一焉"，但人的高贵体现在人能够"与天地精神往来""为天地立心"；人与万物也不是竞争、对立的紧张关系，而是要凭着人特有的灵性"赞天地之化育""育万物，和天下"。以《红楼梦》为窗口，可窥中国智慧的大风景。

第六章　汉字中的智慧

习近平总书记《在哲学社会科学工作座谈会上的讲话》指出："要重视发展具有重要文化价值和传承意义的'绝学'、冷门学科。这些学科看上去同现实距离较远，但养兵千日、用兵一时，需要时也要拿得出来、用得上。还有一些学科事关文化传承的问题，如甲骨文等古文字研究等，要重视这些学科，确保有人做、有传承。"习近平总书记特别强调甲骨文等古文字的研究是"事关文化传承的问题"，由此可以看出国家对汉字问题的重视。汉字作为中国传统文化的重要组成部分，作为记录汉语的书写符号，承载着中华五千年的文明，叙述着汉民族悠久的历史，蕴含着丰富的中国智慧，值得我们认真学习，仔细探究。

问题一：有人在解释《尚书·酒诰》"人无于水监，当于民监"这句话中的"监"的意义时，使用了因形求义的方法，也就是通过分析"监"的甲骨文字形获得意义。你认为这种方法蕴含了怎样的中国智慧？

问题二：汉字是表意体系的文字，与英文等拼音文字相比，你认为其中蕴含了怎样的中国智慧？

问题三：陈寅恪先生曾经说过："凡解释一字即是作一部文化史。"小小汉字中包含着丰富的文化内涵，呈现出一种独特的中国智慧，请问你如何看待呢？

问题四：作为记录汉语的符号，三千多年来，汉字一直适应汉语的特点，同时也不断地影响汉语的发展，这是一种独一无二的中国智慧，你能结合例子进行分析吗？

问题五：有人说恢复了繁体字就是恢复了中国传统文化，也有人说简化字的出现本身就是一种中国智慧，你能谈谈对这些观点的理解吗？

汉字，是世界上最古老的文字之一，回望历史，世界上的其他古文字，比如埃及的圣书字、苏美尔的楔形文字以及美洲的玛雅文字等，都已经先后进入了博物馆。唯独我们的汉字一直还在使用中，从商代到西周，从春秋战国到秦汉，从魏晋直到今天,出现了甲骨文、金文、战国文字、隶书、草书、楷书等多种书体。它作为记录汉语的书写符号,承载了中华五千年的文明和汉民族悠久的历史,为贯通古今南北,保持汉语的统一作出了重大贡献,是中华传统文化绚丽的瑰宝。

但是由于各种原因,当今出现了不少不管汉字悠久的历史,忽略汉字结构中本身存在的理据性,随意分析字形,胡乱解读字义和文化的现象,这对于深入理解汉字,对于中华文化的传承都是非常不利的。所以,本章将带领大家走进汉字王国,正本清源谈汉字,了解汉字的历史,领略其中蕴含的中国智慧。

一、悠 久 历 史

一般认为,文字和文献的产生,是人类社会进入文明的标志。汉字的诞生,应该标志着中国历史由传说时代进入了信史时代。那汉字起源于何物? 汉字起源于何时呢? 关于这些问题,从古到今,讨论一直没有停歇。文献中有汉字起源于八卦、起源于结绳记事、起源于书契以及仓颉造字等各种观点。民俗活动中曾有结绳记事、刻契记事等遗迹,这说明在汉字产生以前,我们的先民们经历了很长时间用实物记事的时期。考古发现的各类刻画符号和图画则告诉我们,汉字的来源应该与此有关。目前文字学界比较稳妥的观点,一般认为汉字体系大概形成于夏代,因为那时候出现了国家,国家为了进行管理工作,产生了对文字体系的客观需求。

但直到今天,我们尚未看到夏代的文字,迄今为止所能见到的最早的成系统的文字是商代的文字,包括铸刻在青铜上的金文和刻写在龟甲兽骨上的甲骨文。金文主要刻铸于祭祀礼器上,比较庄重,代表了当时的正体,甲骨文(图 6.1)是刻在龟甲或兽骨上,主要用于日常占卜的文字,应该是当时的俗体。两者的区别,就像今天"印刷体"

图 6.1　武丁时期甲骨卜辞

与"手写体"的不同。①

西周时期,主要的文字材料是金文(图 6.2),西周中期以后,文字的布局渐趋平整,线条平直化和块面线条化成为当时汉字的主要特征,汉字开始由图画性向符号性过渡,从此,汉字"写成"的意味就越来越重了。

春秋时代,汉字在不同的诸侯国中呈现出不同的风格(图 6.3),到了战国时代,"文字异形"成为主要特点,既有保持了传统的周秦文字,也有变异较大的东方六国文字(图 6.4)。

秦始皇统一六国后,小篆成为当时的规范文字。小篆(图 6.5)笔画圆转,不适合快速书写,为书写方便,隶书应运而生。隶书的产生是古今文字的分水岭,它大量出现偏旁简化和形体省并的现象,使汉字的形体结构发生了显著变化,同时,完全破坏了篆书所遗留的象形意味。

图 6.2 利簋铭文

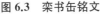

图 6.3 栾书缶铭文

图 6.4 郭店楚简局部

---

① 詹鄞鑫:《汉字说略》,沈阳:辽宁教育出版社,1991 年,第 63 页。

图 6.5　峄山刻石

图 6.6　曹全碑(局部)

东汉时代,隶书(图 6.6)成为正规文字,日常书写的草率隶书又成为新的手写体,由此产生了章草和行书。到魏晋时期,书法家将行草笔法融入隶书中,创造了楷书,一直使用至今。

综上所述,从商代文字到今天,经历了三千多年的历史,在这漫长的岁月中,作为记录汉语的汉字符号系统,经历了甲骨文、金文、小篆、隶书、楷书等几个阶段,经历了甲骨、青铜、简帛、纸张等不同的载体,经历了从图画性向符号性变化的第一个里程碑和从篆书到隶书变化的第二个里程碑,但不管怎样,汉字的历史一直没有中断,成了唯一存活到现在并仍在使用的文字系统。

汉字之所以有这么悠久的历史,且青春常驻,主要是它很好地适应了汉语作为一种孤立语的特点。汉语是一种有声调的语言,同音字很多,汉字可以非常便利地消解掉同音问题带来的歧义,比如,当你听到"fēng"这个音节时,可能会想到"风""疯""峰""封""丰"等不同的意义,但是用汉字书写之后,意义就变得明确。另外,根据文献记载,从先秦开始,汉语已经出现了复杂的方言之分,比如孟子说许行是"南蛮鴃舌之人",尽管意含讽刺,但从中可以看出当时古楚语的复杂。方言尽管复杂,但都使用汉字记录,直到今天,依然如此。所以,我们说,汉字可以超越时空的限制,是维系祖国统一的文化基因,是维系文化认同的重要符号,这些评价都是从这个意义上去说的。由此可见,汉字走不上拼音化的道路是一种历史的选择,汉字具有如此悠久的历史也是一种自然的选择,这里体现的是一种独特的中国智慧。

　　了解汉字悠久的历史对于我们掌握汉字的意义具有非常重要的价值。比如,《尚书·酒诰》篇中有这么一句话:"人无于水监,当于民监。"这里的"监"是什么意思呢? 如果我们只拿着"监"的现代字形进行分析,很显然是不能解决问题的。来看一下"监"的甲骨文字形和金文字形。甲骨文字形的"监",左边的就是"皿",右边的部分像一个人在睁大眼睛看,合起来,"监"就是一个人弯着腰,睁大眼睛,从器皿的水中照看自己的面影。很明显,这个字的造字取象于上古时期人们以水作为镜子的生活实际。所以,回到《尚书》这句话,意思就是"人不能把水当成镜子,而应该把老百姓当成自己的镜子"。"监"也由"照镜子"的含义引申出"监督"等意义。

　　上面介绍过隶变,隶变对汉字结构具有非常重要的影响,从篆书到隶书,很多部首或偏旁的形体都简化了,比如"火"变成了"灬",被称为"四点水","阜"和"邑"变成了"阝",被叫作"左耳旁""右耳旁",汉字的理据性就在这些通俗的称呼中销声匿迹了。以"鄙"字为例,现代常用义是"鄙视",鄙视的意义与"阝"有何关系呢? 在右的"阝"是"邑"的变体,"邑",甲骨文字形作,上为口,表示疆域,下为坐着的人形,表人口,合起来表城邑。所以,汉字中从"邑"的字多和地名、邦郡有关。"鄙"既然从邑,它的本义就是"边境上的城市",如《左传·隐公元年》:"既而大叔命西鄙北鄙贰于己。"这句话里面的"鄙"用的就是本义。"鄙"的本义是边境上的城市,边疆地区远离社会纷争,老百姓质朴,所以"鄙"就引申出"质朴"的意思,如《庄子·胠箧》:"焚符破玺,而民朴鄙。"换个角度,由于闭塞而远离社会文明教化,则有可能鄙陋,如《左传·庄公十年》:"肉食者鄙,未能远谋。"由"鄙陋"可以再引申为"鄙视""瞧不起"的意思。

二、六 书 理 论

　　世界上的文字是朝着两个方向发展的,有些走向了表音文字,比如英文、俄文,有些走向了表意文字,比如汉字。汉字作为表意体系的文字,与表音文字相比,构形的最大特点是它要根据汉语中与之相应的某一个词的意义来构形,因此,汉字的形体总是带有可供分析的意义信息,比如"梅"这个字,"木"就是表示意义的,"每"是用来表示声音的。汉字在历史发展过程中,一直顽强地坚持自己的表意特点,比如

"州",甲骨文字形作 ,表示水中的陆地,后来引申为"九州",人们就为表示"水中的陆地"这个意义专门造了一个后起本字"洲",也就是在"州"的基础上加了一个形符"氵"。再如大炮的"炮",本来写作"砲",因为当时炮的使用与石头有关,但火药发明之后,大炮的形制发生了变化,记录大炮这个意义的汉字也由"砲"变成了"炮"。

我们在上节讲过,汉字在三千多年的变化发展过程中,形体有了很大的变化,尤其隶变对汉字结构造成的影响更大。如果不了解这些知识,就会出现依据现代汉字对字形随意分析、随意说解的情况,比如有人说"宠"就是"家里养了一条龙",比如有人说"红旗是方的,所以'旗'是方字旁"。当今,这样解析汉字的情况比比皆是。

如何杜绝这种情况的发生?除了需要了解汉字悠久的发展历史之外,更主要的,我们还要掌握古人分析汉字的方法,那就是"六书"。"六书"是古人用来分析汉字结构的六种方法,也是表意体系的汉字记录汉语时遇到各种问题的一种充满着中国智慧的解决体系。运用"六书"理论阐述汉字的基本结构,并用这种理论来分析汉字本义的,当推东汉经学大师许慎,他在《说文解字》一书中分析了九千多个汉字的形体,并说明了每个字的本义。

"六书"的名称是象形、指事、会意、形声、转注和假借。需要指出的是,这六书不是从同一个角度来说的,前四书是孤立地分析每一个汉字得出的不同结构类型,后二书是从历时的角度揭示汉字"孳衍发展"[1]的两种方式,清代学者戴震称之为"四体二用"。下面,我们简单介绍前四书。

象形,许慎定义为"画成其物,随体诘诎",指运用线条把客观事物的外形轮廓大致勾画出来,勾画的方法是随着客观事物形状的不同,字形线条也屈曲宛转而不同。如 (牛)就是凸显了一个牛角的样子, (木)像一棵树的样子。象形是最简单的一种造字方法,很难表示抽象或没有具体形象的概念,造字能力低,从汉代以来近两千年左右的时间里,人们只造了"伞""凹""凸"等少数几个象形字。但象形字的重要性不容忽视,它是造字的基础,也是我们识字的重要基础。

指事,许慎的定义是"视而可识,察而见意",一般认为,指事是在象形字的基础上增加指事符号,或用纯粹的抽象符号来指点意义所在的一种造字方法。如甲骨文的"上"和"下"分别作 和 ,一般认为 表示地平线,在地平线上加一横,表示

① 郭锡良、李玲璞:《古代汉语》(上),北京:语文出版社,1999 年,第 137 页。

上面,在地平线下加一横,表示下面。再如 𠆢 字,是在一个人的腋下位置各加一点,指明腋下的位置,即今天的"亦"字。指事主要的构形手段是凭借抽象的指事符号,作用在于指明相对位置,所以其构字能力最差。

会意,许慎下的定义是"比类合谊,以见指㧑",意思是把两个或两个以上已有的字组合起来,通过被组合的字在意义上的联系从而体现新义。如"休",左边是"人",右边是"木",会"人靠在树上休息"之意。如"逐",甲骨文字形作 𧼛,上面是"豕",下面是"止",合起来象征有人跟在野猪后面追赶,表示追逐野兽。

在商周时代,文字象形程度较高,会意字的意符基本上都是由它的形象来会意的,例如"及",甲骨文字形作 𠂇,从人从又,像人的后面有一只手,表示追上或赶上的意思,这里的"又",是通过形象来表示手的动作,而不是通过"又"独立成字时所具有的字义来会意。战国秦汉以后,文字的象形性逐渐减弱乃至消失,许多会意字改为用意符的文字意义来会合成意,比如"不正"为"歪","小大"为"尖"等。

另外,在做会意字分析的时候一定要注意汉字字形的历史发展变化。比如"射",有人分析成"寸身",说应该表示"矮"的意思。看一下"射"的甲骨文字形 𰀁,左边是一个弓,上面一支箭,右边是一只手,合起来就是表示手执箭准备射击。

最后来看一下形声,许慎给形声下的定义是,"以事为名,取譬相成",意思是说,选一个与该事物相关的字作义符,取一个读音相似的字作声符,比如"茅"字,由"艹"(草)和"矛"构成,"艹"是形符,表示茅属于草类,"矛"是声符,表示读音。可以看出,形声字突破了纯表义的局限,音义结合,提高了文字对语言的适应能力,所以数量众多。

需要强调的是,语音是变化发展的,有些声符跟今天的读音已经不一致了,但是不妨碍我们进行形声字的分析。比如"问",分析为"门"和"口",其中"口"表示意义,而"门"表示读音,今天吴方言等还保留这个古音。

分析形声字也要跟今天查字典形成的"部首"概念区别开来,比如"到",今天说是"立刀旁",但从形声字分析的角度看,"到"就是从至刀声。

形声字和会意字的差别就是形声字有形符,而会意字一定要两个或两个以上的汉字一起参与意义制造。如果一个汉字的某一部分已经跟整个汉字的意义有关,那应该就是形声字,比如"闻",因为"耳"已经跟听的意义有关系了,所以这个字应该是形声字。

此外,我们依然要注意汉字字形的历史发展对分析形声字的影响,比如"贼",小篆字形作 ,应该是从戈则声,《庄子·秋水》的"寒暑弗能害,禽兽弗能贼",用的就是其本义。

从汉字记录语言的要求来说,最好是每一个词义都有一个专门汉字用来记录,但是这样会产生一个问题,那就是汉字的总量可能会无限增加,影响认知的便利和书写的便捷。汉字用一种充满智慧的方式解决了这个问题,选择相对简洁的有限文字构形作为基本的表意单位,并赋予其较多的意义内容,比如赋予"矢"以"短"义,所以像矮、矬、短等以"矢"作偏旁的汉字都有"短"的意思。这样就很好地解决了书写和识记两极产生的矛盾。也正因为如此,形声字成为汉字的主流,这是汉字六书系统自我调节、优化记录汉语功能的体现,保障了汉字的长盛不衰。所以,正如刘志基先生所说,六书是表意文字记录语言解决难题的技巧,充满中国智慧,这是一种优良的识字传统,为汉字永葆青春保驾护航。

但是我们要再次强调,六书不适合于某些简化字,即使对繁体字,也只限于那些基本结构未经破坏的汉字。所以,我们尊重汉字,就要学会尊重汉字的历史,学会运用六书的方法合理分析汉字。像上文提到的"旗",是形声字,从㫃其声;㫃,与旗帜的意思有关。

三、字 里 乾 坤

罗常培先生曾经说过:"语言文字是一个民族文化的结晶,这个民族过去的文化靠着它来流传,未来的文化也仗着它来推进。"汉字应该是世界上最富有文化内涵的文字体系了,一个个来源悠久的汉字,就是中华文化的活化石,蕴含着丰富的文化信息,涉及衣食住行用等多个方面,折射出古代汉民族的心理状态、价值观念、生活方式、思维特点、道德标准、风俗习惯、审美情趣等,为我们研究中国古代社会、中国传统文化提供了鲜活的史料。陈寅恪先生说过:"依照今日训诂学之标准,凡解释一字即是作一部文化史。"这句话实在是很精辟。汉字是表意体系的文字,所以说这是表意体系的文字独有的文化传承智慧,通过对汉字进行分析,我们可以了解中国的古代文化,认识中国古代社会,可谓字里乾坤,中国智慧。

比如"弃",甲骨文形作 ,像两只手拿着簸箕把孩子扔出去,这个字其实就是表现了古代曾经存在过的"弃子"习俗。汉字里面以"玉"为部首的字非常多,如

"理""环""琼""玖""璧"等，中国最早的一部字典《说文解字》，其中"玉"部收了 124 个字，记录了古代玉的名称、光色、声音以及各类玉制品。古人喜欢玉，认为它是美好而圣洁的灵物，所以以"玉"为部首的汉字就特别多。汉字里面以"贝"作部首的字都跟钱财有关，如"财""货""责""赠""贿"等，《说文解字》："贝，古者货贝而宝龟，周而有泉，至秦废贝行钱。"可以知道，在中国古代曾经使用贝壳当作交易的媒介物，"贝"作部首的字与钱财有关，恰恰是保留了这样一种风俗。

　　需要指出的是，通过字形分析探究其中蕴含的丰富的文化现象，一定要注意我们一直强调的汉字发展的历史事实，不能违背汉字构形的基本规律，更不能随意联想，乱讲汉字。比如甲骨文中的 𡥀，一般认为是"妻"字，左边是一个留着长发的女子，右边是一只手，两者会意表示手抓女人做妻子，这是蕴含了古代曾经存在的"抢婚制"。但也有人站在今天的角度分析这个字，说右边是丈夫的手，这个字是丈夫在抚摸自己妻子的长发，表现了对妻子的爱，所谓"穿过你的黑发我的手"，这种解释对于探求字里乾坤是万万要不得的。

　　当然，从广义来说，汉字文化还包括像字谜、测字等带有民俗性的文化活动，这都是建立在汉字是表意体系的文字，具有形音义三要素的特点之上，本节就不再赘述了。

四、互 动 和 谐

　　按照现代语言学的理论，语言是人类用来交流和思维的工具，是第一性的，文字是记录语言的符号，是第二性的。按照这个理论，汉字就是记录汉语的符号而已。

　　但如果放眼汉字记录汉语这三千多年的历史，我们则会有更多思考：如果汉字仅仅发挥它是记录汉语的工具这一作用的话，汉语中的拆字、回文、飞白、双关等修辞格将不复存在，汉语中的歇后语等俗语将不复存在，所有建立在"汉字一音多形基础上的汉语谐音文化"[①]也将不复存在。换句话说，汉字除了是记录汉语的符号之外，它还会对汉语造成影响。比如，汉字的字义会影响对词义的理解，像"七月流火""明日黄花"等成语都容易产生望文生义的错误。再如，外来语的音译用字其实也很讲究，由于汉字有形有义，选用不同的字记录会给人不同的感受。比如某汽车品牌

---

① 潘文国：《汉字是汉语之魂——语言与文字关系的再思考》，《华东师范大学学报（哲学社会科学版）》2009 年第 2 期，第 75 页。

LEXUS,本来中文音译是"凌志",后来改为"雷克萨斯",两者比较,后者明显更加洋气。有的时候,属于语言层面的词也会对汉字的字义或字音造成影响。举个例子来说,"癌"字本读 yán,从"看"的角度来说没有任何问题,但是从"听"的角度来说,就会跟"炎症"混同,所以,现代汉语规范就把 cancer 的中文读音定为了 ái zhèng,从此,"癌"字也就读 ái 了。这就是典型的由于词语读音的变化导致汉字的读音也发生了变化的例子。

由上述分析可知,汉字不仅仅是记录汉语符号那么简单,它其实是跟汉语一直处在一种互动与和谐发展的关系中,汉字可以影响汉语,汉语也可以反过来影响汉字。究其原因,汉字标记汉语的方式是综合型的,自身的结构方式是立体化的,形音义是一体化的结构,文字的单位和语言的单位是相对应的。而拼音文字标记语言的方式是分析型的,结构方式是平面性的,形音义的结合是直线分层排列的,文字单位和语言单位是不相对应的。①

从汉字和汉语两个系统捆绑在一起开始,两者就相互适应、相互制约,不断发展。比如,上古汉语单音词占优势,这正好跟汉字记录可以形成一一对应的情况。汉语有声调,所以从词汇的角度来说有很多同音词,汉字可以用形体来解决这一问题,比如"首""手""守"等;如果没有汉字,对于"道是无晴却有晴"这样的名句,可能大家也无法体会出其中的妙处吧。

再如"古今字"这一用字现象,指的是同一个意义在不同的时代用不同的字来表示,时代在前的叫古字,时代在后的叫今字,两者形成古今字。今字的产生其实就是为了意义的分化,从汉字的角度来说,可能是增加了汉字的数量,但是从记录语言这一角度而言,倒是可以更好地记录意义了。举个例子来说,"辟",一般认为本义是刑法,假借为表示"避开",后来人们为"避开"的意思专门造了一个"避"字,在表示"避开"的意思上,原来用"辟",后来用"避",两者形成古今字。但是今字"避"的产生就很好地分化了意义,"辟"和"避"两个字可以各司其职,记录意义更加明晰。

关于汉字对于汉语的演变与发展的作用,李如龙先生有很好的表述,他认为:汉字造成书面语和口语的分道扬镳,又充当了二者的沟通因子;汉字便于贯通古今汉语,为保存和传承历史文化作出重大贡献;汉字善于沟通南北,有利于保持汉语的统一,还传至邻邦,促进民族文化交流。② 我们在此不再赘述。

总之,汉语和汉字的关系是一种独特的类型,汉字适应并参与了汉语的演变,它

---

① 李如龙:《汉语和汉字的互动与和谐发展》,《吉林大学社会科学学报》2009 年第 2 期,第 109 页。
② 李如龙:《汉语和汉字的互动与和谐发展》,《吉林大学社会科学学报》2009 年第 2 期,第 114—115 页。

转写汉语口语,超越方言,使汉语免除时间和空间的限制。汉字是历史和现实的桥梁,它记载了汉语的过去,影响了汉语的发展,也影响了汉语今日的现实。另外,如前文所说,汉字是表意文字,在汉字的字形中,反映出词汇语义的信息,明确文献的语义一般都要用汉字的构形作旁证;反过来,汉语也制约了汉字的演变和适应。两者和谐发展,体现了独有的中国智慧。

五、说"繁"道"简"

2015 年 3 月份,在全国政协十二届三次会议的小组讨论中,著名导演冯小刚呼吁恢复部分有文化含义的繁体字,并增加到小学课本里。冯小刚的呼吁得到了很多人的认同,但是也遭到了很多人的反对。在现实生活中,我们经常会看到有人喜欢写繁体字,比如有人把繁体字的"影后"写成了"影後",有人把繁体字的"聖人鄰里"写成了"聖人鄰裡"。还有人说恢复了繁体字就是恢复了传统文化。我们应该怎么看待这些问题呢? 到底是否应该恢复繁体字? 我们应该如何认识繁体字与传承传统文化的关系? 如此等等,这一节就让我们来说"繁"道"简"吧。

1. 是"简体字"还是"简化字"?

目前,不管是日常交流还是报纸电视,很多人都会说中国大陆(内地)目前使用的是"简体字",这个说法其实是有问题的。

我们都知道,汉字是记录汉语的符号,从历史上看,由于受到书写载体的影响以及快速记录汉语的需要,汉字总体就是处于由繁到简的状态。比如"莫"字,甲骨文作 𦯧,像太阳落在草丛中,表示"昏暮"的意思。但是这个字在甲骨文中还有 𦰩 的写法,很明显,是省掉了下面的部分,这是因为甲骨文需要用刀刻在龟甲兽骨上,而龟甲兽骨质地硬、空间小,在不影响表意的情况下,有些部件是经常被省略的。所以,对于甲骨文来说,𦯧 是繁体或正体,𦰩 就是简体或俗体。其他时代也是如此,比如魏晋南北朝时期,"断""乱"等简体字已经出现,这些字后来也成了简化字的主要来源。由此,我们知道,汉字发展史上每个时代都有正体与简体的区分,简体字主要使用在民间。

大陆目前使用的应该叫"简化字",它是有特定含义的,特指 1956 年国务院公布的《汉字简化方案》所颁布的简化字(1964 年 3 月文化部、教育部、文改会《关于简化字的联合通知》又作了一些补充规定和局部调整),那么"繁体字"就特指与简化字相对应的繁写楷书字体。

所以,像"断""乱"这样的字,从文字发展史的角度来说,我们应该称之为"简体字",但是从国家现行语言文字政策的角度说,它们就是"简化字"。

我们今天用的简化字,并不是中国文字改革委员会的学者们自己拍脑袋造出来的。根据《简化字总表》统计,法定的简化字总共有 2 235 个,其他都是传统的正体字,也就是说和古代写法是一样的,如"大""小""同"等。在 2 235 个简化字中,用偏旁类推方法简化的有 1 753 个,比如"車"简化为"车",那么以"車"为偏旁的字"轍""軾""軌"等统一简化为"辙""轼""轨";剩下的 482 个字中,绝大部分都是采用了历史上习见的简体字,如"无""礼""乱"等,只有少数的字是新造字,如"态""认""阶"等。这也可以说是汉字在保持表意特点基础之上一种与时俱进的中国智慧。

2. "识繁写简"是当下处理繁简字关系的有效方法吗?

"简化字"是大陆的通用规范字,按照《国家通用语言文字法》的要求,我们应该写规范字。今天,对于广大群众来说,如果在个别场合之下,一定要使用繁体字也并非难事,我们可以查阅繁简字对照手册,微软的 word 文档自带了繁简转换功能,再说,现在网络很发达,也可以随时上网查询。但是这并不是说繁体字的使用就没有问题,相反,在很多场合,繁体字的误用都有些让人触目惊心。

比如某主持人题字"玖球天後",四个字错了两个。"玖",《说文解字》:"石之次玉,黑色。"意思是似玉的黑色美石。《诗经·卫风·木瓜》中有"投我以木李,报之以琼玖"。现代汉语使用"玖"表示数字"九"的大写,主要用于货币数字,而不是"九"的繁体字。"後"就错得更离谱了。在古代,"後"和"后"是两个完全不同的字,前者表示"落在后面",后者表示"君王",后来又引申为"皇后"之义,汉字简化的时候,用一个"后"代替了古代两个汉字,我们称之为"同音替代"。但是我们从小学开始的识字教育中没有接受繁体字教育,就不知道两个字之间的关系,所以像"影後""皇後"这样的错误就比比皆是了。"裡"和"里"也是如此,前者表示"里面",后面本来表示"乡里",汉字简化时用一个"里"代替了古代两个汉字。所以,"圣人邻里"的繁体字应该写作"聖人鄰里"。

对于繁体字,有学者说要全部或部分恢复,有学者说没有必要,我们只要"识繁写简"即可。那么,"识繁写简"是当下处理繁简字有效的方法吗?

所谓"识繁",就是说要认识繁体字,这一点对于文史哲专业的学生来说不是难事,并且是最低限度的要求,因为大家读的书尤其是典籍,几乎都是用繁体字排版的。但是对于非文史哲专业的人来说,如果没有专门的学习,要做到"识繁"却并非易事,何况繁简字还有像上述那些不一一对应的情况,如果没有专门学习,是不会记住的。举个例子来说,《史记·孝景本纪》中有一句话:"孝文在代时,前后有三男。"如果读者不了解"后"和"後"的关系,可能会理解为"前後一共有三男",而实际意思是"孝文的前任皇后共生了三男"。所以说,"识繁写简"不是一件很容易的事情,真要做到"识繁",一定要先"学繁",唯有"学繁"才能"识繁",尤其要学习那些简化字与繁体字都见于古代,但是意义或用法上有所不同的字。

著名古文字学家、华东师范大学中文系詹鄞鑫先生在 2003 年《关于简化字整理的几个问题》一文中提出"把汉字的手写体与印刷体区分开来"的观点,①其实非常有建设性。也就是说,汉字印刷体用繁体字排版,手写体可以不受限制,一方面可以让繁体字通过教育进入人们的视野中,学习它、记住它,一方面手写体又考虑到了老百姓的实际情况,可以不用从根本上调整。但是詹先生的这一观点,在当下应该只是一个美丽的愿景。

正因为"识繁"不是一件很容易实现的事情,所以繁体字的学习和推广工作在当下推进缓慢,而正因为推进缓慢,那些主张恢复繁体字的学者和文化名人又要不断呼吁,这就变成了一对矛盾,并且这对矛盾在很长一段时间内都无法有效解决。我们想说的是,对于繁体字不感兴趣的人,那就继续"识简写简",只是读古书的时候,要特别留意古今繁简不对应所设下的多个陷阱;对于那些古籍整理、文物考古、历史研究、古汉语教学、书法艺术等领域的人来说,可以"识简写简",也可以"识繁写繁";对于那些对繁体字感兴趣的人来说,至少从初中开始,就可以通过自学多写多认了。

3. 恢复繁体字就是保护、传承传统文化吗?

这些年主张恢复繁体字的先生们,一个很重要的理由就是认为繁体字有文化含义,恢复繁体字有利于保护、传承传统文化。

汉字是表意体系的文字,其中的确蕴含着丰富的文化信息。学习繁体字,对于了解汉字的意义,乃至了解蕴含在其中的文化现象都是很有帮助的。但是由于历史原因,我们在中小学汉字教育中,推行的是基于部件分析基础之上的汉字普及教育,而非汉字理据教育,在这种情况下,哪怕是针对繁体字,我们其实也无法作出正确或者科学的解释,由此所推导出来的文化信息估计也是有问题的。比如冯小刚举的例子,说"'华'的繁体字特别有中国古代建筑的风格,但现在的简体字则没有"。"华"的繁体字为"華",我相信,冯小刚说看到"華"字特别有中国古代建筑的风格,肯定应

① 詹鄞鑫:《关于简化字整理的几个问题》,《汉字书同文研究》第 4 辑,香港:香港鹭达文化出版公司,2003 年,第 76—89 页。

该是联想到上海的世博会中国馆了吧？这种解释，完全是从外观上作出的一种阐发，毫无理据可言。"華"，小篆作"䓾"，《说文解字》解释为"荣"也，也就是"花"的意思，如《诗经·周南·桃夭》："桃之夭夭，灼灼其华。"其中的"华"就是"花朵"的意思。这跟古代建筑风格实在毫无联系。

再如，"亲（親）"字，批评简化字的人经常会举这个例子，说由于汉字简化，造成了"亲不见"。"亲不见"的分析方法，完全是从部件拆分上所作的一种主观分析，而没有考虑到古人对于此字结构的分析。《说文解字》："親，至也。从见，亲声。""親"，是一个形声字，"亲"只是声符。

我们从小所学的汉字分析方法，方便了写字、查字典，忽略了合理分析。而前面我们分析过，如果能注重汉字的历史，运用六书理论合理分析，这样看到一个汉字，就不会轻易地进行解释，而是要考虑其理据所在。比如"取"，甲骨文作䪴，左边是耳朵，右边是一只手，用手抓耳朵，会意在一起就是"抓取"的意思。通过字形的分析，还会进一步挖掘，为什么是手抓耳朵？因为这反映了古代作战以割取敌人尸体首级或左耳以计数献功的习俗。从这个意义上说，汉字就是"活化石"。

所以说，不是认识了繁体字，就是传承保护了传统文化，那只是一种表象，甚至会成为一种口号，相反，没有恢复繁体字，也不是说就不能传承保护传统文化。我们认为更首要的任务是要增强对汉字理据性的教育。能够做到对汉字进行理据性分析，是可以更准确地读懂古代文献的重要基础，"汉字—文献—文化"，在我看来是一条了解中国传统文化的扎实路径。

中国智慧，一定是扎根于中国的土生土长的智慧。汉字，不但本身蕴含着丰富的中国智慧，而且作为记录汉语、记录文献的符号承载着中华五千年的文明，体现着中华传统文化的智慧。它可以穿越时间的阻隔，让我们回到三千多年前跟圣贤对话，也可以在今天感受祖国日新月异的变化；它可以超越空间的界限，维系着不同方言区的信息沟通；它还能生发出谜语、歇后语、书法、篆刻等多种民俗活动和艺术作品，给中华艺术留下许许多多鲜活的瑰宝。所以，请让我们正本清源，认认真真地学习汉字吧。

第七章　书法中的智慧

习近平总书记指出:"一个国家、一个民族的强盛,总是以文化兴盛为支撑的。没有文明的继承和发展,没有文化的弘扬和繁荣,就没有中国梦的实现。中华民族创造了源远流长的中华文化,也一定能够创造出中华文化新的辉煌。"书法,作为中华民族优秀传统文化中最具中国特色的门类,要在追寻中国梦历程中创造新辉煌,成为民族强盛的一个有力支撑点,必须继承传统书法艺术中的中国智慧进而将其发扬光大。本章将以传承优秀传统人文精神的宏观视角,努力为青年学子走进书法艺术的中国智慧大厦导游,虽难包罗万象,但求层层深入:书法创意之本,在于调动汉字构形系统之美学资源;将写字泛化为艺术活动,营造中华民族独特的美学世界;"心正则笔正""字如其人"观念的民族认同,将书法提升为人生修为手段;以书法愉悦身心,营造华夏中国的精神家园。

问题一:为什么汉字书写能够升华为最伟大的人类艺术?
问题二:汉字是如何成为华夏中国核心美学元素的?
问题三:如何理解"心正则笔正""字如其人"的内在逻辑?
问题四:为什么书法是"最优美最便利的娱乐工具"?

引子:解读兰亭"鹅池"碑

在中国书法圣地兰亭,有一块标志性的碑刻,那便是兰亭"鹅池"碑。此碑相传为王羲之父子合作,故事是这样的:王羲之在写"鹅池"二字时,正好来了圣旨,于是不敢怠慢,只写了一个"鹅"字就立即搁笔接旨;其时,正在父亲身边观看的王献之一时技痒,便提笔续写了一个"池"字。

故事的描述虽然活灵活现,但此碑不可能出自王氏父子笔下,因为它是清咸丰五年(1855年)至同治八年(1869年)重建兰亭时所立。而且明眼人都清楚,就书法

图 7.1　"鹅池"碑

风格而言,"鹅池"两字也不似王氏父子手笔。然而,尽管如此,"鹅池"碑的书法艺术水准还是无可置疑的,不然它怎么有资格在兰亭圣地矗立几百年呢? 因此,我们不妨仔细端详:"鹅池"二字好在哪里?

对于这个问题,一百个人或许会有一百个答案,但如下一个简单而直观的事实却是无论谁都无法否认的:"鹅池"二字,按通常写法都是左右结构,而两个左右结构的字放在一起未免单调,所以此碑上"鹅"的结构发生了变化:"我"不是在"鸟"的左边,而是被放到了"鸟"的上面,这样一来,上下结构的"鹅"字就与左右结构的"池"字形成了一种变化,产生更好的艺术效果。

值得注意的是,这一现象虽然简单,却耐人寻味,为我们参悟蕴含于中国书法文化底层的华夏大智慧提供了一个不错的切入点。下面,我们尝试就"书法中的中国智慧"这个话题作几个方面的进一步解读。

一、书法是汉字的财富

2003 年,中国现代书法展在巴黎开幕,法国前总统德斯坦参观后在留言簿上写了如下观后感:

法国、意大利或西班牙珍贵的中世纪手稿中,装饰的大写字母仅仅用于美化页面,而以黑墨书写的中国书法却试图丰富汉字本身的信息,激发想象,探寻精神。

作为一位西方政治家,德斯坦具有很高的中国文化研究素养,他立足于中西文字及其书写比较的视角,敏锐地抓住了书法艺术最基本的特征,那就是"丰富汉字本身的信息"。一个显而易见的事实是:严格意义上的书法,只是汉字的书写作品,即为汉字本体构形的二度创作,亦即"丰富汉字本身的信息"。

回到"鹅池"碑上来,不难发现,"鹅池"二字之所以具备抓人眼球的艺术效果,一个很重要的原因是人们在书写"鹅"字时,调动了它的字形储备。然而,"鹅"字实际上可有更多的字形选择:它还可以写成"鸟"在左"我"在右的结构和"鸟"在上"我"在下的结构。

王献之书　　　　　康熙字典中的"鹅"

很显然,调动"鹅"字构形资源的创意之所以奏效,前提是"鹅"字构形有着足够的资源储备。推而广之,我们可以看到这样一个事实:汉字的本体构形系统,为书法的创意营造了广阔的美学空间。汉字的这种特点,通过与表音文字的比较可以得到进一步凸显。

与汉字的"字"相对应的表音文字的书写单位是"单词"。单词由若干字母构成,汉字字形由若干构件构成。但两种视觉形态的构形元素和构形方式都有很大不同。

构成单词的字母,由无差别的"线"构成,数量有限(通常是二三十个),没有结构层次,其线的结构繁复程度大致相等;字母在组成单词中,大小不变,又只有左右拼合一种方式。所以构成一个单词的字母尽管可以有较大的数量差别,但这种差异又伴随着单词所占面积的相应差异。因此,表音文字在整体上给人的视觉感受是单调划一,缺乏变化。

构成汉字字形的是构件,构件由不同程式的"线"——"笔画"构成,有独体、合体多种结构层次,构件数量很多(通常是三四百个),不同单位间繁复差异很大;构件组成整字,拼合方式不限,在整字各单位均等面积内大小由之。因此,汉字在整体上视觉感受富于变化,丰富多姿。

表 7.1　汉字与表音文字构形特征比较表

	顶层构形	底层构形1	底层构形2	底层构形层级	底层构形单位数	底层构形组合方式	底层构形大小
表音文字	单词	字母	无	单一	二三十	单一	无变化
汉　字	字形	构件	笔画	多层	三四百	无限制	大小由之

上表的所有对比项都指向一点：较之表音文字，汉字更富于美学塑造的空间。汉字构形的这种特点，验之于书法创作各个方面而皆有铁证。不妨讨论一下几个最基本的书法技法。

1. 避复

同一书写作品中避免字形的重复雷同，叫作"避复"，如位于宁波月湖景观一家艺术品收藏陈列馆门前的对联：

上下句都是七个"行"字，读为"行（háng）行（xíng）行（háng）行（xíng）行（háng）行（háng）行（xíng）"，"行（xíng）行（háng）行（xíng）行（háng）行（xíng）行（xíng）行（háng）"，其意或为：每做一行都能行，每做一事都能入行。

图 7.2　宁波月湖景观艺术品收藏陈列馆对联

　　上联之"避复",借用不同结构之字形为之,上下句各用了一个草书楷化的左彳右丨的"彳丨"与一般左彳右亍的"行"形成区别,可称为异体避复。而更多的情况是用同一字形的不同写法来求变,如王羲之《兰亭序》20 个"之"字构形各异(见图 7.3),可称为异写避复。

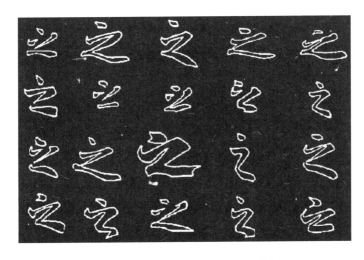

图 7.3　王羲之《兰亭序》20 个"之"字

　　当然两种避复也可以在同一书作中同时出现,如著名的汉代《张迁碑》,重见的"興""於"属于异体避复,而"以""张"则只能算是异写避复了。

表 7.2　汉代《张迁碑》的异体避复与异写避复

興	興	興
於	於	於
以	以	以
张	張	張

无论哪种避复,汉字构形都是温床。对异体避复而言,一字多形本来就是汉字的特点,因此避复在很大程度上就是看能不能很好地调动汉字的同字异形资源。汉字的结构方式是多样的,同一个文字可以用不同的结构方式来造成,如用会意方式造成的"泪",也可用形声方式去造,写作"淚";用形声方式造成的"巌",也可用会意方式去造而写成"岩"。即便同一种造字方式,依然可以有多种构形选择,于是,人们常常喜欢凑满某字的 100 个古篆字形来进行某种创意,如"百福图""百寿图"(见图 7.4)。

图 7.4 百福图(左)与百寿图(右)

其实在古文字中,一个字的不同构形,往往远不止百,如西周金文中"宝"共出现3 600 多次,我们根据"写法"的标准来归纳,最后得到不同字形 1 060 个,可谓"千宝图":

将"千宝图"局部放大,可以更清晰呈现各字相异之处:

就汉字发展史实际而论,古文字阶段,由于尚未有秦始皇"书同文"之类的正字法令,而文字传输又仅靠手写,因此当时的社会字符集中,同字异体的资源特别丰富,故异体避复较多呈现,是不难理解的。而自上而下的文字规范既出,又由于隶定、楷化以及印刷术的共同作用,文字趋向于定型,异体数量难免相对下降,于是避复之技法,也就更多表现为异写避复。值得注意的是,正是在隶变、楷定的过程中,"笔画"这种构形要素才逐步成熟定型。而对异写避复而言,笔画造型的自由度和构件写法的宽容性都是"绿色通道"。前者如《兰亭序》中"之"的捺笔,后者如《张迁碑》"张"的"弓"旁。

2. 结体

书法讲究"结体"法,比如欧阳询"三十六法",黄自元"七十二法"。不妨看看这些技法的具体内容。或曰"天覆者凡画皆冒于其下,地载者有画皆托于其上"。前一句话说的是,上面是宝盖的字,其上部构件应盖住下部构件,如"宇""宙""定"。

后一句意思是,下面有底托状的字,其下部构件应托住上部构件,如"孟""盖"。

或曰"让左者左昂右低,让右者右伸左缩",意思是:以左半部为主的字,左边要高,右边要低,如"部""幼""即";以右半部为主的字,右边要长,左边要短,如"绩""议""读"。

很显然,这种方法说到底,就是如何运用汉字构形中丰富的偏旁或曰构件资源来营造视觉之美。汉字的偏旁构件很多,其构形特点各不相同,组合成字,便有了搭配技巧的讲究。而每一种合宜的搭配,都会营造一种特殊视觉美感。由此,开辟了书法创意的一片特定的天地。

汉字的偏旁构件资源的丰富程度,通过横向比较可以看得更加清晰。构成字形的基本单位,一般拼音文字是字母,汉字则是所谓"文"(即独体字),一般也就是偏旁构件;拼音文字的字母通常仅二三十个,而汉字的偏旁构件数量却在三四百个之间,而每个构件又往往会有多个不同形体,以甲骨文为例,我们据《新编甲骨文字形总表》①整理而得 380 个构件单位、813 形体：

---

①　沈建华、曹锦炎主编:《新编甲骨文字形总表》,香港:香港中文大学出版社,2001 年。

（甲骨文字符图）

3.“永字八法”

“永字八法”，是书法的另一美学范畴，事实上就是汉字各种笔画类型的书写技法。当然，此法成立的前提，是汉字在构字线条的层面具有被称为“笔画”的一个系统类别。以文字构形单位而论，拼音文字只有单词、字母两个层次，而汉字在单字与偏旁构件之外，另有笔画这个层次，而且各种笔画类型都有各自的形态特点和书写要求。

“、”，如高峰坠石，磕磕然实如崩也；“一”，如千里阵云，隐隐然其实有形；“丿”，陆断犀象；“戈”，百钧弩发；“丨”，万岁枯藤；“乚”，崩浪雷奔；“乛”，劲弩筋节。

由此可见，无论哪个层面的书法活动，其基础都表现为如何调动汉字构形美学元素的智慧创意。由此我们或许可以理解，为什么在人类文字之林中，只有汉字书写能够升华为一种最伟大的人类艺术门类。诚然，中国书法艺术表现有着深邃的蕴含，以笔墨线条表达心灵意象，“激发想象，探寻精神”，乃是书法作为艺术的最高境界,然而,这一切美学追求的基石,一定是书写者对汉字这种传达性情或情感的载体的美学元素的开发和提升。关于这方面的具体方法、技巧以及美学理论,专业性的书法论著和课程已经谈得很多,这里不再赘言。

如果认为书法只是单方面的索取汉字构形的美学资源,那就错了,因为现在的汉字本体构形系统大厦,正是历代书法活动的成绩累积构筑起来的。

二、把文字变成美学元素

从于右任先生与其粉丝的一段逸事说起。于右任曾出任国民政府监察院院长。可那时的一些"国府大员",表面上衣冠楚楚,背后却斯文扫地,随处小便,搞得堂堂国府大院臭气熏天。于老先生担当"监察"大任,自然也得管管这种不登大雅的糗事,便写了一张"不可随处小便"的告示,让秘书贴在墙旮旯处。但不一会儿,告示便不翼而飞,窃字的粉丝(很可能也是去犄角旮旯播撒污秽者)揣着"墨宝"回到家里却亦喜亦忧:于老字虽好看,但内容却有点尴尬。于是灵机一动,把条幅裁成七块,将字序重新排列,改成了"小处不可随便",精心装裱,高挂厅堂。

如此轶事,中国人听罢无不会心一笑,而外国人或许会百思难解。"把写出来的字,张挂在壁头,是对艺术品的赏玩,中国人习以为常,并不感到有什么可怪异的;但在外国人看来,这却是颇为费解的习俗。"[1]的确,在纸上写几个字挂上墙就作为装饰物,这在很多西方国家是一件不可思议的事,因为他们认为只有画才有这种资格。从人类一般理性来看,写字本来只是为了达到语言交际的目的,至于字写得漂亮不漂亮,似乎无关紧要。然而,这一常理,对汉字书写来说,从来就是不被认同的。

关于中国人何时具备了书法艺术的自觉这个问题,有的学者认为:汉代以前,人们是"无意为书",尚无书法之"自觉"。"两周金文,秦汉石刻,被今人视为艺术杰作,但在当时,写、刻者的意思,也不过如同今人写个公文、写个报告这样,只存在着

---

① 姜澄清:《论书法艺术美感的起源与发展》,《二十世纪书法研究丛书·审美语境篇》,上海:上海书画出版社,2000 年,第75 页。

为交流而写字这个通常的用意,并无艺术创造的审美动机。"因此并未形成真正意义上的"书法"艺术。① 关于"真正意义的书法"究竟形成于何时的问题,我们暂不讨论。但是汉代以前"无意为书"的说法却显然值得商榷。人在写字时是不是很自觉地刻意求美,似乎并不是一件很容易判断的事,有功底的写手不刻意,可能字也写得很好,无功底的人很刻意,字却也未见得好。因此,怎样才算具有了书法艺术的"自觉"而"有意为书",以一般书写作为对象来判断,并不合适。而前文言及的"避复",特别是"异体避复",刻意求美的意图存否则有着非常客观的字迹判断依据,因此我们不妨观察一下先秦古文字书迹中是否存在此类避复。为此我们进行了相关调查,结果表明,答案是肯定的。试以《郭店楚简·语丛(二)》为例:

　　讓( )生於敬,恥生於讓( )。(3 简)

　　訏( )生於媛,忘生於訏( )。(15—16 简)

　　勝( )生於怒,甚生於勝( )。(26 简)

　　弱( )生於性,疑生於弱( )。(36 简)

　　有行而( )不由,有由而( )不行。(53—54 简)

以上仅列出《郭店楚简·语丛(二)》中五个句子,每句中都有重见字异写的现象发生,异写字的原文括注于相关重见字后。如第一句的两个"讓"字先后写作:

第一个为"襄"字初文,第二个在第一个的形体上加注"心"旁以形成差异。第二句两个"訏"分别作:

两个字的"口"旁一在"于"旁之上,另一在"于"旁之左下,以此构成差异。其余仿此,不烦一一。《郭店楚简·语丛(二)》全篇区区 300 余字,含避复语句数量则达 15,平均 50 字左右一见。② 可见战国时代的写字人就充分具备了王羲之的书法避复意识。然而这种意识更可以上推到最早的汉字材料——甲骨文。

---

① 姜澄清:《论书法艺术美感的起源与发展》,《二十世纪书法研究丛书·审美语境篇》,上海:上海书画出版社,2000 年,第 75 页。

② 刘志基:《楚简"用字避复"刍议》,《古文字研究》第 29 辑,北京:中华书局,2012 年。

图 7.5 《甲骨文合集》第 734 片

以上甲骨文中 1、2 两条刻辞对贞一事：

1. 己巳卜，㱿，贞奚其[咼]。

2. 己巳卜，㱿，贞奚不咼。王固曰：吉，勿咼。

即卜问"奚"这个人会不会死，而两"奚"字镜像式异写：

3、4 两条刻辞对贞另一事：

3. 贞虱不纵。

4. 贞虱其纵。

这是卜问"虱"这个人会不会死，而两"虱"字异写更加明显：

而这种情况在甲骨卜辞中相当普遍，如：

合集 32·户（ ⿰ ⿰ ）

合集 117·刃（ ⿰ ⿰ ）

合集 191·疋（ ⿰ ⿰ ）

合集 19176·像（ ⿰ ⿰ ）

合集 734〈正〉·卂（ ）

合集 28466·災（ ）

合集 22047·钔（ ）

合集 22246·娥（ ）

出于篇幅的考虑，上面给出的甲骨文材料省去了完整辞例，只给出《甲骨文合集》的片号（有正反面的注明"正"或"反"）、重见字的楷字以及异写的刻辞原文。更多的例子可参见《甲骨文同辞同字镜像式异构研究》①。甲骨文是目前可以见到的最早的成系统的汉字材料，时间是距今三千多年前的殷商后期，这时的文字书写已有刻意避复现象，足以证明汉字书写从最初阶段就有求美的自觉。当然，这种自觉在何种程度上存在，需要有定量调查的数据来证明。为此，我们穷尽调查了与甲骨文处于同时期，却被认定为殷商文字"正体"②的殷商金文，结果表明，殷商金文在具有同字重见的文字书写场合，避复异写的概率将近达 40％，③限于篇幅，仅举数例如下（呈现方式为：相关铭文辞例，辞例中的重见字后括注异写的铭文原形，铭文所出的器名和著录名及其编号）：

亼犬【 】犬【 】魚父乙。（亼犬犬魚父乙鼎—集成 04·02117）

羊【 】日羊【 】。（羊日羊卣-近出 0576）

亞長【 】。亞長【 】。（亞長戈-花園莊墓 149 頁圖 114.2）

父己妣【 】。己且（祖）妣【 】。（祖己父己卣-集成 10·05145）

丙午。 王商（賞）戍嗣貝廿朋。 才【 】嚣宰。用乍（作）父癸寶毁（餗）。隹（唯）王歟嚣大室。才【 】九月。犬魚。（戍嗣鼎-集成 05·02708）

子【 】父戊子【 】。（子父戊子鼎-近出 0265）

癸亥。王迠㽙（于）乍（作）册般新宗。王商（賞）乍（作）册豊貝【 】。大（太）子易（賜）東大貝【 】。用乍（作）父己寶薦（餗）。（作册豊鼎-集成 05·02711）

亞｛辛子（巳）。鄧【 】宁會才（在）小圃。王光商（賞）鄧【 】貝。用乍（作）父乙彝｝。衔。（亞鄧父乙簋-集成 07·03990）

彝始【 】（姒）易（賜）商（賞）貝㽙（于）始【 】（姒）。用乍（作）父乙彝。（彝姒

① 刘志基：《甲骨文同辞同字镜像式异构研究》,《中国文字研究》第 17 辑,上海：上海人民出版社,2012 年。
② 参见裘锡圭：《文字学概要》,北京：商务印书馆,1988 年,第 45 页。
③ 详见刘志基：《殷商文字方向不定与同辞重见字镜像式异写》,《中国文字研究》第 23 辑,上海：上海书店出版社,2016 年。

觚-集成 12·07311）

乙未。王寍（賓）文武帝乙肜日。自闌【】佣。王返入闌【】。王商（賞）鞁（坂）貝。用乍（作）父丁䵼（寶）隮（尊）彝。才（在）五月。隹（唯）王廿祀又二。魚。（坂方鼎-新收 1566）

殷商金文所具有的这种书法自觉，在西周金文当然也不会阙如。然而，或许是周人相对殷人更加讲究理性和规则，避复异写的概率似乎略有下降。但是，在整体的下降中，却有着历时增长的趋向，我们研究的具体结果为：避复异写的比例在西周早、中、晚三期中的分布依次为 11%、19%、23%。[1] 仅列数例如下：

縣妃簋·不（）

師虎簋·虎（）

牧簋·中（）

裘衛盉·其（）

師俞簋蓋·師（）

不其簋蓋·永（）

其实，避复还有不限于“同字”的表现层次，比如前文言及的“鹅池”碑将“鹅”写成上下结构以避复“池”字的左右结构。而此种结构避复，先秦文字中亦有所见。如前文言及《郭店楚简·语丛（二）》“訏生於諼，忘生於訏”（15—16 简）简文原形作：

前一句“訏”写成上下结构的“”，与同句左右结构之“諼（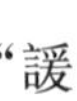）”形成区别；后一句“訏”写成左右结构的“”，与同句上下结构之“忘（）”形成区别，可以认为，这样处理除了具有同字避复的效果，也达到了结构避复的目的。而下面这个例子则更具有结构避复的属性。《郭店·尊德义》有“弗勇则亡复”（33 简）、“勇不足以沬众”（35 简）两个句子，简文原形作：

① 详见刘志基：《西周金文用字避复再研究》，《汉字研究》第 7 辑，韩国庆星大学校韩国汉字研究所，2012 年 12 月。

前一句的"勇"写成上下结构的"惥（ ）"，后一句"勇"写成左右结构的"戬（ ）"。因为两个句子并不相邻，同字避复的需求并不充分。然而，在前一句中，上下结构的"惥（ ）"的前后分别是独体的"弗"和左右结构的"则"，而后一句中，左右结构的"戬（ ）"后两字分别是独体的"不"和上下结构的"足"，结构避复的效果倒是更为明显。①

这些材料足以证明，在从甲骨文开始的先秦古文字中，文字书写并非没有表现出书法艺术的自觉。

当然，美的追求是要付出代价的。于是，我们不难发现，作为今日小学生必修课的"描红"等"习字"训练传统，可以追溯到目前所能寓目的最早汉字材料。甲骨文中有大量的"习刻"，所谓"习刻"，就是以练字为目的的甲骨刻辞，如《甲骨文合集补编》11 595 片。在图 7.6 所示的刻辞中，左边三行为老师范刻，右边三行为学生习刻。关于这种习刻，郭沫若《古代文字之辩证的发展》②一文中有这样的描述："其中有一行特别规整，字既秀丽，文亦贯行；其他则歪歪斜斜，不能成字，且不贯行。从这里可以看出，规整的一行是老师刻的，歪斜的几行是徒弟的学刻。但在歪斜者中又偶有数字贯行而且规整，这则表明老师在一旁捉刀。这种情形完全和后来初学者的描红一样。"

图 7.6　甲骨文刻辞

---

①　有学者认为，从"心"之"勇"和前文的"忠"并称，都表示一种心态，故皆从"心"旁。而从"戈"之"勇"指勇猛的动作、行为。因而这是"使用两个不同意符的勇字，用来区分所表达语义的微细差别"。（林素清：《楚简文字综论》，《古文字与商周文明——第三届国际汉学会议论文集》，台湾"中研院"历史语言研究所，2002 年，第 149 页。）但是就文献本身来看，这里的从"心"之"勇"读"勇"很难读通，裘锡圭先生把这个"惥"读为"用"（《郭店楚墓竹简》"尊德义"篇裘按，文物出版社，1998 年，第 175 页），显然是正确的。所以"使用两个不同意符的勇字，用来区分所表达语义的微细差别"的说法不可信。
②　郭沫若：《古代文字之辩证的发展》，《考古》1972 年第 3 期，后收入文集《奴隶制时代》，北京：人民出版社，1973 年。

　　甲骨文中出现"描红（习刻）"是有充分理由的：一方面，在龟甲兽骨上写（刻）字绝非易事，由此还引发了三千年后人们关于甲骨契刻之谜的猜测与争论[①]，如今，以化学手段软化甲骨后再刻字的想象已无人相信，以青铜或硬玉刻刀刻画龟甲兽骨的艰难就成为无可置疑的历史事实，因此，当时为数不多的写字人不好好学习就能"上岗"是绝无可能的；另一方面，甲骨文又是服务于殷王占卜，以神灵为沟通对象的文字，如此重要的地位，决定了字是不能随便写的，总得像模像样才好。对于汉字书写而言，甲骨契刻三百年是一次非常重要的童年历练，有着深远影响，最重要的一点就是以字为美的观念，也就是说，字不仅要写对，而且要写美。而且，没有什么东西，更应该比字美。写字求美的观念，有着无数真实材料的证明。

　　殷商金文作为当时文字的"正体"，以自身雍容华贵的绝美姿态诠释着"以字为美"的观念。

图 7.7　戌嗣鼎

图 7.8　戌𠚻鼎

---

① 根据殷人的科学技术条件，有可能用来契刻甲骨的无非两种材料：青铜和硬玉。在殷墟也确实出土过铜刀、铜锥和碧玉刀。但学界对这种工具是否真的能够顺利地契刻甲骨曾有怀疑。郭沫若在《古代文字之辩证的发展》中说："联想到像刀工艺的工序，因而悟到甲骨在契刻文字或其他削治手续之前，必然是经过酸性溶液的泡制，使之软化的。"（见《奴隶制时代》，北京：人民出版社，1973 年，第 251 页）赵铨等则就玉刀契刻甲骨谈道："通过简单的实验，认识到用玉料磨成锋刃也可以刻画甲骨，不过普通玉料都比较脆，刃锋极易折断，很难掌握。"（见《甲骨文字契刻初探》，《考古》1982 年第 1 期。）

西周金文则以更加成熟典雅的文字形态昭示着"以字为美"观念的与时俱进。

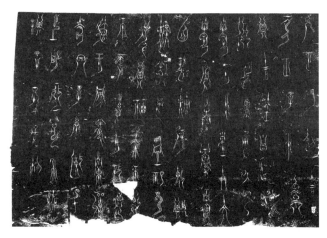

图 7.9　墙盘

春秋战国金文，出现了刻意求美的"鸟虫书"（图 7.10）。

图 7.10　王子午鼎

虽然就书法艺术而言有所"跑偏"，但其追求文字构形之美的意图却无疑是更加一览无遗的。

"以字为美"的传统观念，又通过"以字为饰"的传统习尚得到表现。前文言及于右任粉丝的作为，正是一个例证。在中国人生存空间的各个角落，"字"都可以成为较之"画"更寻常的装饰品，所以书法作品形式称名多与居室部位之名相同或相关。

有一种书法作品的形式名叫"中堂"，而所谓"中堂"，就是悬挂于厅堂正中的意思。由此可见，在房屋建筑的最重要的部位，通常应该是有"字"来作装饰的。

"楹联"，指装饰楹柱的书法形式。楹，本是房屋建筑中的柱子。我们在北大语料库中检索"楹联"，得到 500 个检索结果；检索"楹"，同样是 500 个检索结果。"楹"总与"联"相结合，这种语言现象表明，传统的柱子上通常需要对联这种书法样式来装饰。

"扁"字小篆

装饰门楣的书法形式叫牌匾。《新华字典》："匾：题字的横牌，挂在门或墙的上部：匾额。横匾。光荣匾。"然而，这个意义的"匾"，却是"扁"的本义。《说文解字》："扁，署也。从户、册。户册者，署门户之文也。""署门户之文"，就是写在门户上的字，也就是"匾"。而"扁"的以户、册会意的造字意图，则表明古人认为门户上写字之处就是一种"册"。相对一般的"册"，门户上的"册"形状是扁的，这应当就是"扁"的后来通行义的来历。而"匾"的前身"扁"的造字意图，同样表明门楣之处总需要文字装饰。

走出房屋建筑，用"字"来装点山川大地在华夏中国同样司空见惯。比如泰山风景区，共有 2 200 余处历代所立碑碣石刻，可以说，"字"已与中国风景名胜的自然山川大地融为一体。

图 7.11　泰山摩崖

　　"以字为美"的观念和"以字为饰"的习尚,不可避免会对汉字构形本体的演变发生深刻影响。这种影响的作用力表现在方方面面,仅说一端以为发凡示例。

　　美国学者鲁道夫·阿恩海姆著《艺术与视知觉》一书,该书第一章第一节题为"在一个正方形中隐藏的结构",在该节中,作者发表了视觉研究的一个"新见":人的大脑视皮层区,相当于一个物理的力场,其中所包含的力的分布,总是趋向一种最规则、最对称和最简化的结构(如汉字的方形)。而方形呈现如同物理学的力场的视觉生理趋向结构,实质上就是一种轴结构:"这一图形的中心点,是由上述四条主要轴线相交而得到的。而这些轴线上的其他点的力量都不如这个中心点具有的力量大,然而它们同样也能产生吸引作用,……在中心点,所有的力都是相互平衡的,因此在中心位置上就比较稳定。另一个比较稳定的位置,可以通过把黑圆面沿着其中的一条对角线移动而找到。"①对于这种有点晦涩的论说,我们可以图解如下:

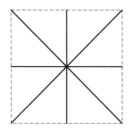

图 7.12　方形视觉认知图解

　　看过上图,我们会发现,这位美国学者关于视觉认知的创新观点,一般中国人应该都熟悉,因为他所说的最能获得视觉审美认同的图形结构,就是中国人练字用的"米字格"。就历史渊源而论,米字格来自传统的"九宫""八面"书学理论。古人认为,汉字的构形均有八面,书写时则须八面俱满,势所趋背各有情态方为合度,即所

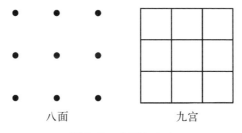

八面　　　　　　　　　　九宫

图 7.13　八面与九宫

① ［美］鲁道夫·阿恩海姆著,滕守尧、朱疆源译:《艺术与视知觉》,北京:中国社会科学出版社,1984 年。

谓"八面俱满者方可提飞"。而所谓"九宫",即谓八面的点画皆当拱向中心(中宫),这便是汉字结字构形的一个标准范式。

不难发现,九宫外围的"八面",其实正是前文所说方形中四根轴线各自两端的八个端点,用四根轴线把八个端点贯通起来,就是"米字格"了。而所谓"中宫",则是将这四根轴线的交点进行了若干面积扩充而已。"九宫""八面"的汉字造型范式,与阿恩海姆发现的"在一个正方形中隐藏的结构"本质上并无什么不同,只不过我们老祖宗的这个发现早了好几百年。

"九宫""八面""米字格"之类的讲究,乃是古代中国人写字的普遍美学规范,这种规范落实于历代主流书写实践,历经年年代代不断累积,通过各种形式的正字活动,无可避免地对汉字构形本体的演变产生了影响。这种影响力波及方方面面,仅举其一端,以为发凡示例。

汉字是具有表意特点的文字,字形结构一般都保有自身的理据性。然而,当这种理据性与"九宫""八面"的美学要求发生冲突时,汉字构形演变的大势往往会不惜牺牲前者来维护后者。文字学中的"省形""省声"现象就说明了这一点。"省形",就是指省去形符的一部分,比如"秋"字本该是从"禾""𤋮"声,但是为了保持方形匀称的构造,省去了形符中的"龟",只留下了"禾"与"火"组字;"屈"字本来的造字意图是从"尾""出"声,表义的形符却被省作了"尸"。

"秋"之未省   "秋"之省形   "屈"之未省   "屈"之省形

有时即使不作省形的处理,但解构某一偏旁,如"随",从"辵""隋"声,而"辵"插进"隋"中;"衷",从"衣""中"声,而"衣"被"中"隔断为二。

邓石如书   郭有道碑

"九宫""八面"之名虽然中古时代才出现,但上古时代已见"九宫""八面"效应之实。比如人们提及汉字构形演变时屡屡举例的"为"字,《说文解字》:"爲:母猴也。其爲禽好爪。爪，母猴象也。下腹爲母猴形。"许慎据以解说造字意图的是"为"的小篆字形：

"为"字小篆

说是"母猴"，倒也有几分像。但对照甲骨文，却可发现许慎闹了个大笑话：

甲骨文的"为"

甲骨文的"为"字构形，人手抓象鼻，分明是"役象以助劳"。然而从甲骨文到小篆发生的讹变，在视觉上却取得了更为均衡匀称的效果，在书写上也更便于操控，营造构形之美。

可以说，每一个汉字都在千百年的汉字发展史中经历了如此的美学范式塑造，进而获得了构形美学上的最佳选择。

综上所述，我们可以得到这样的认识：汉字造就了书法；书法又以美的名义为汉字的发展演变开辟了通向艺术殿堂之路。把文字书写这样一种特定的语言交际活动，变换成一种创造美的活动，这正是支持书法大放光彩的底层华夏智慧。

三、"心正则笔正"与"字如其人"

一千三百多年前，唐代书法大家柳公权曾与唐穆宗有过一次对话。穆宗问柳公权用笔之法，柳公权答道："用笔在心，心正则笔正。"柳公权此语，固然有其政治上的弦外之音，因为当时穆宗荒淫放纵，此话有"笔谏"的意思；然而，这一名言之所以能够千古流传深入人心，还是因其关乎书法本身的深刻思想内涵。

中国历史上最后一位状元刘春霖的经历，很直观地说明了中国人的这种集体无意识。在1904年7月中国历史上最后一场殿试中，得分最高的考生本来并不是刘春霖，而是朱汝珍，然而在慈禧太后"钦定"的过程中，考分名列第二的刘春霖的一笔漂亮的小楷一下子获得了这位老佛爷的欢心，再加朱汝珍名字中有一个令她不快的字（珍妃的"珍"），籍贯又是乱党（洪秀全、康有为、梁启超、孙中山等）丛生的广东，于是,老佛爷就毫不犹豫地把冠亚军调了个儿,刘春霖就这样很幸运地当上了末代状元。

平心而论,刘春霖的这种好运气在中国社会并非偶然事件,大凡能写一笔好字的中国人,都有机会走一走大小不等、自知或不自知的好运气。究其原因,则不外乎中国人相信“字如其人”。

“字如其人”,可以看成“心正则笔正”的另一表达。“心正则笔正”,揭示的无疑是一种因果关系,对于因果关系的表述,可以由因及果,也可以由果及因,既然“心正”可以导致“笔正”,那么“笔正”自然也可以成为“心正”的直观证据。而由“笔”之正否观“心”之正否,就是“字如其人”了。

然而,“字如其人”的逻辑,似乎有点不靠谱,人们很容易找出一些字写得很好的“坏人”来驳斥这种理论。比如:

蔡京(1047—1126),北宋丞相,奸臣、贪官。其书法博采诸家众长,自成一体,笔法姿媚,字势豪健,痛快沉着,独具风格,为海内所崇尚。

秦桧(1090—1155),南宋丞相,著名投降派奸臣。字体尚工,书写齐整工稳,擅长篆体,据说今之宋体是他发明的。

严嵩(1480—1567),明朝阁相,奸臣。书法造诣甚深,在其“榜书”作品中,“六必居”最具代表性,书体方严浑阔,笔力雄奇博大;字体丰伟而不板滞,笔势强健而不笨拙。

张瑞图(1570—1644),明朝阁相,奸臣,魏忠贤“阉党”成员。以擅书名世,风格奇逸,峻峭劲利,笔势生动,奇姿横生,于钟繇、王羲之之外另辟蹊径,为明代四大书法家之一,与董其昌、邢侗、米万钟齐名。

另外还有著名的清代大奸臣、贪官和珅,当了几天“中华帝国皇帝”的袁世凯,“伪满洲国”总理大臣郑孝胥,抗战期间投靠日本成为汉奸的汪精卫,文革中的“四人帮”干将康生,都擅长书法,写得一笔好字。如此看来,“字如其人”似乎挺不靠谱的。然而,如此理解“字如其人”乃是一种误读。

“字如其人”之说,最早源于西汉文学家扬雄的一句名言:“书,心画也。”所谓“心画”,就是内心的外化。而“心画”的内涵无疑是多重的,历来人们言及“心画”之“心”,具体所指也各不相同。有的是指性格,比如周星莲的《临池管见》说李太白书法“新鲜秀活,呼吸清淑,摆脱尘凡,飘飘手有仙气”,而苏轼书法“坡老笔挟风涛,天真烂漫”。有时指的是志趣,如刘熙载《艺概》:“贤哲之书温醇,骏雄之书沉毅,畸士之书历落,才子之书秀颖。”有时则指心境,如韩愈在《送高闲上人序》中称道张旭的草书："喜怒窘穷，忧悲、愉佚、怨恨、思慕、酣醉、无聊、不平，有动于心，必于草书焉发之。"当然也有指人品的时候，如朱长文在《续书断》中特别推崇颜真卿人品同他的字的一致，说："予谓颜鲁公书如忠臣烈士、道德君子"，"其发于笔翰，则刚毅雄特，体严法备，如忠臣义士，正色立朝，临大节而不可夺也"。

很显然，传统所说的"书为心画""字如其人"并非把人品高低和书法水平简单等同起来。即便专指人品时，也只是说高尚的人品是可以从高尚者的书法中得到表达的，而并没有说书法好就一定人品好，人品差就一定书法糟。值得注意的是，在中国传统的书法价值判定体系中，是非常看重书家人品的，一般是把书品和人品捆绑在一起进行判断的，也就是说，如果一个人的品德有污点，即使他的书法艺术水准再高，也不会给予与其艺术水平相当的评价，赵孟頫（以宋太祖十一世孙的身份仕元）就是一例；而人品特别高尚，则又有助于推高其书法的社会影响，颜真卿自然是一个极好的例子。可见，此种传统书法评价尺度，是容易导致把人品高低和书法水平简单等同起来的观念的，然而这种观念依然是误读了此种书法评价传统的本意。

那么"心正则笔正""字如其人"传统理念的真正内涵是什么？是主张把书法活动，或者说写字，变成人生修为的一种手段。写字对人有什么好处？一定不是一个深奥的问题。最近网上流行一个题为"小学生练字的8大好处"的帖子，所讲的八点虽然逻辑上有点乱，但还是把一些基本的意思说到了，摘录几条，供大家一起分享：

> 练字是非常考验一个人的耐性的，小学一般是描红，可以说是比较乏味，练字可以培养耐性，这是众所周知的，有耐心则心静，心静则细致，细致就不容易出错，这就会使学生在考试中避免粗心大意而失分，考试时把会做的都做对了，成绩马上就上去了。

> 如果孩子能够每天练字30分钟，坚持1—2个学期的话，对其意志力是一个非常好的锻炼。如果每天无论发生什么事情，都要在固定时间段内练字，比如说晚上8：00—8：30，也是对孩子执行力的很好的锻炼。

> 人的大脑是永无止境的，而且是越练越活，练字的时候，不可能只写字，大脑一定是在思考中的，动手即动脑，二者是分不开的。

> 书法艺术的形式美是通过有规律的组合线条作用于纸上而形成的，学生可以自觉地去手摹心追，去自觉感受流动的线条美，也能深刻感受到写好字这个目标并非高不可攀。此外，书法的内在美更需学生去审视。因为每一个字的点捺都有生命的顿挫，每一根线条的流走都有人性的重量和质感，学生透过文字

的痕迹可以感受到书法者的喜怒哀乐与悲欢情愁,感受魅力。

中国的汉字是讲究间架结构的,学生在练字的过程中,会有意无意地形成一丝不苟的习惯,久而久之,就会培养起学生一种严谨的作风,不但在写字上是这样,在学习上、在生活上都会有潜移默化的影响。而且要想把字练好并非一日之功,要经过长时间的耐心临摹才会有所收获,学生循序渐进地按一定的规范进行写字训练,可以有效地锻炼学生的毅力,并养成学生一种良好的踏实的作风。①

很显然,这种认识并非现代人的发明。古代中国,写字不但被列为人生的第一门功课,而且还成为人才选拔的标准。据《汉书·艺文志》载:"汉兴,萧何草律,亦著其法,曰:'太史试学童,能讽书九千字以上,乃得为史。又以六体试之,课最者以为尚书御史史书令史。吏民上书,字或不正,辄举劾。'"其中所谓"六体",实属书法范畴。《艺文志》曰:"六体者,古文、奇字、篆书、隶书、缪篆、虫书,皆所以通知古今文字,摹印章,书幡信也。"《说文解字·叙》的记载类似:"尉律,学僮十七以上始试。讽籀书九千字,乃得为史。又以八体试之。郡移太史并课,最者以为尚书史。书或不正,辄举劾之。"近年出土的张家山汉简《二年律令·史律》亦曰:"试史学童以十五篇,能风(讽)书五千字以上,乃得为史。有(又)以八体试之,郡移其八体课大史,大史诵课,取最一人以为其县令史,殿者勿以为史。三岁壹并课,取最一人以为尚书卒史。"王国维《汉魏博士考》:"汉人就学,首学书法,其业成者,得试为吏,此一级也。"唐代《选举志》则把"楷法遒美"作为"择人"之四项标准之一(其余三项为:体貌丰伟、言辞辩证、文理优长)。

书法作为一种人生修为手段的有效性,也得到现代科学实验的证明。较早的报道见于二十世纪九十年代初,如1993年4月9日《文汇报》第7版刊登过一篇题为《"汉字开发智力"大有可为》的消息,其内容为:有学者"为探索'汉字智力开发'的可能性和途径,对汉字书法操作与大脑反应能力之间的关系问题进行试验研究。……试验结果发现,被试者在进行三十分钟的书法操作之后,其大脑左、右两半球的反应时间均较书法操作前有明显缩短。但在这三十分钟内进行其他活动(如计算)则没有这种效应。而且书法经验越多的被试者,其大脑右半球反应时间的缩短较左半球更为显著。这就是说,书法操作可以提高大脑的活动性,进而影响到智力水平的发展。"以后此类实验信息又不断有更多的披露,不烦一一介绍。

由此来看,书法,并不是只有书法家,或者有志于成为书法家的人才需要和应该

① 《小学生练字的8大好处》,搜狐网:http://www.sohu.com/a/228030410_187453。

去从事的,借助于文字书写这种最普通的人类行为方式的载体,书法足以成为一种全民性的修为方式。发现书法可以修炼人,自然说不上有多大智慧含量。然而,在无数人的修炼方式中对写字这种看似普通,却最容易让最多人获益的活动情有独钟,进而形成一种集体共识并付诸实际行动,这无疑是一种民族大智慧。

然而,"字如其人"的思想还有另一层面的内涵,那便是"字外功夫"的讲究。也就是说,要想真正把书法写好,仅仅练字是不够的,还必须提升自身综合素养,把自己变成一个真正有内涵的优秀的人。苏轼曰:"颓笔如山未足珍,读书万卷始通神。"于右任说:"写字本来是读书人的事,书读得好,而字写不好的人有之,但决没有不读书而能把字写好的。"古人云:"人品既高,笔自不同;人不足称,虽工不贵。""字外功夫"理论的内在逻辑通常是被这样表述的:掌握书法技巧功力以外的方方面面的传统文化专业知识,可以升华人们的审美眼界,扩展艺术境界,这就可以使人们的字写得更有"意境""气势""韵味",而书法的高下评价,是最讲究这种意、气、韵的。在"字外功夫"理论看来,书法的本质属性不是手艺、技巧的,而是文化的。历史上和当今真正优秀的书法大家,无不具有书法以外的其他卓越成就,便是明证。从这个意义上说,书法本身并不是一个独立的专业,要想在书法上卓有成绩,就必须把自己修炼成一个有综合文化素养的人。事实上,"字外功夫"的道理并不仅限于书法,其他各专业门类,也都需要本专业外的综合素养来保证更高专业成就的获取。不妨看看中国足球。

2017年6月,江苏苏宁的韩籍主教练崔龙洙下课,懂球帝网站报道了这样一条消息[①]:

> 崔龙洙在下课后第一时间接受了韩国媒体采访,谈及下课崔龙洙觉得中国球员理解能力差,是导致其带队成绩不佳最终被淘汰的重要原因。其实这个问题不用崔龙洙说,球迷都能想到。中国球员战术理解能力差是一个老大难问题,这点不仅是崔龙洙反映过,其他外教从中超下课之后也都抨击过。(2017年6月10日)

中国球员为什么理解能力差? 曾任国家体育总局足球运动管理中心主任的韦迪作过这样的分析:

> "中国足球在快速使竞技体育人才成长方面积累了一些经验,但有个重大

[①] 《崔龙洙炮轰中国球员理解能力差! 佩兰曾让国脚们多学外语》,懂球帝: http://www.dongqiudi.com/archive/358951. html。

问题被忽略了,这就是孩子在成长过程中的文化学习问题。"韦迪认为,其他单项可能发现个别有天分的孩子,就会培养出世界冠军、奥运冠军;但像足球这样的集体项目,如果智慧不够,文化积累不足,很难想象在瞬息万变的足球场上审时度势,不断作出判断、选择和应变。"文化素质低的球员只会在场上跑,而不知道怎么跑。"①

由此可见,崔龙洙的吐槽并非毫无道理。然而,他是不是也应该检讨一下自己的问题呢?上引懂球帝网站的同篇报道还有这样一段文字:

> 那么中国球员战术理解能力差问题该如何解决,也许里皮执教恒大时期的成功经验会对其他外教有所启示。里皮在接受意大利媒体采访的时候就表示自己带恒大这么长时间,就是教给了恒大球员场上最基本的位置感和无球跑动。里皮就是要求每个中国球员在场上明确自己的职责,在无球的时候如何跑动站位就行。作为世界级名帅,他也知道中国球员战术理解力差,那么这个问题解决的最好办法就是从最基本战术要求开始做起,中国球员受到文化水平限制接受不了太复杂的战术。

据此,我们或许可以得出这样的认识:中国球员理解能力差,是由于缺乏足球的"字外功夫";而崔龙洙下课,是因为缺乏足球教练的"字外功夫"。可见,"字外功夫"的道理,并不仅限于书法,其他各专业门类,也都需要本专业外的综合素养来保证更高层次专业成就的获取。因此,"字外功夫"这个短语的语义,现在也往往是可以泛化的,指的就是"专业外的综合素养"。

当然,"字外功夫"作为一种普遍的人生哲理,在书法中是可以得到最集中最鲜明的体现的,也就是说,往往是在书法实践中,人们才能最容易领悟这种人生哲理。很显然,"字外功夫"的智慧,又提升了书法作为一种人生修为方式的层次和境界。

四、以书法营造快乐家园

梁启超在《书法指导》②里提出一个著名观点:写字是中国人第一等的娱乐。不妨摘要如下:

---

① 《韦迪:中国足球缺少文化　球员素质低只会瞎跑》,腾讯网:https://sports.qq.com/a/20110513/000068.htm。
② 梁启超:《书法指导》,《东方艺术》2015 年第 20 期。

　　娱乐的工具很多，譬如喝酒、打牌、下棋、唱歌、听戏、弹琴、绘画、吟诗，都是娱乐，各有各的好处。但是要在各种娱乐之中，选择一种最优美最便利的娱乐工具，我的意见——亦许是偏见，以为要算写字。写字有好几种优美便利处。

　　一、可以独乐。一人不饮酒，二人不打牌。唱歌听戏，要聚合多人，才有意思。就是下棋最少也要两个人，单有一个人，那是乐不成的。唯有写字，不管人多人少，同乐亦可，独乐亦可，最为便利，不必一定要有同伴。

　　二、不择时，不择地。打球必定要球场，听戏必定要戏园，而且要天气好，又要有一定的时候。其他各种娱乐皆然，多少总有点限制。唯有写字，不择时候，不择地方，早上可以，晚上也可以；户内可以，户外亦可以。只需桌子、笔墨，随时随地，可以娱乐，非常的自由。

　　三、费钱不多。奏音乐要买钢琴，要买环球玲，价钱都很贵，差不多的人不愿买。唯有写字，不需设备，有相当的纸墨笔就可以。墨笔最贵的不过一两元钱，写得好，可以写几个月。纸更便宜，几角钱，可以买许多，无论多穷，亦玩得起。

　　四、费时间不多。打牌绘画，都很费时间。牌除非不打，一打起码四圈，有时打到整天整夜。作画画得好，要五日一山，十日一水。唯有写字，一两点钟可以，一二十分钟亦可以。有机会，有功夫，提笔就写，不费多少时间。

　　五、费精神不多。作诗固然快乐，但是很费脑力。如古人所谓"吟成五个字，捻断数根须"。非呕心沥血，不易做好。下棋亦然，古人常说"长日惟消一局棋"，你想那是何等的费事。唯有写字，在用心不用心之间，脑筋并不劳碌。

　　六、成功容易而有比较。学画很难学会，成功一个画家，尤为难上加难。唱歌比较容易一点，但是进步与否，无法比较。昨日的声音，今日追不回来。唯有写字，每天几页，有成绩可见，上月可以同下月比较，十年之前可以同十年之后比较。随时进步，自然随时快乐。

　　七、收摄身心。每天有许多工作，或劳心，或劳力，作完以后，心力交瘁，精神游移，身体亦异常疲倦。唯有写字，在注意不注意之间，略以要想收摄身心，写字是一个最好的法子。

　　依我看来，写字虽不是第一项的娱乐，然不失为第一等的娱乐。……所以中国先辈，凡有高尚人格的人，大半都喜欢写字。

梁氏的这些理由，都很实在，也确有道理。但仔细推敲，似乎还是缺了点什么。

爱因斯坦说:"只要你有一件合理的事去做,你的生活就会显得特别美好。"对于人生来讲,"合理"的事情很多,但就娱乐而言,最合理的莫过于能在娱乐的同时而有所收益。书法能够给人带来的收益当然首先是因其为人生修为手段而带来教益,可谓"寓教于乐"。关于这一点,前文说了很多,不必赘言。而另一种收益也越来越被大家所认识,理想的娱乐宫也应是养生堂,而书法,正具备了养生的功用。

有人把书法比喻为纸上进行的气功和太极拳。唐太宗李世民则有这样的名言:"欲书之时,当收视返听,绝虑凝神,心正气和。"周星莲《临池管见》:"作书能养气,亦能助气。静坐作书数十字或数百字,便觉矜躁俱平,若行、草,任意挥洒,至痛快淋漓之候,又觉灵心焕发。"写字和练太极拳一样,要求凝神静虑,端己正容,心平气和,意沉丹田,气运形体。科学研究证明,良好的身心状态,能抑制病毒的发作,通过坚持习书,则有祛病延年之功。书法家潘伯鹰说:"心中狂喜之时,写字可以使人头脑冷静下来。心中郁悒,写字可使人解脱。我认为延年益寿,这算妙方。"

传统的书法今日有了一种创新形式,那便是"地书"。所谓"地书",就是用由海绵制成的地书笔蘸上水在地上练字。如今在全国各地各大公园,甚至马路的人行道上,常看到一些老人用一种如椽大笔在地上写书法,堪称大爷大叔的广场舞。

广场上,一个戴着口罩的老人很是惹人注目,下笔有力,各种字体变换自如。他每次写地书时都像在表演,叫好声与掌声成片。这个老人叫申德顺,两年前脑血管疾病,昏迷很久后才被抢救过来。"他出院后,连走路都走不稳。我带他来公园,看到人家练地书,他就也拿起笔来练,这一练就练了两年了,身体恢复得也越来越好了。"申德顺的老伴很是欣慰地说。①

当然,娱乐的合理性,不仅在于它能带来某种收益,如果还能在娱乐中找到一点人生价值的体现,这或许是更加合理的事。汉字的构形复杂,把字写好就成为一件具有挑战性的事情,人性是喜欢挑战的,而写字又可以让每个人都找到这种挑战的机会,挑战倒不一定要把对象锁定为权威,锁定为自己也不会失去发起挑战的冲动;练字之所以曾经成为汉字使用人群的普遍业余爱好,这种挑战无疑是一个重要原因。笔冢墨池,其实并非苦行僧的标签,而是愉悦者的笑颜。因此书法绝非怀素、王羲之们的专利,也是无数书法业余爱好者的共同财富。

不可否认,当今中国人对书写的爱好已经降温,特别是电脑时代成长起来的年轻一代,有些人甚至拿笔的机会都很少,这对于当今中国来说,不能不认为是一种莫

---

① 引自王倩:《地为纸水为墨 聊城市地书协会今日成立》,大众网:http://liaocheng.dzwww.com/jryw/201405/t20140507_10206738.htm。

大的损失。然而,真正的大智慧,是不会被遗忘的,我们欣慰地看到,"汉字书写大赛""书法进课堂"之类的举措,已经形成了巨大社会反响,书写的快乐也为越来越多的青年学子所体悟,我们有理由相信,书法,依然会是新一代中国人的普遍爱好。这是因为,他们将通过自己的切身体验认识到:书法,可以最大限度地让全民跨过最低门槛去从事一项既无比快乐又极有意义的活动,这无疑为中国人打开了一扇独具民族特色的精神家园之门。而中国书法智慧的最高境界,正在于此。

第八章　绘画中的智慧

"中华文化积淀了中华民族最深层的精神追求,代表着中华民族最根本的精神基因和独特标识。"①中国画是中国文化艺术中独具魅力的门类,绘画作为造型艺术,其主要任务便是塑造形象。中国画用什么样的工具,用什么方法,如何来传递中国文化的内容和精神?——这是本课程的学习目的所在。

我们要坚定文化自信,就要对博大精深、源远流长的中华文化发自内心地认同,保持对中华民族文化理想、文化生命力和创造力的高度信心,才能"新故相推,日生不滞"。中国画以中国人独特的视觉去认知世界和再现世界。经过历史的积淀,在世界艺术之林中,它形成了自己的体系和风貌,其内在的精神性仍然是今日创新的源泉和动力。新时代中国画如何完成"创造性转化、创新性发展"②,我们在发现中增强文化的自觉和自信,寻求着中国艺术的智慧。

问题一:如何欣赏和品评中国画?
问题二:中国画的"笔墨"精神怎么理解?
问题三:中国画如何体现儒、释、道三家的哲学智慧?
问题四:面向未来的中国画将如何继承传统和创新变革?

一、中国画的发现与自觉

中国画以独特的方式观察世界和表现世界,传达出中国人的精神哲学和审美观。当西方还处于中世纪宗教绘画时,中国绘画已经渐成体系发展起来,并由客观再现走向主观表现。魏晋南北朝时期,中国画提出写实与传神并重的法则;中晚唐

---

① 2014年2月24日,习近平总书记在主持十八届中央政治局第十三次集体学习时的讲话。
② 2014年2月24日,习近平总书记在主持十八届中央政治局第十三次集体学习时的讲话。

以来,形成了完备的画传和品评法则;五代至宋建立了自然山水观;元朝形成了文人画创作观。相较于西方绘画,中国绘画较早实现了艺术的发现和自觉,意识到了绘画的主观表现,更注重整体描绘和神韵传达。西方传统绘画一般注重形似,讲究真实再现,而中国画则注重主观情感的表现,讲究表现对象的气韵而不只追求形似,从而造成了中西方绘画在创作理论及创作方法上的截然不同,中国画形成了独特美感与观念。

中国绘画的一个重要特征是它与书法、哲学、文学、历史等其他门类,一直有着密不可分的联系。绘画不仅仅是再现现实的工具,更蕴含着伦理道德、人生价值、自然观照的智慧和光芒。中国画在笔墨工具、用笔特征、观察视角、构图方式、敷色手法上都有自己的特点。早期中国绘画强调从描摹客观世界入手,用象征的图式反映客观世界。一方面,绘画更多记录历史和描绘现实生活;另一方面绘画辅助社会伦理道德,承担着教育功用。艺术自从诞生之初就表现出强大的思想教育功能,青铜器最初的纹样功能是"使民知神奸"。东汉王延寿认为美术的功能是"恶以诫世,善以示后"。南齐谢赫则要求绘画"明劝戒,著升沉"。唐代著名美术理论家张彦远也提出绘画的功能是"成教化,助人伦"。中国画史中诸多作品,像顾恺之绘制的歌颂古代妇女贤德的《女史箴图》(宋摹本);阎立本绘制的记录唐太宗接见吐蕃使节禄东赞的《步辇图》等,都有着反映历史和教育现实的作用和意义。从古到今,美术一直以其积极进步的倡导性鼓舞着人心,净化着人类的心灵。

1."书画本来同"①——中国画的笔墨和构图

(1)中国书画的起源与工具

谈及绘画艺术,必先要溯源寻流,看看其最初的原始形态。在中国的艺术中,书法和绘画都是"象"。最初的文字有象形的部分,书法和绘画都使用毛笔,都用线条来造型,因此说书画用笔同法,这也就产生了后世所谓的"书画同源"。鉴于中国文字中也有象形的成分,所以绘画和文字在创造初期就尤未可分。图画先于文字产生,有些文字就是图画。后来文字和图画逐渐分离,文字用来表达事物的本质和意向,而绘画则重在描摹事物外形的视觉存在。谈及"书画同源",根本的一点就是两者所使用的媒介和载体相同,都是以笔、墨、纸张等为工具和材料。中国人选用了毛笔作为书画工具,这种软性的书写工具可以使线条产生丰富的变化,粗细、轻重、缓急的节奏韵律,使书画上升为一门艺术。平滑的丝帛和洁净的纸张为书法和绘画的

---

① 来自赵孟頫《自题秀石疏林图》诗:"石如飞白木如籀,写竹还应八法通。若也有人能会此,须知书画本来同。"

艺术表现提供了共同的材料基础。

目前所知最早的两幅帛画,都出自湖南长沙战国时期的楚国,画面用毛笔勾勒出流畅的墨线,塑造出男女墓主人升仙的场景。中国的书法和绘画在漫长的发展过程中,一直都没有放弃以笔、墨、纸张为主要材料,也一直没有放弃以线条、用笔和墨法为基本的构成要素。随着时间的推移,笔、墨、纸张等工具和材料都逐渐发生了演变,书法和绘画在各自不断完善其本身的过程中,通过相互渐进式的促进和影响,最终在文人画中走向诗书画印结合的审美上的殊途同归。尤其是书法的发展,对笔法的精益求精的追求,更多地影响绘画的发展,有时甚至是改变了绘画的观念。

图 8.1　战国楚墓帛画《人物龙凤图》　　　　　图 8.2　《人物御龙图》

唐朝,誉为"画圣"的吴道子的出现,将绘画以用笔为主的表现方法提升到了前所未有的成熟境地。"……国朝吴道玄,古今独步,前不见顾、陆,后无来者,授笔法于张旭,此又知书画用笔同矣。张既号书颠,吴宜为画圣,神假天造,英灵不穷。"[1]张彦远高度评价了吴道子在绘画史上的地位。吴道子的绘画成就在于首推用笔技巧

---

[1]　沈子丞编:《历代论画名著丛编》,北京:文物出版社,1982 年,第 39 页。

的变化与创新,吴之用笔创新表现在运笔的速度与气势,并将书法之草书用笔带入了绘画创作。[1]《历代名画记》言,吴道子"往往于佛寺画壁,纵以怪石崩滩,若可扪酌","气韵雄壮,几不容于缣素;笔迹磊落,遂恣意于墙壁";画地狱变,"笔力劲怒,变状阴怪,睹之不觉毛戴",画《智度论》色偈变,"笔迹遒劲,如磔鬼神毛发",画礼骨仙

人则"天衣飞扬,满壁风动"。他"又于蜀道貌写山水","三百余里山水,一日而毕",虽然有些夸张,但仍可见绘画速度之快,一举打破了昔日山水画"细饰犀木节"的刻板格局。吴道子绘画的革新得益于他初师于张旭和贺知章,学习书法,后工画,加上他"好酒使气,每欲挥毫,必须酣饮",或观公孙大娘和裴旻舞剑,观张旭草书,闻杜甫诗,意气风发,得其精神运笔于绘画,不落俗套,不受拘泥,才自成一家。敦煌盛唐时期的103窟存留的《维摩诘经变》和《各族王子图》,当属吴道子一派画风,画师充分地体现了线条的造型功能,淡墨起稿,黑墨定型,浓墨提神;线条的粗细虚实、墨色的浓淡、笔力的轻重、行笔的急缓,披离点染,全都体现在画中人物的

图8.3　《维摩诘经变》敦煌莫高窟103窟　［唐］

形神之中。史载吴道子亦曾有"维摩示疾,文殊来问,天女散花"图,这两幅壁画对研究"吴家样"画风有重要参考价值。

　　(2)中国画的笔墨

　　中国画的笔墨在字面上理解是工具材料的"笔"和"墨"。从专业构成和技术角度理解则是指用笔和墨绘制的形象,以及绘制中用笔的浓淡干湿枯的技巧和构建画面的章法,是一种综合的效应。中国绘画独特的材料,产生的丰富的绘画意趣迥然不同于西方油画,中国的笔墨本身就具有审美的意义。唐末五代以来,受到道家和禅宗哲学的影响,中国绘画逐渐过滤颜色,朝着水墨画的方向发展,至宋元水墨画成了中国绘画的一种主要形式。

---

[1]　张晶:《书画同源新论》,《上海大学学报》2002年第4期。

用毛笔以线造型,在原始社会的彩陶上初见端倪,马家窑文化的旋涡纹彩陶上,软性毛笔的弹性产生了粗细不同的线条和连绵不断的节奏与旋律。真正在用笔上产生自觉是在魏晋南北朝时期,顾恺之在《魏晋胜流画赞》中提出,在摹写绘画时,对用笔的轻重粗细都要格外小心,"若轻物宜利其笔,重宜陈其迹",画山不要太快,否则轻飘不稳。画人的时候用笔要慢,"若长短、刚柔、深浅、广狭与点睛之节,上下、大小、浓薄有一毫小失,则神气与之俱变矣"。关于顾恺之本人的用笔,唐代张彦远也有所描述,他成功地创造了"紧劲连绵,循环超忽,调格超逸,风趋电疾"的密体。从顾恺之流传下来摹本的《女史箴图》《列女仁智图》《洛神赋图》几幅作品中,我们确实可以看到他用笔周密、构思精巧的风格,特别是在勾勒线条时,展现出一种犹如春蚕吐丝、连绵不断的风格,后人称为"春蚕吐丝描"。南齐谢赫在六法中提出:"骨法用笔是也。"唐代张彦远认为"夫象物必在于形似,似须全其骨气,骨气形似皆本于立意而归乎用笔"。[①] 绘画要讲究造型,造型的根本由创作构思立意决定,而最后的呈现必须要通过用笔来完成。唐代中国画的线描进一步发展,吴道子创立了"吴带当风"的艺术风格,表现时采用粗细变化很大的"莼菜描"。

图8.4 《女史箴图》(局部) [东晋]顾恺之(摹本)

---

① [唐]张彦远、[宋]郭若虚:《历代名画记 图画见闻志》,沈阳:辽宁教育出版社,2001年,第13页。

　　关于墨，汉代以前多用矿物锰作为颜料，汉代开始使用松烟制成墨块。"墨分五色"，即说墨在使用时可以分成浓淡干湿焦不同的层次。唐代张彦远在《历代名画记·论画体工用拓写·论用墨》中提及："夫阴阳陶蒸，万象错布，玄化亡言，神工独运。草木敷荣，不待丹碌之采；云雪飘扬，不待铅粉而白；山不待空青而翠；风不待五色而䘐。是故运墨而五色具，谓之得意。意在五色，则物象乖矣。"①王维曰："夫画道之中，水墨为最上。肇自然之性，成造化之功。"②因此说，"水墨是颜色中最与玄相近的极其朴素的颜色；也是超越各种颜色之上，故可以为各种颜色之母的颜色"③。

　　唐末时，政治对艺术，尤其是对绘画产生了很大影响。由于政治的没落，唐王朝崩溃在即，一些颇有抱负的士人情绪消沉，由积极的入世转向隐居，将政治的失意投入对山林之趣的寄托，这也就使得一些跟政治关系较为密切的绘画题材，如宗教画、人物画、历史画，让位于一些隐逸题材和山水画。此外，禅宗中的南宗在中晚唐兴起，受到士大夫极大的欢迎，南宗所提倡的教义恰与士人在此一阶段的心理相吻合。他们将对现实世界的失望与无奈，引向清净闲雅的禅林，在耐人寻味的"顿悟"中寻求自我的心理平衡。这种对平淡和清静的尚好，必然使绘画更多地摒去浮躁和尘嚣的喧闹，拂去声色犬马的杂欲，因此色彩的作用也当然减弱了，水墨山林的纯粹之美更能体现士人的修养和情操，自然成为绘画的主流。

　　王维曾著《山水诀》一篇，以明其画理，其中有警句："妙悟者不在多言，善学者还从规矩。"④王维虽无确切画作流传，但他使用墨法在当时可谓革新，加之他名望颇高，所以得到后人推崇，也说明受禅宗影响水墨画的兴起已为不争的事实。故张彦远《历代名画记》云："王维破墨山水，笔迹劲爽。"后者论其画谓"意在尘外，怪生笔端"，"得心应手，意到便成，故造理入神，迥得天机，此难与俗人论也"⑤。

　　张璪可谓另一个善于用墨的画家，张璪在认识论中推崇禅宗心法，问之所受，答云："外师造化，中得心源。"关于他的绘画的描述，见符载《观张员外画松图》，文中记载张璪"箕坐鼓气，神机始发"，而后作画，"毫飞墨喷"，这神机可释为心神、灵感的到来。又说张璪"遗去机巧，意冥元化，而物在灵府，不在耳目，故得于心，应于手，孤资绝状，触毫而出，气交冲漠，与神为徒"。在《历代名画记》中张彦远亦提出："曾令（张璪）画八幅山水障，在长安平原里，破墨未了……"可见，张璪时期已经出现以墨为主

---

① 北京大学哲学系美学教研室编：《中国美学史资料选编》（上），北京：中华书局，1980年，第309页。
② 沈子丞编：《历代论画名著丛编》，北京：文物出版社，1982年，第30页。
③ 徐复观：《中国艺术之精神》，沈阳：春风文艺出版社，1987年，第221—222页。
④ 沈子丞编：《历代论画名著丛编》，北京：文物出版社，1982年，第30页。
⑤ ［唐］张彦远、［宋］郭若虚：《历代名画记　图画见闻志》，沈阳：辽宁教育出版社，2001年。

图 8.5 《溪山行旅图》〔北宋〕范宽

的水墨画。

五代至两宋，是中国笔墨发展的成熟阶段。唐代以来的青绿山水，以线条为主，重设色。以荆浩、关同、董源、巨然为代表的五代山水画家，创立了山水结构中的各种皴法。宋代各种笔墨技法渐趋成熟，中国山水画的图式基本确立。范宽的《溪山行旅图》代表北宋山水画的最高水平。

（3）中国画的构图与视角

顾恺之在《论画》中提道："若以临见妙裁，寻其置陈布势，是达画之变也。"这个意思就是说要知道画的变化，必须通晓画面的构图和布局位置的经营，这就是绘画的构图。谢赫也在他的"六法"中认为"经营位置是也"，画面的构图是中国画中非常重要的一个原则。中国画传统意义上可以分成人物画、山水画和花鸟画三科。三类绘画的构图形式随时代变化，又有着各自的特征。人物画构图模式，早期至先秦多呈现出散点和分层排列，秦汉时期形成以人为中心的宇宙模式，魏晋南北朝隋唐时期确立了人物画的写实模式，五代两宋更加成熟，明清时期趋向多元化。山水画在秦汉及之前都只是作为人物画的背景，到了魏晋南北朝，山水画开始由装饰向写实转变，隋唐独立的山水画开始出现，构图多采用对称和组合的方式。北宋至南宋，中国山水画构图由全景式变成特写式。元、明、清山水画在构图上，或继承前代，或打破传统另辟蹊径，总体上向丰富多元发展。[①]

北宋画家郭熙在《林泉高致》中提出了"三远法"，对后世山水画绘画构图影响极大，他指出："山有三远，自下而仰望山巅，谓之高远；自山前而窥山后，谓之深远；自近山而望远山，谓之平远。"此中"远"的意义，便是将观者的视线引向远方，相对应的画面中产生的布局上，远近高低各不同。平远给人旷达广阔、平淡天真的感觉，应用较多；深远富有深邃的纵深度，使观者产生联想；高远则让人举目产生崇高感。"三

① 张朋川：《〈韩熙载夜宴图〉图像志考》，北京：北京大学出版社，2014年，第41、45、69、75页。

远法"是北宋形成全景式的高山峻岭构图模式的表现。南宋以来，以马远、夏圭等画家为首，开辟了山水画新风。作品采用特写的方法，截取景物中最美的部分，多采用边角构图，因此形成了画史上所谓的"马一角""夏半边"。由于受到老庄道家哲学思想影响，中国画很讲究虚静的空灵境界。画面构图中留白往往具有计白当黑的作用，巧妙的空白可以带动观赏者产生丰富的想象，以思维中的图像填补画

图 8.6 《梅石溪凫图》 ［南宋］马远

面。苏轼曰："惟有此亭无一物，坐观万景得天全。"元代文人画代表倪瓒是最讲究画面虚空构图的画家，他的绘画多呈三段式构图，每画山水，无人活动，只置空亭，题诗"亭下不逢人，夕阳澹秋影"。

图 8.7 《鹰石山花图》 ［近代］潘天寿

花鸟画自唐朝兴起，至五代两宋，写实性的构图模式成为主流。明代写意花鸟画带来了构图模式上的新风，以笔墨增强画面构图的感染力，诗书画渐为一体。清代花鸟画构图灵活多变，越来越注重起承转合、开合呼应、虚实对比。近现代画家中，潘天寿非常强于构图营建，他的画面藏正于奇，静中寓动，用笔墨的浓淡干湿形成视觉上的虚实错位，构建出雄奇的艺术效果。

中西观察世界的方式不同，所以诞生了绘画的不同表达方式。西方人观察世界，多采取定点透视，固定的对象和观者相互对应，以目力所及角度来布置画面，强调物象的近大远小，配合光源的强弱，来进行写实

性的细微描绘,这在绘画中的专业术语叫"定点透视"。而中国画则不然,从不受对象局域限制,不受角度和时空的限制,采用游观的方式去感受世界,采取移动的视角捕捉物象,将看到与看不到相关联的物象统摄入画面,这种观察方式叫作"散点透视"。

中国北宋时期的名画《清明上河图》采用的正是散点透视,东京汴河两岸的风物尽被画家纳入画中。在长 5.28 米的鸿篇巨制中,画面从郊外的农村徐徐展开,逐渐延向繁华的城市,各司其职的人物,鳞次栉比的村落与店铺,初春抽芽待苏的树木,仿佛一组影像的长镜头,将观者推向远处人群鼎沸的虹桥。这是画面的高潮,桥上水泄不通的人群,桥下巨大的货船准备穿过,桥上的嘈杂声和桥下的吆喝声似乎就在耳边,戏剧化的冲突增加了画面的精彩。构图上既有移动的叙述,又有画面节奏的对比和安排,从安静的郊外到喧闹的市井,三教九流,各行各业,老少人等,不计其数,画家细致入微的描绘,使北宋都市生活淋漓尽致地展现在观者眼前。

图 8.8 《清明上河图》(局部) 〔北宋〕张择端

2. "画写物外形"——中国画的形与神

(1) 顾恺之的形神论

中国东晋时期的大画家顾恺之第一次在画史上提出"传神""写神"和"迁想妙

得"的理论。《世说新语·巧艺》曰:"四体妍蚩,本亡(无)关于妙处,传神写照,正在阿堵中。"顾恺之《魏晋胜流画赞》云:"人有长短,今既定远近以瞩其对,则不可改易阔促,错置高下也。凡生人亡(无)有手揖眼视而前亡所对者,以形写神而空其实对,荃生之用乖,传神之趋失矣。空其实对则大失,对而不正则小失,不可不察也。一像之明昧,不若悟对之通神也。"①形与神是中国画理论的一个重要范畴,一直贯穿着中国画从古至今的发展变化。中国画的形神理论一直受到传统哲学的影响。

早在先秦时期,《韩非子·外储篇》中就曾论述:"客有为齐王画者,齐王问曰:'画孰最难者?'曰:'犬马最难。''孰最易者?'曰:'鬼魅最易。'夫犬马,人所知也,旦暮罄于前,不可类之,故难。鬼魅无形者,不罄于前,故易之也。"《尔雅》亦提出:"画,形也。"可见,形是造型艺术的基本要素,在绘画中有着重要的地位。从绘画的形中超越出来达到的是神,神存在于客观本体的形象之中,是指内在的一种精神状态,它在不同时期的绘画理论中的内涵不尽相同。

顾恺之的论画文章中,多次提及形与神的理论,"以形写神",神是通过形表现出来的,没有形,神就无从存在,两者是矛盾的统一体。对于人物画,他认为眼睛的描绘重要,据说他画人甚而数年不点眼睛,人问其故,答道:"四体妍蚩,本无关于妙处,传神写照,正在阿堵中。"眼睛是心灵的窗户,最能表现人的精神面貌和情感活动。他还提出了"悟对通神""迁想妙得"理论,其含义指画家要注意自己与描绘对象之间的主观和客观关系。作画之前,首先要观察、研究描绘的对象,深入体会,在逐渐掌握和了解了对象的精神特征后,经过分析和提炼,获得艺术构思。"迁想妙得""悟对通神"的过程,也就是由形上升到神的过程。顾恺之提倡的以形写神理论,重在以形为基础的主客观的统一,自他之后的形神理论,虽以其为基础,却往往就只言片语发展开来,过多地强调神的方面,即中国艺术最重要的特色,在于主观意趣的抒发,而不是模拟物象,通过写意、会神来参赞造化。这一点与西方强调对客观对象的写实描摹为初衷的艺术,是完全不同的,也是中西艺术不同发展脉络的根源。

(2)写实与写真

"外师造化,中得心源",一直以来绘画都是以反映现实生活的真实性为目的,现实生活之美客观存在,日月山川、江河大海、风霜雨雪、花卉树木、飞禽走兽,在与人的社会关系中,人化的自然成了画家眼中最美的风景。唐代人物画和鞍马画都十分注重写生与观察,唐玄宗时期的鞍马画家韩干,传世作品有《牧马图》《照夜白图》。

---

① 俞剑华编:《中国古代画论类编》(上),北京:人民美术出版社,2007年,第347页。

他画马形神兼备,呼之欲出,极富张力,这正是得益于深入的观察,研究各种马的骨骼、肌肉、神态、动作,因此他对唐玄宗说,"陛下内厩之马皆臣之师也",被后世奉为鞍马画的祖师。中国画历来倡导以自然为师,观天地万物景致变化,然后书写心中体会。明代画家王履擅画华山,作画时亲临华山考察,悟出了"吾师心,心师目,目师华山"的深刻道理,创新技法,绘制出气势浑厚和险峻的华山图景。众多画家都发现了黄山之美,清代形成了以石涛、弘仁为代表的黄山画派。近代黄宾虹、李可染、陆俨少也喜画黄山,尤其是刘海粟十上黄山,观摩景致,对景写生,创作了一批雄奇壮美的绘画作品。

图 8.9　《照夜白图》 〔唐〕韩干

  中国绘画一直强调精神境界比外形描摹更重要。晁补之在《鸡肋篇》中言:"画写物外形,要物形不改。"[①]将物象描绘准确是第一位的,是前提条件,也是可以领会的。但是要体会"物外形",就不是粗浅意义上的理解了。"物外之形"与"言外之意"一样,是神姿和气韵的领悟,甚至可以"得意忘形"。至宋代,苏轼的题画诗中愈加提出了神似的重要:"论画以形似,见与儿童邻。赋诗必此诗,定非知诗人。"[②]他的意思是说衡量画的好坏,只看形象是否相似,那是一种幼稚的见解,正如欧阳修所言"古画画意不画形"一样,强调神似。同时苏轼也曾就人物画提出过观察形的重要性,主张为求得人物的自然神情,必须"于众中阴察之",相反如果让所画对象正襟危坐,刻

①　俞剑华编:《中国古代画论类编》(上),北京:人民美术出版社,2007 年,第 66 页。
②　俞剑华编:《中国古代画论类编》(上),北京:人民美术出版社,2007 年,第 51 页。

意穿戴,则会呆板拘束,毫无生气,这一理论古今中外皆适之。

值得注意的一点是,中国传统理论多偏重于对"神"的研究,而对"形"的研讨相对薄弱,这是因为"神"的涵义更偏重于对精神理念的追求,跟传统的哲学联系紧密,而"形"的概念更多涉及造型的特征与手段。那么,关于"形"的论述愈加难能可贵。明代画家王履的华山理论,就对明初画坛师古人、无生活的风尚带来新鲜空气,他在《华山图序》中曰:"画虽状形主乎意,意不足谓之非形可也。虽然,意在形,舍形何所求意?故得其形者,意溢乎形,形乎哉?画物欲似物,岂可不识其面?"绘画描写形象离不开意,但是意是通过具体形象来表达的,在此意义上说,形似是基本的东西。艺术史中真正将艺术形象和生活物象、艺术真实和生活真实区分开的是石涛,他以"不似之似"一言表达出艺术形似的最高理想,后世的齐白石说画贵在"似与不似之间"就是继承并发展其而来。

形与神的关系是对立统一的关系,无论是写意重神使得中国艺术达到的天人合一的独特审美境界,还是对形的细致考察和恒定参照,它们的相互作用都促使了传统艺术理论的发展。

3."格高而思逸"——中国画的立意与格调

(1)胸有成竹

中国绘画的气韵是画面各个要素相互作用产生的一种综合效果,是由造型、结构、笔墨、色彩诸要素组成的整体意向,不仅仅是笔墨技巧,而是一种情致、气质、风姿上的精神状态。南齐的画家兼理论家谢赫在《古画品录》中提出绘画品评的六个基本原则,即"六法",其中以"气韵,生动是也"成为绘画品评的首要标准。张彦远说:"书画皆须意气而成。"意存笔先,将立意用笔墨生发出来,心手相应结合成连贯的气势就形成了生动的气韵。每幅画由于画面产生不同的气韵,如山水画,有的大笔挥洒,气势磅礴,万象聚成,有的线条柔缓,清雅连绵,虚空超脱。

苏轼在《文与可画筼筜谷偃竹记》云:"故画竹必先得成竹于胸中,执笔熟视,乃见其所欲画者,急起从之,振笔直遂,以追其所见,如兔起鹘落,少纵则逝矣。"[①]我们可以从苏轼谈及的画竹之法,来体会只有深入观察和体验后产生成熟的构思,把握灵感,才能实现超越。关于画竹子,扬州画派的郑板桥有更深入的体会,他在一篇题画诗中写道:"江馆清秋,晨起看竹,烟光日影露气,皆浮动于疏枝密叶之间。胸中勃勃遂有画意。其实胸中之竹,并不是眼中之竹也。因而磨墨展纸,落笔倏作变相,手

---

① 王水照编:《唐宋散文举要》,芜湖:安徽师范大学出版社,2014年,第165页。

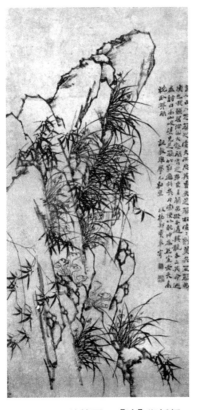

图8.10 《兰竹图》[清]郑板桥

中之竹,又不是胸中之竹也。总之,意在笔先者,定则也;趣在法外者,化机也。独画云乎哉?"①此段话中提到了"眼中竹""胸中竹"和"手中竹",这是艺术创作的三个层次:"眼中竹"是画家眼中观察到的物象,基本上忠实于自然;"胸中竹"是画家通过自己的思考产生的审美意象和构思,是提炼、概括和深化的对象,加入了自我的审美理解和理想;"手中竹"则是将构思转化成画面的实施过程,它需要画家心、脑、手的配合,需要熟练的专业绘画技巧来实现。

气韵更强调画家真性灵的抒发,明代画家徐渭以大写意花卉和恣意挥洒的草书入画,开拓写意花鸟一路画风,显示出极具强烈个人风格的特点。他的《杂花图》《墨葡萄图》,都是命运不平的悲愤宣泄,极尽生命力气的呐喊。"半生落魄已成翁,独立书斋啸晚风,笔底明珠无处卖,闲抛闲掷野藤中。"明代末年的八大山人似乎也是徐渭的呼应,他"泪痕却比墨痕多",将恣意墨块与涩枯遒劲的线条穿插于画面,演绎出新的水墨意境。

(2)文人画的托物寓意

在中国绘画中,气韵又和画家的人品相关。郭若虚云:"人品既已高矣,气韵不得不高。"同样的景致会因为落笔之人的格调有高下雅俗之分。艺术家的阅历、修养和审美观让作品的气韵流露迥异,"格高"方能"思逸"。梅兰竹菊四君子题材,最能体现文人孤傲高洁的思想情操。兰之端秀清高、梅之凌寒冷傲、菊之隐逸散淡、竹之虚心有节,都是文人寄托自身情怀的载体。中国的文人画寻其鼻祖可到唐代王维,其提出的"诗中有画,画中有诗"理论,开启了文人画之先河。宋代大文豪苏轼更将"士人画"的理论推至一定高度。元代的政治限制了文人的仕途发展,文人不能过问政事,当外在的反抗和济世救国的理想抱负无法施展时,只能转向追求内在的精神和性灵的抒怀。元代的文人画可以说是特定环境中,文人隐逸思想与内心矛盾挣扎

① 俞剑华编:《中国古代画论类编(下)》,北京:人民美术出版社,2007年,第1179页。

的显现,也将中国文人艺术推向高峰。

　　文人之于绘画,其更多的笔墨根源是书法。关于书法与绘画的结合,元代画坛代表赵孟頫在《秀石疏林图(题)》中如是说:"石如飞白木如籀,写竹还应八法通。若也有人能会此,须知书画本来同。"文人绘画依靠书法入画为根基,成就了诗、书、画、印以及文学、人品多种因素综合而成的艺术形式,绘画背后更强调修养与涵养。

　　"元四家"的绘画作品最能展现文人书画的魅力。黄公望浑厚大气,笔墨又不失天真,自由多变,其代表作《富春山居图》将他人生历练后的豁达、对生命的理解都注入画作,娓娓道来,观者叹为观止。而倪瓒却是简淡萧瑟到了极点,画面构图采用最简单的"三段式",大面积留白,似乎不能容忍世间对心中的景致有丝毫的污秽。他笔下的风景冷淡荒凉,无有人烟,只有空亭,这是一种精神的高度自律。吴镇则追求笔墨的奇险,或危峰耸立,或松枝斜挂,开合呼应,风姿潇洒。赵孟頫的外孙王蒙家学渊源深厚,笔墨功力深厚,与倪瓒相反,他画风稠密,画面布局丛林密布、千岩万壑。在层层叠嶂中丝毫不乱,笔墨精细严谨,山石皴法多变,色彩浓艳有度,风格变幻莫测。倪瓒表达出元代文人绘画相同的意趣:"仆之所谓画者,不过逸笔草草,不求形似,聊以自娱耳。"这种意趣就是山水的主观感受,所有的山水都是表达风格的媒介,是作者抒情言志的依托。

　　(3)道艺并进

　　北宋以来中国哲学提出"理学"的思想,其中相对重视儒家的"格物",对事物原理进行细致入微的分析和思考。这种穷究义理、格物致知的方法也被应用在绘画中。宋画以来,注重自然之理,"品四时景物,务要明乎物理,广乎人事"[①],绘画景物要符合四季的节气特征,符合自然客观规律。宋代的花鸟画就具备了如此特点,北宋花鸟画画风严谨,追求形象的准确性。宋徽宗时期更是大力推崇绘画艺术,在宫廷设立画院,对画家选拔采

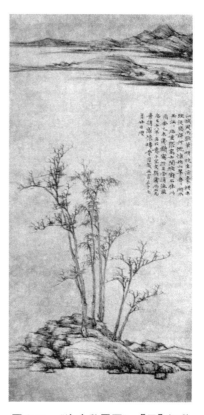

图 8.11　《渔庄秋霁图》　〔元〕倪瓒

---

① 　陶明君编著:《中国画论辞典》,长沙:湖南出版社,1993 年,第 291 页。

取严格的考核制度。宋徽宗倡导画院画家写生翎毛花卉,他甚至要求画家画孔雀时,连先抬右脚还是左脚都要搞清楚;画月季花时,要注意观察月季花在一年中不同时节的变化。理法和格法指的是绘画追求对象的准确性、完整性、合理性的法则和规律,这是绘画造型的根本要素。绘画的格调需要一定的绘画技巧方能传达,绘画须"道艺并进",才不是空中楼阁。

孔子说"游于艺",艺术是一种游戏,助于舒缓精神。而倪瓒所说的"抒发胸中逸气",则提出了文人画的精神所在,那便是绘画的主观意趣,绘画的表现成为一种个人精神的主旨。从古代的苏轼、倪瓒、黄公望到近现代的吴昌硕、齐白石都将绘画称为笔墨游戏,这不是贬低绘画,而是将绘画的精神意趣推向最高。要想创作出伟大的作品,绘画的"格法"与"格调"缺一不可,也只有兼具道和艺,作品才能与时代和欣赏者产生共鸣。

二、中国画的观照与变通

1. "澄怀观道"——中国山水画的卧游与畅神

"画中惟山水义理深远,而意趣无穷。故文人之笔,山水常多。"[①]中国的山水画是世界上独一无二的绘画种类,它不是一般意义上的风景画,而是中国人理想中的精神家园,是思想"神游"的理想境界。得益于中国地形中大山大河的自然风貌,在原始社会,先民们就满怀对自然的敬畏与神秘幻想。先秦时期的先哲们早已认识到山水与人的关系。庄子说:"山林欤,皋壤欤,使我欣欣然而乐欤。"道家认为山水可以给人慰藉,使人获得解脱。孔子则把这种热爱升华到把山水比作人的品德的境界,提出"智者乐水,仁者乐山。智者动,仁者静"。

魏晋南北朝,玄学发展了庄子超越功利的山水审美观,强调山水怡情养性的特征。所以魏晋名士们隐遁山林,远离尘世,追求放达自适并与山水天人合一之境界。玄学家孙绰在游览天台山后写道:"凝思幽岩,朗咏长川。尔乃羲和亭午,游气高褰。法鼓琅以振响,众香馥以扬烟。肆觐天宗,爰集通仙。挹以玄玉之膏,嗽以华池之泉,散以象外之说,畅以无生之篇。悟遣有之不尽,觉涉无之有间;泯色空以合迹,忽即有而得玄;……浑万象以冥观,兀同体于自然。"[②]玄学的理论对中国山水画、山水诗的出现产生了直接的影响,这种影响抛却具体功利的精神层面,不像儒家强调山

① 郑昶:《中国画学全史》,北京:中国书籍出版社,2016 年,第 300 页。
② 赵义山、李修生主编:《中国分体文学史·散文卷》,上海:上海古籍出版社,2001 年,第 277 页。

水的物质性,而是更多观照形式美。山水画理论家宗炳和王微都是隐逸山林的名士,他们都将欣赏山水与超脱的个人品格联系在一起。

　　当年迈的宗炳无法再攀登名山大岳时,他写下了《画山水序》,回忆旧日游历的山川。"今张绢素以远暎,则昆阆之形,可围于方寸之内。竖划三寸,当千仞之高;横墨数尺,体百里之迥。是以观画图者,徒患类之不巧,不以制小而累其似,此自然之势。如是,则嵩华之秀,玄牝之灵,皆可得之于一图矣。夫以应目会心为理者,类之成巧,则目亦同应,心亦俱会,应会感神,神超理得,虽复虚求幽岩,何以加焉?……峰岫峣嶷,云林森眇。圣贤暎于绝代,万趣融其神思。余复何为哉?畅神而已。神之所畅,孰有先焉!"他认为如果绘画能够唤起观者对山水的怀恋和向往的情感,那么绘画就可以替代山水,犹如身临其境。如果观赏者意会言传,他者也能够与其共赏和领会山水意境之美。自然之道蕴含于物象之中,通过山水画传达出来,打开画卷,将神思与画卷融为一体,如果要得到精神的愉快,没有比山水画更好的对象了。

　　珍藏在故宫博物馆的《游春图》是目前遗存较早的一张山水画。春日暖风和煦,山峦叠翠,小径蜿蜒,树木葱茏,湖面春波荡漾。游人闲适地在春光里踏青,或荡舟湖面,或轻骑出游。魏晋南北朝以来的绘画,从未有将山水作为画面主体来描绘的,山水往往只是画面主体人物的陪衬,所以画面呈现出"人大于山,水不容泛"的特点。而《游春图》却一改前态,将山水作为画面主体,屋宇舟桥和人物点缀于山水之间,在比例尺度上合理地将对象的远近、大小和层次关系展现出来,开创了中国山水画的全新格局。元代黄公望是中国画史上一位重要的承前启后的大画家,与倪瓒、吴镇、王蒙并称"元四家"。黄公望幼年聪慧过人,壮年入仕,几经坎坷,遭遇宦海沉浮的他,50 岁拿起了画笔,专攻山水画。前后花了大约 7 年的时间完成了杰作《富春山居图》。此幅画可谓中国山水画之里程碑作品,图画徐徐展开,富春江一带初秋时分迷人的景色如音乐般流淌而出,画家将一生之跌宕起伏与画面多变的山水景致结合在一起,意味无穷。

图 8.12　《富春山居图》(剩山图部分)　〔元〕黄公望

2. "殊体不殊"——中外交流中的佛教绘画

东汉末年开始传入中国的佛教艺术,从魏晋南北朝开始大行其道。在战乱纷呈的年代里,它给予彷徨无助的人们以心灵寄托,虽然来自异域他国,却被国人接受和信仰,宗教审美下的绘画和雕塑等艺术形式应运而生。佛教艺术通过对佛陀、菩萨等偶像的崇拜,将人们对现实世界的否定,转为对佛国天界的憧憬与来世的向往。"若存托生,生于天上诸佛之所。若生世界,妙乐自在之处。若有苦累,即令解脱。"[①]

中国以色彩为主的表现方法是在中古时期这一特定历史阶段形成和发展的,与同时期的西方绘画色彩表现形式和面貌不同,它有其自身的特点。在东晋十六国时期,在中国出现的以色彩为主的表现手法,主要是以佛教艺术这个载体传入中国的,它改变了汉以来五行象征色的主观色彩。佛教绘画提倡随类赋彩,表现物体的固有色,形成了宗教化的色彩观念。佛教经变故事画的对称构图和寺庙中群体佛像对称性的排列,决定了佛教绘画的色彩具有装饰性。

图8.13 《净土变相图》〔唐〕

佛教绘画和佛像输入中国以来,给中国绘画输入了雕塑一样的立体可塑性,这便是"晕染法"的使用。六世纪初的画家张僧繇开始使用天竺、西域流行的"凹凸法"来绘制寺观壁画,这是一种全新的表现方法,着意加强人物肉体的立体感,而非顾恺之所提倡的人物之神情。因此后世在评论此种画风时云:顾恺之得其神,陆探微得其骨,张僧繇得其肉。[②]

魏晋时期的纸本和绢本佛教绘画虽然没有留存下来,但是我们可以从新疆克孜尔石窟壁画、敦煌莫高窟的壁画和绢帛画中,窥探其面貌。十六国北朝的壁画多描绘释迦牟尼本生故事和佛传故事,如《萨埵那太子舍身饲虎图》

① 陈晶鑫:《洛都圣象:龙门石窟》,郑州:中州古籍出版社,2014年,第106页。
② 陶明君编著:《中国画论辞典》,长沙:湖南出版社,1993年,第208页。

《鹿王本生图》,其内容皆宣扬通过忍辱和牺牲,来成就佛教的崇高与伟大。画面多用赭石为底色,配合矿物颜料石青、石绿,充满戏剧式的悲壮气氛。到了唐代,在艺术风格上发生较大转变,色彩基调一下子鲜丽明亮起来。壁画内容以表现西方极乐世界的净土为主,金碧辉煌的楼台殿宇,笙歌燕舞的飞天与菩萨,犹如大唐盛景之气象。现藏在大英博物馆的八世纪唐朝的敦煌绢本画《净土变相图》,佛祖在菩提树下讲经,菩萨、众门徒和供养人跪坐于两侧,悉心受教;采用的基本描绘方式还是中国传统的线条勾勒成型,然后覆以重彩;在覆彩的方式上,明显受到来自印度和中亚佛教艺术绘画的影响,菩萨的脸部,在鼻子、下巴、脸颊各处用白色进行高光的处理,使其产生凹凸的立体变化。

受到佛教和其他文化对色彩的好尚影响,盛唐的人物画家更加擅长对人物体积和动态的表现。唐代许多著名画家都擅长宗教绘画,吴道子大量的绘画都是为寺庙绘制的壁画。吴道子创立的佛画样式被称为"吴家样",周昉也创立了水月观音体的"周家样"。佛教艺术虽然是外来形式,但是经过中国人的接受、吸纳与创作,到了唐代基本上已经完成了本土化的转变,成为中国传统艺术的重要组成部分。

3. "笔墨当随时代"——中国画的传承与创新

(1) 法与无法

无论是在任何时段的艺术家,都把创造性的寻求看作一种艺术价值的评判标准。创造性让艺术家的想象和艺术的媒介变得更加丰富多彩,也使观众的审美视野不断扩大。但应该如何理解艺术的创造性? 长期以来存在着多种关于创造性的争论,一种观点认为创造必须打破旧有陈规,一种认为创造是无须打破旧有规则的创新。这两种情况在中国艺术发展史上都有体现:一些作品具有新的特征,从而使它比其他同类作品更有效地扩大了功能的范围,但在根本上没有改变这类作品的创造方式;另一类作品则以完全不同于传统的面貌出现,打破了旧有规则,以崭新面貌出现。

图 8.14 《搜尽奇峰打草稿》 [清] 石涛

艺术之法在于艺术家的创造,古往今来,许多著名的艺术大师都强调创造的重要,他们得异于常人之处正在于他们独特的审美认识、创新的技法或表现。清初大画家石涛曾说:"一画之法者,以无法生有法,以有法贯众法也";"无法之法乃为至法";"古之须眉不能生在我之面目,古之肺腑不能安入我之腹肠,我自发我之肺腑,揭我之须眉"。艺术创造的过程从审美认识到审美表现,最后以作品形式出现。这里面所涉及的"法"的概念极为深刻,它不仅是指一种艺术创作的技巧,还指一种思维想象,一种表现审美意识和掌握媒介工具的综合能力。"法"与"无法"的关系,使我们看到艺术中传统的继承与创造性的转变两者之间辩证统一的关系。艺术中如果一味讲究传统,一味地摹仿古人,完全摒弃现实生活中的真情真景,艺术将会成为死板的复制和附庸。当然在艺术创作中,形式和技法的继承也有着重要的意义,但抛开生活的技艺,抛开形式的笔墨是没有意义的。

在艺术的活动中,创造往往比继承更加难能可贵,艺术创造来源于厚积薄发的知识和技巧的积累,而不是靠灵感与直觉。对于前人留下来的许许多多"古法",石涛主张有分析鉴别地接受。接受的目的是为了创新,接受容易,而变通古法是比较困难的,要"师古人之迹而不师古人之心"。我的思想感情和生活环境是不同于古人的,所以我所要求适用的法则也和古人不同。提倡"我用我法""无法至法"是艺术的最高境界,画家忘记了法,实际上仍有法,只是这种法随心所欲不逾矩而已。

（2）笔墨当随时代

古往今来,许多画家都意识到绘画随着时代在不断嬗变,唐画重"实",宋画尚"理",元画重"意",明清画尚"趣",各个时代绘画呈现的风貌都不同。石涛说"笔墨当随时代";吴冠中说"脱离了具体画面的孤立的笔墨,其价值等于零"。中国画自古以来就是时代精神的体现,脱离了时代和当下环境的艺术只能是一味"摹古"的孤芳自赏。齐白石是二十世纪最有影响的国画大家之一,虽是木匠出身,但是后学诗文、书画,一直保有孩童般的天真与童心。他的绘画除了从民间艺术中吸收营养外,更加注重吸纳前辈画家之精髓,他学习徐渭、八大山人、石涛、"扬州八怪"和吴昌硕,这些影响也可以在他的绘画作品中找到印记,他自题画诗曰:"青藤雪个远凡胎,缶老衰年别有才。我欲九原为走狗,三家门下转轮来。"天才的领悟能力,使齐白石学到了前人的精神,而不是形式。

图 8.15 《寿桃图》
[近代] 齐白石

近代中国画遇到了前所未有的挑战，西洋画传入中国，要求绘画革新、改良和调和的呼声高涨，守旧派和革新派争斗不休。康有为提出了中国绘画既要"合中西"，又要保持唐宋正宗风格的思想。这种复古又更新的矛盾思想，影响到后来许多画家。后继者徐悲鸿、林风眠和刘海粟等许多画家，身体力地行对中国画进行了新的改造，产生了前所未有的影响，开启了二十世纪中国画中西融合的新局面。

艺术的法与无法，让我们认识到艺术教育中创造力的价值。创造是人类的基本驱力，创造力的发展是情感、生理、社会、意识、美感等综合因素发展的结果。当前中国走向世界，必然会对中国画的旧有模式产生巨大的冲击，有些人忧心忡忡，其实大可不必。中国绘画传统不是一成不变的，也不是一脉相承的，而是历经沉淀，多元发展的。如果五千年的中国文化只是近亲繁殖，早就和世界上其他一些古文化一样只能供人凭吊了。在全球化的大趋势中，中国画势必会在继承传统的基础上，吸收更多的艺术文化因素，在形形色色的变化中，顺应中国风土人情才会得到发展，反之，则仅会昙花一现，所以笔者认为中国绘画在全球化过程中终究是会和而不同的。正如习近平总书记所讲："中华民族创造了源远流长的中华文化，中华民族也一定能够创造出中华文化新的辉煌。"①

---

① 2013 年 8 月 19 日，习近平总书记在全国宣传思想工作会议上的讲话。

第九章　中国智慧的声乐表达

中国的崛起不是一个普通国家的崛起,而是一个五千年连绵不断的伟大文明的复兴。五千年文明积淀的博大精深的中国智慧中,中国声乐艺术占据怎样的独特地位,具有什么样的社会功能? 中国声乐艺术如何体现中华文明,如何表达中国智慧? 站在新的历史起点上,我们需要积极从中国声乐艺术宝库中汲取艺术营养和思想价值,以丰富和激励我们的精神世界,发展和弘扬中华民族文明,更好地协调"人与人""人与自然""人与自我"的关系,更好地推动人的全面发展与社会全面进步。

问题一:如何理解"礼""义"在中国声乐艺术中的体现?

问题二:哪些当代声乐作品表达了"仁"的思想,体现"人与人""人与自然""人与自我"之情? 欣赏这些作品,你听到了什么?

问题三:你欣赏的中国声乐作品中,有哪些作品突出体现了"和"这一审美准则,你是如何从中体会这一准则的?

问题四:"和"是中华民族文化的核心理念,也是一种美学原则。你认为提高中国声乐艺术修养对于认识理解和把握中华文化具有什么意义? 对于提高跨文化交流能力会有什么帮助?

中国智慧博大精深,是中华民族对自然界、对人类历史和社会现实世界的认识积淀发展形成的精神财富和思想宝库。《周易》《孙子兵法》《论语》是中国智慧,马克思主义中国化是中国智慧,汉字、中医是中国智慧,唐诗、宋词和民歌也是中国智慧。在中华文明发展的历史进程中,中国智慧的表达方式丰富多彩。我们从中国声乐发展历史、中国声乐作品的思想内涵和艺术表达形式中,时时、处处可以感受到中国智慧的光辉。认识了解中国声乐艺术所蕴含的中华文明智慧,有助于我们理解中华文化的独特魅力,增强中国文化自信,也有助于我们提升声乐艺术修养,丰富个人精神生活。

一、中国声乐的传统和特征

中华民族在一代又一代的生活和劳动中,不仅创造了丰富的物质财富,而且创造了包括声乐艺术在内的光辉灿烂的精神财富。中国声乐艺术是中华多民族多区域不同文化在几千年传承中积淀形成的,不仅源远流长,而且源多流长,体现了中国声乐艺术的独特魅力。

1. 中国声乐发展源远流长

从历史发展的纵向角度看,中国声乐发展源远流长,大致可以分为五个历史时期。

远古到夏商周时期。原始的音乐在人们的狩猎和采摘等劳动中自然产生,伴随着祭祀、农事、战争、婚恋等人类活动,产生了歌舞乐一体的艺术形式。相传在上古时期的尧、舜、禹时代,就有《虞帝歌》《击壤歌》。尧帝时代到周朝,形成了较完整的乐舞,如带有史诗性质的乐舞"六代乐舞"①,大多都是颂扬各个时期的最高统治者,另外还有"六小舞"②"散乐"③"四夷之乐"④等乐曲形式。夏朝出现了以治水为内容的歌曲《大夏》。在西周时期,音乐的阶级化和等级化已经十分明显,制定了"礼乐制度"。

春秋战国到秦汉时期。孔子将从民间收集来的周朝诗词编撰成《诗经》,屈原始创浪漫主义新诗体诗歌总集《楚辞》,它们代表着我国这一时期南北音乐文化、现实主义与浪漫主义的不同特点,对后世的诗歌与音乐发展产生了深远影响。春秋时期出现了历史上第一部拥有完整体系的音乐理论著作《乐记》,记载了有关声乐演唱的论述。春秋时期的音乐思想与儒家、墨家、道家学派融合发展,在世界音乐思想史上占有十分重要的地位。战国时期出现了职业歌手,如代表人物秦青等。秦并六国后,在宫廷设立音乐机构"乐府"。秦亡,汉立,乐府机构得以保留,歌唱艺术走向专业化,汉代由此成为我国民歌的一个发展高峰。这一时期的声乐以"声"为中心,歌唱者注重音量的宏大、连贯、弹性及音域的宽广。

---

① 六代乐舞,又称六乐或六舞,是远古时期的中国乐舞,包括黄帝时期的《云门大卷》、唐尧时期的《大咸》(也称《大章》)、虞舜时期的《韶》、夏禹时期的《大夏》、商汤时期的《大濩》以及周武王时期的《大武》。

② 六小舞,是用于教育贵族子弟的乐舞教材,有时也用于祭祀场合,包括《帗舞》(执长柄饰五彩丝绸的舞具而舞)、《羽舞》(执鸟羽)、《皇舞》(执五彩鸟羽)、《旄舞》(执牦牛尾)、《干舞》(执盾)、《人舞》(不执舞具,以舞袖为容)。

③ 散乐,是指中国的百戏和杂戏,它是一种由周代的民间乐舞发展而成的曲艺、杂耍和音乐结合成的节目。

④ 四夷之乐,是指来自秦、楚、吴、越等边区各民族的音乐,多属歌舞性质,伴奏以吹奏乐器为主。

魏晋到隋唐时期。魏晋的歌曲,主要是"相和歌"(也称"徒歌",采用清唱无伴奏的形式),逐步发展为"但歌"(清唱加帮腔伴唱的形式)。这一时期的声乐技术逐步趋于成熟,综合性的声乐表演占据主流,典型的表演形式包括"清商乐""吴歌"①"西曲"②。隋唐时期的宫廷燕乐表演形式包括"歌舞大曲"③"俗讲"④"参军戏"⑤"散乐百戏"⑥等,其中"歌舞大曲"占据重要地位,如《霓裳羽衣舞》⑦。这一时期代表人物如遂和子、李龟年等,声乐以"情"为中心,艺术审美发生变化,歌词的情感内涵被提升到重要地位。

宋元明清时期。宋元时期出现了以鼓、拍板和笛为伴奏的艺术歌曲"唱赚"⑧,代表宋代艺术歌曲的最高形式。南宋末年出现了新的艺术形式"散曲",并与"杂剧"一起构成了"元曲"的两个部分。说唱音乐在宋元时期得到丰富,出现"鼓子词""诸宫调"等形式。宋元的声乐理论有《梦溪笔谈》《唱论》等。明清时期,小曲和说唱音乐得到发展,说唱音乐主要分为南方的弹词和北方的鼓词。戏曲得到普及,形成以文学剧本为主体,伴有音乐舞蹈、表演的综合艺术形式,代表性的声乐专著包括魏良辅《曲律》、徐大椿的《乐府传声》等。这一时期的声乐以"意"为中心,超越歌词本身的意境追求被提升到主要层面。

近现代时期。中国近现代的声乐发展以二十世纪初学堂乐歌为开端,代表作包括沈心工的《黄河》、李叔同的《送别》等,民族歌剧在本时期也进入萌芽阶段。二十年代,北京女子高等师范音乐科、北京大学音乐传习所等一批专业音乐机构建立,培养了许多优秀的声乐人才,西洋歌唱方法开始传播,艺术歌曲创作进入尝试阶段,代表作包括肖友梅的《问》、赵元任的《教我如何不想他》等。三四十年代,中国声乐创

---

① 吴歌,指《乐府诗集·清商曲辞》所收主要产生于长江下游,以建业为中心一带地区的南朝民歌,现存吴歌以表现男女爱情为主。

② 西曲,指《乐府诗集·清商曲辞》所收主要产生于长江中游和汉水两岸,以江陵为中心地区,包括其周围一些城市的南朝民歌,西曲多写商人妇的相思离别和劳动者的爱情生活。

③ 歌舞大曲,是唐代新形成的一种集器乐、舞蹈、歌曲于一体,含有多段结构的大型乐舞,在隋唐宫廷燕乐中具有重要地位,也代表着隋唐音乐文化的高度水平。

④ 俗讲,中国说唱文学体裁名,古代寺院讲经中的一种通俗讲唱,流行于唐代,多以佛经故事等敷衍为通俗浅显的变文,用说唱形式宣传一般经义。其主讲者称为"俗讲僧"。

⑤ 参军戏,是中国古代戏曲形式,由优伶演变而成。内容以滑稽调笑为主,一般是两个角色,被戏弄者名参军,戏弄者叫苍鹘(hú)。至晚唐,参军戏发展为多人演出,戏剧情节也比较复杂。

⑥ 散乐百戏,是中国古代由传统民间音乐、技艺发展而成的多种艺术和娱乐表演品种的泛称,大体包括歌舞、器乐、角抵、武术、杂技、魔术以及杂剧等,范围因时而略异。

⑦ 《霓裳羽衣舞》,一种唐代的宫廷乐舞,是唐代歌舞的集大成之作。安史之乱后失传,南宋姜夔发现商调霓裳曲的乐谱十八段,这些片断保存在他的《白石道人歌曲》里。

⑧ 唱赚,是传统说唱艺术的一种,中国宋代民间流行的歌唱伎艺。唱赚是在北宋"缠令""缠达"的基础上发展而成的一种传统说唱艺术。

作进入繁荣时期,产生了多样的富有个性特征的艺术手法,代表作包括黄自①的《玫瑰三愿》、青主②的《我住长江头》、聂耳的《义勇军进行曲》、冼星海的《黄河大合唱》、贺绿汀的《嘉陵江上》、郑律成的《延安颂》等。经典民族歌剧《白毛女》由延安鲁迅艺术学院集体创作,贺敬之、丁毅执笔,马可、张鲁等作曲,不仅在中国歌剧历史上成为一个重要的里程碑,而且在中国文艺史上也写下了光辉的一页。王昆、郭兰英等声乐表演艺术家为中华民族歌剧表演体系的建立和民族演唱艺术的发展作出了开拓性的贡献。

中华人民共和国成立后,艺术歌曲创作在运用民族民间音调方面进行了大胆的尝试,抒情歌曲和民族歌剧也得到快速发展,代表作包括丁善德的《爱人送我向卜葵》、刘炽的《我的祖国》、施光南的《小鸟,我的朋友》等,以及民族歌剧代表作《洪湖赤卫队》《红珊瑚》《草原之歌》等。进入二十世纪八十年代以后,我国的声乐艺术有了飞跃性的提高,以喻宜萱、周小燕、沈湘等为代表的卓越的声乐教育家,形成了自己独特的教学风格,为国内外歌坛输送了大量优秀歌唱家。改革开放后,中国声乐走向更科学、更完善的声乐高级阶段,代表作品包括施光南的《在希望的田野上》、王酩的《难忘今宵》、谷建芬的《年轻的朋友来相会》、陆在易的《我爱这土地》等,并出现了融合咏叹调、宣叙调的《星光啊星光》《伤逝》《木兰诗篇》等优秀民族歌剧作品。代表性声乐表演艺术家包括朱逢博、李谷一、彭丽媛、宋祖英等,她们赋予了歌曲时代精神,迎合了听众的审美需求,释放了听众的心声,深受广大听众欢迎。

2. 中国声乐文化源多流长

从地域和民族特征来看,中国声乐的地域特征明显,各民族声乐风格迥异。多源头汇聚发展,构成中国声乐文化的多元多样性。

中国幅员辽阔,不同地域的生产生活方式不同,形成了不同风格的民族声乐。西部地区多高原,气候干燥,生产生活方式以游牧为主;东部地区多丘陵和湖泊,属季风气候,生产生活方式以农耕为主;北方以温带季风气候为主,四季分明、天气多变;南方属亚热带季风气候带,气候温润。东西南北的环境气候差异显著,不同地区的历史、语言、风俗差异,自然和人文诸多因素相互影响、相互交融,形成了多元化的

---

① 黄自(1904—1938),江苏川沙(今属上海市)人。中国二十世纪三十年代著名的现代作曲家和音乐理论家、教育家,也是最早全面系统地传授专门作曲技术和音乐理论的专业作曲家。

② 青主(1893—1959),原名廖尚果,又名黎青主,广东惠阳县府城人(今惠城区桥西),中国音乐理论家,代表作品有《大江东去》《我住长江头》《清歌集》等。

审美特征、语言特征和欣赏习惯,声乐的地域特征明显。

现在收集整理的三百多个戏曲种类中,有许多影响广泛的剧种,如京剧、昆曲、秦腔、河南梆子、川剧、越剧、黄梅戏、花鼓戏等,还有不少民族和地方的音乐,如青海的"花儿"①、蒙古族的"长调"②等。剧种和曲种丰富,民歌唱法和风格不同。北方的民歌粗犷奔放、旋律刚劲流畅,南方的民歌细腻委婉、曲调悠扬柔和;高原地区的山歌高亢明亮,平原地区的民歌舒展宽广。具体而言,北方民歌高亢、悠长、嘹亮,真假声相结合,如陕北民歌《赶牲灵》、山西民歌《绣荷包》、东北二人转《大西厢》和河北莲花落《闹稽山》等;南方民歌含蓄内在,其旋律多表现得婉转、流畅、细腻、抒情,如云南民歌《放马山歌》、浙江民歌《对鸟》等。

中国自古就是多民族国家,伴随着朝代更替、人口迁徙,各民族不同的生产方式、语言、宗教习俗和风俗习惯相互交汇融合,形成了各民族个性鲜明的民族音乐特征,如蒙古族的"长调""呼麦"③、维吾尔族的"木卡姆"④、彝族的"海菜腔"⑤等。各民族声乐在语言、嗓音和音调上,有着不同的演唱风格和技巧,衬词多样。蒙古族民歌分成长调和短调两类,从音乐色彩上来说,短调一般节奏鲜明、欢快、热烈,声音要求挺拔刚劲,如《嘎达梅林》;长调则节奏很自由,旋律悠长,起伏度大,如《牧歌》。维吾尔族民歌兼收了中原音乐、印度音乐、波斯—阿拉伯音乐的有益营养,内容广泛、形式多样、风格浓郁,衬词有长有短,旋律生动活泼,热情奔放,代表作包括《阿拉木汗》《达坂城的姑娘》等。苗族歌谣古朴浑厚,苗族"飞歌"⑥高亢嘹亮,余音震山梁,极富感染力,代表作包括《歌唱美丽的家乡》等。彝族民歌的特点是想象独特、辞藻朴实、耐人寻味,内容多以劳动场面为主,包括叙事歌、劳动歌、仪式歌、爱情歌和儿歌等形式,代表作包括《四大腔》和《弥渡山歌》等。藏族民歌种类繁多,主要有山歌、牧歌、情歌、酒歌等,曲调悠扬辽阔,风格淳朴自然,在音乐色彩上有奔放、热情、粗犷、刚健的特点,代表作有《我的家乡日喀则》《宗巴朗松》等。

---

① 花儿,是流传在中国西北部,由当地汉、回、藏等民族创作的民歌,因歌词中把女性比喻为花朵而得名。"花儿"产生于明代初年(公元1368年前后),2006年被列入第一批中国国家级非物质文化遗产名录。
② 长调,蒙古歌民主要艺术形式之一,主要流行于牧区。长调旋律悠长舒缓、意境开阔、声多词少、气息绵长,旋律极富装饰性(如前倚音、后倚音、滑音、回音等),尤以"诺古拉"演唱方式所形成的华彩唱法最具特色。
③ 呼麦,又称喉音唱法、双声带唱法等,是蒙古族最古老的艺术形式之一。歌手纯粹用自己的发声器官,在同一时间里唱出两个声部,在中国各民族民歌中,它是独一无二的。
④ 木卡姆,在现代维吾尔语中,意为"古典音乐"。新疆维吾尔木卡姆艺术是一种集歌、舞、乐于一体的大型古典音乐综合艺术形式,是流传于新疆各维吾尔族聚居区的"十二木卡姆"和"刀郎木卡姆""吐鲁番木卡姆""哈密木卡姆"的总称。
⑤ 海菜腔,俗称石屏腔,它是滇南四大腔之首,起源于石屏县异龙湖附近的原生态民歌。海菜腔原为民歌小调,现已发展成数十种"曲子",其演唱形式独具一格,被誉为民族中的"美声"唱法。2006年被列入第一批中国国家级非物质文化遗产名录。
⑥ 飞歌,是苗族歌曲的一种,流行于台江、剑河等一带,以台江施洞地区歌最为优美。飞歌的音调高亢嘹亮、豪迈奔放、明快,唱时声振山谷,有强烈的感染力。多用在喜庆、迎送等大众场合,见物即兴,现编现唱。

3. 中国声乐艺术风格独特

中国声乐集戏曲、说唱、歌舞等姊妹艺术之大成,有着深厚的民族文化底蕴和丰富的思想内涵,具有独特的艺术风格。

一是中国声乐语言具有独特性。语言在声乐中占据重要的作用,中国声乐主要以汉语言为基础,更加突出对于吐字发音的要求,强调每一个字词发音要字正腔圆。大部分民族声乐语言通俗易懂、平白如话,具有通俗性、叙事性和方言性的特征,如《康定情歌》《龙船调》等。说唱音乐、叙事性诗歌、民歌和史诗歌曲一般通过叙述完整的故事来表达歌曲内容,如《走西口》《孟姜女》《绣荷包》等。由于民族和地域的差异,方言性是中国声乐语言的典型特征之一。不同的戏剧、戏曲、民歌方言作品代表了各自独特的艺术魅力,如京剧、川剧、越剧、豫剧、粤剧、黄梅戏方言迥异,特色鲜明。民歌方言贴切自然,色彩浓烈,如贵州民歌《摘菜调》的"清哎早起来,轻轻把门开嘛,姐妹走出来,姐妹去摘菜";陕北民歌《三十里铺》的"提起个家来家有名,家住在绥德三十里铺村",乡音浓郁,饱含着对一方水土的爱恋和乡情,给人以独特的艺术享受。

中国声乐语言的独特性还体现在其具有音乐性、准确性和形象性的艺术特征。音乐性是汉字一字单音节及其声、韵、调的艺术化特质,这是中国声乐语言与生俱来的一种性质。如《在希望的田野上》中的四字句歌词,"一片冬麦,一片高粱;十里荷塘,十里果香""为她富裕,为她兴旺"等,表达集中简洁、欢快热烈。准确性是民族声乐艺术表现的最基本要求,"字正腔圆"成了声乐艺术的重要创造原则,而"依字行腔"或"腔随字走""字领腔行"又是"字正腔圆"的重要表现方法与步骤[1],如京歌《梨花颂》[2],歌唱的语言贴近京腔京味,声母发音讲究"寸劲",字头的发音敏捷、清晰、有劲。例如歌谱里"此""一"的发音咬字清晰,上下通畅,音色柔美。形象化来源于反映丰富多彩生活的需要,也是由民族声乐艺术必须借助形象思维的规律所决定的,如维吾尔族民歌《阿拉木汗》里将阿拉木汗姑娘的形象描述为"她的眉毛像弯月,她的腰身像绵柳,她的小嘴很多情,眼睛使你能发抖",可谓栩栩如生、惟妙惟肖。

二是中国声乐具有独特的审美特征。"声情并茂"是我国民族声乐艺术自古以来的审美理念和追求的艺术境界,即以"诗化语言"为基础,以"字正腔圆"为审美取向,以"情"为核心表达内涵,采用独特的"韵味"演唱。从《诗经》、楚辞到唐诗、宋词、元曲,诗词与乐曲一直是密不可分的,"诗化语言"富有节奏与韵律美。如《一首桃

---

① 冯康:《论声乐语言的美学特征》,《理论学刊》2005 年第 8 期,第 125 页。
② 《梨花颂》,新编历史京剧《大唐贵妃》的主题曲,杨乃林作曲,翁思再作词,属于京歌。

花》对桃花轻声漫长的吟咏："那一颤动在微风里,她又留下淡淡的,在三月的薄唇边,一瞥一瞥一瞥,多情的痕迹哟。"又如《漓江情》对烟雨漓江的诗意表达："如蝶如燕漓江的船,如云如烟漓江的帆,如梦如幻漓江的水,如诗如画漓江的山。"这些诗画语言都极具民族声乐积极追求的语言特征。

"字正腔圆"是中国声乐艺术的最高审美标准,它不但表达了声乐形态的通畅圆润,还蕴含着声乐神韵的传情达意。其中"润腔"是中国声乐艺术独特的演唱风格,是判断声乐艺术表现审美价值的重要标准。以"情感"为歌唱的表达方式,既有中国声乐的自身特色,又具有一贯性和主导性。"韵味"是字、声、情、形的全面展示与配合,是中国声乐演唱的精髓和灵魂,实质上是对"声情并茂"艺术境界的追求。

当然,我国数千年的文明史,复杂的地域、众多的民族,造就了各个民族和地域的差异,因不同的风土人情,不同的审美要求,不同的欣赏习惯,不同的语言特征、表演风格、感情表现、精神气质等。每个民族声乐在音调、节奏、嗓音的运用上,都具有自己的艺术特征,形成了多元化的演唱技巧和风格。如蒙古族长调的"诺古拉"唱法[①]、藏族民歌的"振谷"唱法[②]、陕北民歌的"信天游"唱法等,这些具有鲜明民族特色和个性的声乐艺术,共同造就了中国多元的声乐艺术。总的来说,与西方的声乐艺术相比较,中国声乐艺术更加强调精、气、神、韵,强调演唱的即兴性与个体的创造性。语言、韵味在歌唱中往往占主导地位,这样的审美理念是中国声乐文化内涵的重要基础。

4. 中国声乐艺术社会功能丰富

音乐的社会功能是与生俱来的。音乐,从她诞生的远古时代开始,就对人,对社会产生作用。人们也认识到,音乐具有一种无形的精神力量,影响着社会,影响着人。孔子曰:"移风易俗,莫善于乐。"[③]贾谊认为,"教之《乐》,以疏其秽,而填其浮气"[④]。司马迁则认为,"夫治国家而弭人民者,无若乎五音者"[⑤]……中国历代文人和治理者,都认识到音乐的社会功能,期望"鸣琴而治"[⑥]"琴音调,而天下治"[⑦],以美妙动听的音乐教化人、激励人,促进社会和谐稳定发展。在音乐发展的历史中,不同

---

① "诺古拉"(蒙古语音译,波折音或装饰音)唱法,是一种包含不同高音的装饰性歌唱技巧,它与蒙古长调的长音节奏巧妙结合,相辅相成,形成了复杂丰富的韵律韵味。
② "振谷"(藏语意为"嗓间拐弯处")唱法,即在"嗓间拐弯处"很有规律、很巧妙地演唱,是藏民族自古以来特有的演唱技能。
③ 《孝经》:"子曰:'教民亲爱,莫善于孝;教民礼顺,莫善于悌;移风易俗,莫善于乐;安上治民,莫善于礼。'"
④ [西汉]贾谊《新书·傅职》:"教之《乐》,以疏其秽,而填其浮气。"
⑤ [西汉]司马迁:《史记》卷四六《田敬仲完世家》。
⑥ 《吕氏春秋·察贤》:"宓子贱治单父,弹鸣琴,身不下堂,而单父治。"
⑦ [西汉]司马迁《史记》卷四六《田敬仲完世家》:"故曰琴音调而天下治。夫治国家而弭人民者,无若乎五音者。"

的地域、不同的民族产生各自独特的声乐艺术，而不同的声乐艺术也以自己独特的文化内涵和艺术形式滋润人们的情感和思想，影响着人类社会生活。中国声乐艺术的社会功能主要体现在：

礼仪功能。声乐艺术来源于各民族人民的生活，是一个时代、一个地域民俗民风的体现。礼仪功能是声乐社会功能的重要组成部分之一。例如，人生礼仪是民族声乐的一个重要功能。在我国许多民族中，有人生四大礼仪的习俗，即诞生、成年、婚姻和死亡。民歌就贯穿于人生最重要的四个阶段，成为人生礼仪的重要内容。例如，彝族接生婆所唱的《秧子歌》，广西壮族男子成年时所唱的《十八岁之歌》，蒙古族、普米族的婚礼歌曲，汉族、哈萨克族、柯尔克孜族等的《伴嫁歌》（或《哭嫁歌》），壮族、苗族的丧葬歌曲等，都是中华礼仪文化的传承。再如，中国许多地区每逢春节、元宵等传统节日中，农民们便会自动组织起来，跑旱船，扭秧歌，边舞边唱。所唱的歌曲，各地都不相同，其中能影响全国、最为音乐界推崇的，当属陕北地区的《跑旱船》。这首民歌结合了山歌的某些特征，曲调高亢，旋律线起伏大，情绪热烈，词句形象具体、鲜明，把跑旱船的演员角色惟妙惟肖地表现出来了。边歌边舞散发的活力，更体现了民间歌舞的特征，充分表达了人们节日里喜庆的心情和对美好生活的向往。

教育功能。乐之所以能为教，是因为乐的形式最为人民喜闻乐见。乐有音调，有节奏，有强烈的感染力，闻声而心从，润物细无声，"可以善民心，其感人深"[①]，"足以感动人之善心而已矣"。中国自古以来重视发挥音乐的教化功能，礼乐并举，形成了"兴于《诗》，立于礼，成于乐"[②]的育人成才规律。音乐教育对于凝聚共同感情、形成统一意志具有不可替代的作用，往往是民族生存、斗争与发展的重要精神力量，是开展爱国主义教育的重要载体。例如，《秦风·无衣》取自《诗经》，是一首激昂慷慨的战歌，表现了秦国军民团结互助、共御外侮的高昂士气和乐观精神。《沂蒙山小调》是一首山东经典民歌，被联合国教科文组织评定为中国优秀民歌，蜚声海内外；其前身是1940年沂蒙山区以抗日为主题的作品，1953年修改为歌颂家乡的主题，定名为《沂蒙山小调》，由此"沂蒙好风光"逐步渗入人们的心灵中，成为沂蒙大地的主题形象，也成为爱国主义教育的生动教材。

认识激励功能。这也可以理解为音乐具有超越现实的引导功能，能使人们在黑暗中看到光明，在困难挫折中看到未来与希望，唤起人们追求美好生活的愿望。例

---

① 《乐记·乐施》："乐也者，圣人之所乐也，而可以善民心，其感人深，其移风易俗，故先王著其教焉。"
② 《论语·泰伯》："子曰：'兴于《诗》，立于礼，成于乐。'"

如，《卜算子·咏梅》是毛泽东读陆游同题词，反其意而作的诗词；京歌《卜算子·咏梅》①取词于毛泽东的这首诗词，赞美梅花的美丽、积极、坚贞，"已是悬崖百丈冰，犹有花枝俏"，体现了革命者的坚定信念，坚冰不能损其骨，飞雪不能掩其俏，险境不能摧其志。再如，《义勇军进行曲》是在中华民族处于最危险的时候诞生的，是号召人民奋起抵抗入侵者，歌曲雄壮激烈，催人奋进。《春天的故事》《走进新时代》则鼓舞全国人民积极推进经济建设，齐心协力，加速改革开放步伐。

审美熏陶功能。音乐可以帮助人们愉悦身心、陶冶情操、提高审美能力与审美情趣。高尚的音乐以其特有的魔力渗透人们的心田，以其潜移默化的方式使人接受某种道德情操、精神品质、意识观念的熏陶及渗透，从而使人们达到崇高的思想境界。② 例如，《枫桥夜泊》③借景抒情，勾画了月落乌啼、霜天寒夜、江枫渔火、孤舟客子等景象，有景有情有声有色，丝丝入骨。《一首桃花》④是一首咏叹调，选自《再别康桥》，是林徽因在1931年于香山双清别墅养病期间，与徐志摩重逢时创作的诗歌，以此谱就的咏叹调注重声、情、意境三位一体，既有中国传统诗歌的柔美和细腻，又有西方文化的浪漫和创新。

社会和谐促进功能。音乐沟通了人与人之间的情感交流，又增强了人们的群体意识和认同倾向，推动了人际关系的和谐发展。例如，《故乡是北京》⑤通过对古城北京的传统景点、现代都市风貌以及特色美食来激发蕴藏在人们心中的丝丝乡情，使人感到情真意切，歌曲朴实而贴近生活。旋律以京剧的"西皮"唱腔为基本素材，高亢激昂，明快嘹亮，昂扬着对故乡北京的无比自豪感。《北京欢迎你》作为2008年北京奥运会的主题歌，采用民谣形式，以北京普通人家的视角，以热情的音符表达北京奥运到来时人们喜悦的心情，展示北京乃至中国悠久的文化历史，表现了欢迎世界各地的友人到北京参加奥运会的积极姿态和真挚感情。

二、中国智慧的声乐表达

中国的声乐艺术根植于中华文化土壤，并以自己的艺术形式表达中国智慧，传承和弘扬中国智慧。乐是中华文化内涵的直观表达。中国人历来追求"以乐修身"

---

① 《卜算子·咏梅》是作曲家孙玄龄于1966年创作的京剧唱腔歌曲（俗称为戏歌）。
② 李民征：《浅谈音乐的社会功能》，《教育教学论坛》2013年第8期。
③ 《枫桥夜泊》取词于唐代诗人张继的同名诗篇，由作曲家黎英海作曲，是古诗词艺术歌曲中的经典之作。
④ 《一首桃花》由林徽因作词，周雪石作曲，是《再别康桥》中的一段咏叹调，选自剧中第五幕"双清重逢"。
⑤ 《故乡是北京》是一首由闫肃作词、姚明作曲的戏歌。浓郁的京腔京韵博得了亿万听众的喜爱，风靡大江南北。

"以乐祭祀天地"。古人作乐,讲求中正平和,天人合一,"以己之心会物之神,以达于天地之道"。中国文化传统中,儒道释等思想各有不同。儒家圣人追求仁义道德,道家的理想是参悟天地之道,禅宗认为最高智慧在于自我觉悟,即所谓"以儒济世、以道修身、以佛养心"。儒家的智慧反映了人生在世的智慧,始终将天地放在基础位置,追求人与人的"中和"。道家智慧的核心是人与自然关系的智慧,主张自然无为,追求人与自然的"天人合一"。禅宗智慧的根本是心灵的智慧,回到光明的自性,追求人与自我的"光明自性"①。中华文明发展过程中形成了丰富的哲学思想、人文精神、教化思想、道德理念,反映了中华民族的精神追求,是中华民族生生不息、发展壮大的重要滋养。在中国传统文化百舸争流的过程中,儒家思想文化长时期占据主导地位,影响也最为深刻深远。儒家思想深厚的人文关怀和生命关怀,深邃的人生信念、高尚品格和生命境界对中国声乐产生了深刻的影响。因此,理解中国智慧的声乐表达这一话题时,对于中国声乐艺术如何体现中国儒家智慧,自然就成为最主要的关注点。

1. "礼"的声乐表达

"礼"是中国文化的重要概念。中国在几千年的发展历程中,虽然几度由内乱、外族入侵而导致割据、分裂局面,但在整体上仍然维持了政治与文化的一统。"礼"是一个重要的共同价值标准,对于维系中国文化的统一性和稳定性起到了巨大的历史作用,对中国文化的传承和发展也作出了重要贡献。② 在中国传统文化中,"国之四维"的"礼义廉耻"中有"礼",仁义礼智信之"五常"中有"礼",孝悌忠信礼义廉耻之"八德"中有"礼"。可以说,中国之所以称其为中国,离不开"礼"字,故"礼仪之邦"被直接用来代称中国和称赞中国的文明。

在中国传统文化中,"礼"是人性的基础,是人类文明社会最主要的特征之一。礼是关于个人在社会中的地位和关系的规范,是维护社会秩序和正义的需要。礼也是一种道德规范,引导人们向善和自律。人们通过知礼、守礼,达到社会和谐的境界,在彼此遵守社会秩序的情况下达到和谐,达到最美的境界。所以《论语》曰:"不知礼,无以立也。"③

在中国传统社会,"礼"就是规范、秩序。"礼"的内容繁多,范围广泛,涉及人类各种行为和国家各种活动,它既是维系社会伦理秩序的制度规范,又是每个人必须

---

① 彭富春:《论中国的智慧》,北京:人民出版社,2010年。
② 刘丰:《儒家礼乐文化的历史价值与当代启迪》,《中原文化研究》2014年第4期。
③ 《论语·尧曰》:"孔子曰:'不知命,无以为君子也;不知礼,无以立也;不知信,无以知人也。'"

遵守的道德行为准则。从古代中国的家庭到家族、国家,都是按照"礼"的原则建立起来的。从国家典制到建筑,以及人们的服饰、行为方式等,无不贯穿着礼的精神。从宏观上说,礼是用来经世安民,有着治理国家、安定社会、秩序人民、利益子孙之功用。中国古代有"五礼"之分,即吉礼、凶礼、宾礼、军礼、嘉礼。从微观上说,礼是用来举行典礼仪式的,在日常生活中又以婚礼、丧礼最具代表性。

现代中国政治文明和社会文明需要继承弘扬"礼"的合理内核。作为社会规范,礼要求处于一定社会中的个人忠于职分,各得其所。发挥礼的作用,就是要最大限度调动社会各方面的积极因素,有效凝聚人心。社会生活、家庭生活的礼节教育,让人们在潜移默化中端正自己的言行,养成孝亲睦邻、敬业乐群、尊师敬长、温良谦恭的德行。"礼尚往来"作为人际互动、社会生活、国际交往的重要准则,是常识,是睿智。可以说,"礼"是中国对世界文化的独特贡献,为解决当今世界的冲突提供一个值得借鉴学习的系统性原则。从社会文明的角度讲,可以说,只有当礼乐精神成为社会主义精神文明的组成部分,成为中国人的社会意识和文化精神,我们才能真正实现群体的和谐、社会的和谐以及我们与世界的和谐。

音乐在礼的表达中发挥着重要作用。从礼乐文明的发展历史来看,早在西周,古代先贤就通过制礼作乐,用于祭祀天地、四方和祖先,也用于朝堂、宴会和婚庆,形成了一套颇为完善的礼乐制度,并推广为道德伦理上的礼乐教化,用以维护社会秩序上的人伦和谐。例如,文舞《大韶》就是集乐、歌、舞、礼为一体的庙堂祭祀乐舞,孔子认为其尽善尽美,闻《韶》音,三月不知肉味。自周朝以后,历史上每个朝代兴起后都要有一番"制礼作乐"的活动,通过改造或创新,创造适合当代的礼乐,如南朝的清商、吴声、西曲,唐代的"华夏正声"雅乐《大唐开元礼》,宋代的郊祀乐《雅乐》《登歌》《英安》《五瑞》,明代的《中和韶乐》等,都是礼乐的代表性作品。古代礼乐文明对人的社会化影响的最大特点还是秩序、等级与差别,是以亲亲、尊尊为核心的有差等的爱。礼乐文明发展到当代,应该被赋予新的内涵。只有社会有礼,人心和乐,才能成就新时代的"礼仪之邦",建立和谐社会。

礼乐的社会功能体现在文化传承、教育教化、和谐促进和认知激励等各个方面。首先,礼乐的文化传承功能在礼仪活动中体现得尤为明显。例如,布依族在诞生礼的《栽树歌》,婚姻礼仪的对歌和哭嫁歌,丧葬礼仪的《孝女哭娘》《孝堂谦虚悲哀歌》等历代相传,沿袭了民俗文化。其次,教育教化功能是礼乐文明最重要的功能。孔子提倡以"礼乐治天下",主张以乐辅礼。现代社会,礼仪歌曲从中小学起就得到广泛使用,例如《中国少年先锋队队歌》《文明礼仪伴我行》等,突出了礼仪文明与共产主义信念的训练在对青少年的培养中的重要地位。最后，礼乐的和谐促进功能体现在重精神和谐。例如《礼记》"乐者，天地之和也；礼者，天地之序也"强调有秩序的协调。再如，中国阅兵仪式上的《检阅进行曲》《分列式进行曲》等强调秩序统一。礼乐还具有认知激励功能，可以有效凝聚人心，鼓舞斗志。例如《中国人民解放军军歌》《战车进行曲》《炮兵进行曲》《军威进行曲》等歌曲，常用于军队的重要典礼活动，以激发军人的昂扬斗志和国人的必胜信念。在抗战时期，毛泽东就曾高度评价那些鼓舞了无数有志青年扛枪卫国的抗日歌曲的力量："一首抗日歌曲，可以顶得上两个师！"《义勇军进行曲》就是这种礼乐的最集中体现，它对于激发中国人民的爱国主义精神发挥了巨大的作用。

　　2."义"的声乐表达

　　"义"是中国文化的重要概念。《易传·乾文言》曰："利者，义之和也。"[1]"义"就是对物、对利的适宜分配而达到的和谐状态。《中庸》曰："义者，宜也。"[2]"义"就是分配利的准则。同于人心、符合大众、安止公平、行使正义、无所偏私的行事原则和道德规范就是义。换句话说，公平、公正、中正是由"义"而产生的精神追求。

　　"义"有"大义""小义"之分，更有是非之分。中国传统文化历来强调常怀"人心"与"大众"，如曾子的"修身齐家治国平天下"，顾炎武的"天下兴亡匹夫有责"，霍去病的"何以家为"，曹植的"捐躯赴国难"，诸葛亮的"鞠躬尽瘁死而后已"，陆游的"位卑未敢忘忧国"，范仲淹的"先天下之忧而忧"，文天祥的"人生自古谁无死"，辛弃疾的"了却君王天下事"，于谦的"一寸丹心图报国"，岳飞的"收拾旧山河朝天阙"，林则徐的"苟利国家生死以"……纵观中国历史，民族大义始终是重要的价值取向。每当国家民族面临危难，民族大义便是团结各阶层民众奋起抵抗、保家卫国的最重要旗帜，从古代的屈原、岳飞、文天祥、郑成功，到近代以来为民族独立和人民解放作出牺牲的无数仁人志士，彪炳史册的都有一个"义"字。

　　在我们实现中华民族伟大复兴的进程中，需要继承弘扬民族大义的精神力量，这是"民族的脊梁"。现代中国社会的"义"，就是要坚持"公正"这一社会主义核心价值观的重要内容。经济领域利益的分配要讲"义"，社会福利领域的配置要讲"义"，司法领域的判决要讲"义"。延展开来，人们对自然界的开发利用要讲"义"，对各种产品的生产要讲"义"，面对公私群己要讲"义"，面对世道人心要讲"义"，使社会生活的方方面面都呈现出适度、相宜、平衡、和谐的状态。

---

① 《易传·乾文言》："元者，善之长也。亨者，嘉之会也。利者，义之和也。贞者，事之干也。"
② 《礼记·中庸》："仁者人也，亲亲为大；义者宜也，尊贤为大。亲亲之杀，尊贤之等，礼所生也。"

　　"义"是中国声乐艺术的重要内容。有关"大义"的诗词歌赋自古流传,表达了人们对民族、国家和人民的深情厚爱。这种情感,通过声乐艺术的表达,往往充溢着神圣的责任感和崇高的献身精神,能够在心灵深层引起共鸣,激励人们在事关国家民族利益时挺身而出,维护国家尊严,为国增誉;在涉及个人与人民利益时,以人民为重,勇于奉献。如歌曲《昭君出塞》①诉说的是一个后宫嫔妃为民族大义以公主身份义无反顾地和亲匈奴的历史故事,突出了王昭君的无私无畏和博大胸怀。一曲《毕业歌》,在民族危难之际,号召"同学们,大家起来,担负起天下的兴亡""我们要做主人去拼死在疆场""我们要掀起民族自救的巨浪"。闻一多的《七子之歌》谱就的儿童歌曲,"我离开你太久了母亲,但是他们掳去的是我的肉体,你依然保管我内心的灵魂",直击每一个中国人的心灵深处,激发爱国情感,催人泪下也催人奋气。歌曲《我为祖国献石油》是我国石油工人心灵的写照,淋漓尽致地表达了我国石油工人对"锦绣河山美如画"的无限热爱,"天不怕、地不怕""放眼世界雄心大"的豪迈气概,谱写了一曲撼天地、泣鬼神的感人乐章。《我的爱将与你相伴终生》②是一首艺术歌曲,表达了人民子弟兵愿用热血和忠诚保家卫国的崇高信念,以及热血儿女的赤子情深,大爱无疆,作品声情并茂、感人肺腑。

　　以作品《五洲人民齐欢笑》③演唱为例,该曲是歌剧《江姐》中的一首咏叹调,描述江姐赴刑场前与狱中战友告别时的唱段。具有结构多变、时快时慢、咏叹和宣叙交替的风格特征。声音方面以全共鸣、京剧为基础的咬字和吐字,来表现出革命必胜的坚定情感。

　　第一层次,"不要用哭声告别,不要把眼泪轻抛……亲手把新社会来建造"。唱腔柔中带刚,语气不能松懈,以三连音的曲式运用开始演唱,音色上要对比明显。

　　第二层次,"到明天,到明天山城解放红日高照……到明天,到明天家乡解放红日高照……到明天,到明天全国解放红日高照……莫辜负人民的期望党的教导"。演唱时速度稍快,情绪自然、饱满。第一个"到明天"唱段斗志昂扬,节奏转快,表达人物激动的内心。第二个"到明天"速度较慢,表达对同志的祝愿,充满未来憧憬。第三个"到明天"表达对托孤孩子未来的期盼,内心由激情过渡到平和。演唱"我的心永远和母亲在一道""能把青春献给党""正是我无上的荣耀"时,要充满骄傲自豪

---

① 《昭君出塞》是一部由刘麟作词、王志信作曲的优秀声乐作品,是以王昭君的历史故事为背景创作的。
② 《我的爱将与你相伴终生》选自歌剧《木兰诗篇》第二乐章的"快板与梦幻曲"塞上风云,《木兰诗篇》由作曲家关峡作曲、剧作家刘麟编剧,根据魏晋南北朝时期花木兰替父从军的故事创作改编。
③ 《五洲人民齐欢笑》是歌剧《江姐》中的一首颇具分量的咏叹调。《江姐》根据小说《红岩》改编,由阎肃编剧,羊鸣、姜春阳、金砂作曲。

之情,咬字要清晰有力。

第三层次,"云水激,卷怒潮,风雷震,报春到……红旗漫天,五洲人民齐欢笑"。演唱"一人倒下万人起……牛鬼蛇神全压倒"这一小段,结构形式好似进行曲,表现出共产党人的队伍前进不止。尤其注意结尾"五洲人民齐欢笑"的"笑"字,音域较高,应用腔体打开的状态演唱,表达共产党人视死如归的情怀和革命必胜的决心。

3. "仁"的声乐表达

"仁"是构成中华传统文化主干的儒家思想的重要范畴,是中国文化竭力主张和推行的一种伦理原则和道德精神。"仁"的本义是要揭示和强调人与"对象"之间的一种亲近、亲密、亲切、亲善的情感。"仁"是作为主体的人处理与对象之间关系的一个范畴,包括人与人的关系、人与自然的关系、人与自己身心的关系。"仁者爱人","仁"的精神实质是"爱"。"仁,人心也"[1],突出"仁"是人之为人的道德心理和情感基础,强调的是有爱之心、有亲之情,并通过给予与奉献、尊重与宽容表现出来。[2] "夫仁者,己欲立而立人,己欲达而达人"[3]"己所不欲,勿施于人""老吾老以及人之老、幼吾幼以及人之幼"等,就是要做到将心比心和由己推人。

在中国声乐艺术发展的历程中,包含着丰富的仁爱思想和情感。大量的声乐作品表达了"人与人"之情、"人与自然"之情和"人与自我"之情。

首先是"人与人"之情。人之为人,在于一个"仁"字。"仁"字从人、从二,表示不仅是我一个人,还有很多我以外的人,因此,仁者爱人,首先强调的是"人与人"之情。"人与人"之情存在于方方面面,因心灵撞击而产生的火花,因共同经历而形成的默契,因相似的观念而产生的价值认同等。自古到今,赠友送别、怀人思乡、咏史怀古、忧国伤时、边塞征战等,都是对"人与人"情感真挚的表达。例如,《长相知》[4]是根据汉乐府民歌中的《上邪》创作的,是汉代女子追求爱情的自誓之词,"我欲与君相知,长命无绝衰",歌曲委婉、深情、悲壮,表达对爱情至专至纯的决绝态度。《阳关三叠》[5]取材王维的名篇《送元二使安西》,讲述了为即将远行的友人送行的过程,"劝君更尽一杯酒,西出阳关无故人";"长亭柳依依""相别十里亭"表达"不忍分、不忍分"的无限留恋的真挚情谊。《送别》是李叔同作于1915年的学堂乐歌作品,描绘的是长亭、古道、夕

---

[1] 《孟子·告子上》:"孟子曰:'仁,人心也;义,人路也。舍其路而弗由,放其心而不知求,哀哉!'"
[2] 徐小跃:《中华传统文化的价值追求》,《新世纪图书馆》2014年第12期。
[3] 《论语·雍也》:"夫仁者,己欲立而立人,己欲达而达人。能近取譬,可谓仁之方也已。"
[4] 《长相知》是石夫先生创作的一首古诗词歌曲,歌词取自汉乐府民歌《上邪》。
[5] 《阳关三叠》又名《渭城曲》《阳关曲》,为中国十大古琴曲之一,《阳关三叠》歌曲曲谱都是由夏一峰传谱、王震亚编曲的版本。

阳、笛声等自然景色,构筑的是让人迷醉的意境,写的是离别的无奈,述的是为知心朋友的无限眷念。《为你歌唱》是一首现代创作艺术歌曲,用深刻、细腻的情感表达了对异乡姑娘的强烈思念,"你想要飞翔,我做你的避风港;若你疲倦的时候,我会在这里等你返航",倾诉了内心相思期盼的苦痛,抒发了期待爱人归来的急切心情。

从地域民族特征来看,各地各族人民表达"人与人"感情的方式和手段不一样,有的炙热,有的含蓄,有的率直,都富有强烈的民族色彩和韵味①。例如山西民歌《绣荷包》高亢、悠长、嘹亮,寄托着民间巧女们的心手合一,情感绵长动人。四川民歌《康定情歌》旋律质朴坦白,情绪欢快活泼,表达了康定人对美好爱情的向往,唱出了青年男女热烈相爱、追求自由幸福生活的情感。根据贵州平塘县布依族山歌《久不唱歌忘记歌》改编而成的《咕噜山歌》,歌曲字多声少、结构方整、速度较快、节奏明晰、活泼俏皮、表达直白,适合女声演唱。带着浓郁地方色彩的云南民歌《弥渡山歌》甜美柔和,明亮圆润,真诚热烈,令人回味悠长。

其次是"人与自然"之情。人类发展的历程是认识自然、改造自然的过程,人与自然是共生、共赢、共荣的关系。人与地球上的生命体和睦相处,人与自然和谐发展,不但是古人追求的目标,也是我们现代人必须树立的自然观。对声乐艺术来说,"自然"也是情感的载体,通过寓情于景、写景抒情,表达人的思想情感等。例如,《我爱这土地》根据诗人艾青的诗作曲而成,该诗作于国难当头、山河沦亡的抗战初期,"为什么我的眼里常含泪水?因为我对这土地爱得深沉",歌曲迸发了国人发自内心的炽热情感,以及对祖国、对民族命运的关注。《在希望的田野上》是一首歌唱祖国繁荣富强的歌,通过对家乡充满希望的田野的赞美,抒发了对美好生活的赞美,歌颂了新生活与新时代。《漓江情》描绘了被烟雨笼罩的漓江的秀丽风景、诗情画意,淋漓尽致地表达了人们对漓江美景的赞美之情,歌词生动形象,令人回味无穷。《来香巴拉看太阳》栩栩如生地刻画了香巴拉的神奇与美丽,让人眼前浮现出一幅幅迷人的香巴拉自然与人文画卷。

最后是"人与自我"之情。老子曰:"知人者智,自知者明。"②辛弃疾词云:"江头未是风波恶,别有人间行路难。"③人类发展的过程是认识自我、发展自我的历程,人生的历程也是不断认识自己、发展自己的过程。人生有得必有失,有顺必有逆,有胜必有败,有进必有退,有荣必有辱,关键在于以什么样的态度对待顺境和逆境。人要

①　冯一纯:《浅析中国陕北与云南的民歌特点》,《当代音乐》2017 年第 10 期。
②　《道德经》第三十三章:"知人者智,自知者明。胜人者有力,自胜者强。"
③　[宋]辛弃疾《鹧鸪天·送人》:"今古恨,几千般,只应离合是悲欢。江头未是风波恶,别有人间行路难。"

善处顺逆，就要能"用舍由时，行藏在我"，能提得起，放得下，知足常乐，安心为本。中国声乐艺术中，表达"人与自我"之情的内容也非常丰富，多通过托物言志来抒发人生际遇等。例如《梅花引》集诗与歌于一体，通过描述梅花的洁白、芬芳和耐寒等特征，赞颂具有高尚情操的人，"拨开风雪，赠君东风第一枝"，描绘出梅花的孤独，渴求知音之情。

以作品《幽兰操》①演唱举例，该曲属于古曲风格，古风飘逸、悠扬动人。以幽谷兰花的清香高洁和盎然生机，"兰之猗猗，扬扬其香""君子之守，子孙之昌"，表达即使处于不利环境，仍然坚持保持自身德行操守和长远志向的立场。演唱时，由于歌词是描写儒家圣贤，声音处理上不宜过于张扬，音色要求统一；语言的表达上要体现诗歌的音韵美、格律美和节奏美；情感上要呈现出圣贤对国家的负重感和对社会的责任感。作品分为三个层次。

第一层次，"兰之猗猗，扬扬其香……幽幽其芳……以日以年，我行四方"。演唱"兰之猗猗……幽幽其芳"，要注意音色圆润统一和乐句的连贯，体现出古曲飘逸的特点，表现出兰花清高安静的气质。

第二层次，"文王梦熊，渭水泱泱。采而佩之，奕奕清芳。雪霜茂茂，蕾蕾于冬。君子之守，子孙之昌"。演唱"文王梦熊，渭水泱泱"时，节奏要紧凑；演唱"采而佩之，奕奕清芳"时，"采""奕"的"i"窄母音要宽唱，圆润统一；演唱"雪霜茂茂，蕾蕾于冬"时，要干净短促；演唱"君子之守，子孙之昌"时，要恢宏大气。

第三层次，"兰之猗猗，扬扬其香"到结尾。演唱时要作慢的处理，"兰之猗猗，扬扬其香"，声音需要弱声处理，通过非常好的气息来依字行腔，控制好声音位置。

4. "和"的声乐表达

"和"是中华民族文化的核心理念。"天时不如地利，地利不如人和""和为贵"等都是中华文化的宝贵精神财富，也是中国智慧对世界和人类文明的重要贡献。"和"是中国不同时代不同流派的思想家们所共同追求的一种境界，在他们看来，"和"是做好一切事情的基础，它要求不同事物聚在一起，能够互相协调、相互促进。大到国家、民族、社会，小到家庭、个人，最好都要进入"和"的状态，即达到整体的和谐、复杂的平衡、多样的统一。

"和"的思想具有重要的实践价值。"和"的思想为现代建立和谐社会与世界的和平发展提供了可供借鉴的精神资源。首先，"和"的思想追求人与人之间、不同社会阶层之间的相互和谐。世界是多元的、社会是多元的，提倡"和而不同"，就是在承

---

① 《幽兰操》是由赵季平所创作的古典艺术歌曲，作品借花言志，思想邃远，具有浓厚的人文情怀。

认差别的基础上追求和谐,在多样中求得统一,在动态中求得稳定,在互利中求得共赢,以实现人与人之间、不同社会阶层之间的和谐,这才是和谐社会的基础要义。其次,"和"的思想重视人与自然的关系,追求人与自然之间的和谐,强调天人一体,认为"仁者以天地万物为一体"①,反对暴殄天物。人类在认识自然、利用自然和改造自然的过程中,要真正实现人与自然之间的和谐,积极维护自然界的平衡、善待自然,使人类社会体系与自然生态系统能够和谐相处、协调发展。最后,以传统的"和"的思想认识理解国际关系,主张"和平共处",这可以说是中国智慧为维护和实现世界和平与发展所贡献的中国方案。

中国声乐艺术历来重视弘扬"和"的思想。"和"在中国古代音乐美学思想的形成初期,就占有了主体地位。早在西周时期就提到"乐从和"②。《论语·学而》称"礼之用,和为贵"③,荀子在《乐论》中答:"乐中平,则民和而不流;乐肃庄,则民齐而不乱。"④强调了音乐要"中平""肃庄",荀子主张"中和"必须以礼义为本,慢慢形成了儒家的音乐美学思想,即礼乐思想。这一音乐美学思想影响了中国古代音乐美学的审美准则,围绕这一准则逐渐形成了"音和—心和—人和—政和"的论述模式,对中国人的思维模式影响颇深。

弘扬"和"的思想是中国声乐实现其社会功能的重要表现。"和"表达了一种音乐艺术对"美"的追求,是一种美学原则或者审美尺度。中国人认为所有的"乐"都应该符合"和"这一审美原则,才能被称作一首完美的艺术作品。例如,《诗经》:"发乎情,民之性也;止乎礼义,先王之泽也。""情"是人性的合理表达,"礼"是对人性的合理节制,其最终目的是使人的情感表达适当。《关雎》为《诗经》的开篇之作,"关关雎鸠,在河之洲。窈窕淑女,君子好逑"描写了一位兼有地位和德行的贵族男子追求窈窕贤淑的姑娘,男子感情炽热但有克制,情绪波动却有分寸,表现了古代人民内心对美好爱情的向往和追求,突出表达了青年男女健康、真挚的思想感情,孔子称其为表现"中庸"之德的典范。

以作品《关雎》演唱为例,该曲声音上曲调婉转、跌宕起伏,情感热烈,似诉似吟,需要在整体上把握纯净清新、温婉良善等关键词,演唱时要避免不必要的动作,唱得"静"。作品分为三个层次。

---

① 理学的创始者之一程颢《河南程氏遗书》卷一一:"人与天地一物也。"
② 见《国语·周语下》。
③ 《论语·学而》:"礼之用,和为贵。先王之道,斯为美;小大由之。"
④ 《荀子·乐论》:"乐中平,则民和而不流;乐肃庄,则民齐而不乱;民和齐,则兵劲城固。敌国不敢婴也。"

第一层次,"关关雎鸠,在河之洲。窈窕淑女,君子好逑……窈窕淑女,寤寐求之"。演唱"关关雎鸠,在河之洲""窈窕淑女,君子好逑"时,旋律节奏平和、起伏微弱,演唱时要感情真挚,塑造出窈窕淑女的形象。"窈窕淑女,寤寐求之",感情从平稳到迫切,通过由低及高的八度渲染男子追求女子的爱慕之情和急迫之意。

第二层次,"求之不得,寤寐思服。悠哉悠哉,辗转反侧……参差荇菜,左右芼之。窈窕淑女,钟鼓乐之"。演唱"求之不得……辗转反侧"时,接连两段重复的旋律来展现年轻男子求之不得,夜不成寐,其中第二句的"侧"字演唱时气息要托住。"采""芼"两字要突出。后面两句发生了语义的转化,音乐由高潮再次进入缓和状态。"乐"在此处用上行八度来表达女子情绪的变化,演唱时要注意气息的连贯。"之"字要拖足拍子,此前可以换气,注意不要提气。

第三层次,再现了第一层次。演唱时须较前段更明朗开阔些,在结束整曲时用了一段间奏,给人意犹未尽、回味无穷的感觉。

中国声乐艺术经过两千多年的发展,不同民族、不同区域、不同时代的声乐艺术均有差异,但有一点始终贯穿于整个中国传统音乐的发展中,并起着举足轻重的作用,这就是在审美上以"中和""淡和"为准则,在形式上以重意轻声,强调以"天人合一"为目标。[①]《乐记》首次提出了"天人合一"的音乐美学思想,"乐者,音之所由生也,其本在人心之感于物也""感于物而后动"。这一思想,后来被汉代思想家董仲舒发展为"天人合一"的哲学思想体系,"天人合一"强调的是天人和谐的境界,提倡要"观天之道,执天之行",对天地自然充满虔诚的敬畏和感恩,要明白因果关系,心存善念,善待万物,以达到"与天地合其德,与日月合其明,与四时合其序""上下与天地同流"的状态。白居易《对琴待月》中,"玉轸临风久,金波出雾迟。幽音待清景,唯是我心知"描绘的就是人与自然融为一体,表达的是"物我相知,天人合一"的意境。这种境界正是中国声乐所追求的至善至美的境界,是一种协调的关系,即整体与局部的和谐、表演者与周围环境(如天、地、受众)的和谐、人与心灵的和谐等。《春江花月夜》[②]堪称"天人合一"的经典制作,其运用清丽之笔,以月为主体,以江为场景,描绘了一幅幽美邈远、倘恍迷离的春江月夜图,融诗情、画意、哲理为一体,素有"孤篇盖全唐"之誉。又如《枫桥夜泊》《水调歌头》《渔舟唱晚》等古诗词歌曲,追求"有我之境"与"无我之境"的天人合一境界,是共性涵盖下的个性与个性融汇于共性的完美结合。

---

① 方同义:《中国智慧的精神:从天人之际到道术之间》,北京:人民出版社,2003 年。
② 《春江花月夜》是中国古典音乐名曲中的名曲。该曲先后被黎英海改编为钢琴曲,刘庄改编为木管五重奏,陈培勋改编为交响音画。

第三编

民俗与礼仪的智慧

第十章　岁时节日里的中国智慧

习近平总书记《在哲学社会科学工作座谈会上的讲话》中强调,中国特色哲学社会科学应该体现继承性和民族性,指出中华优秀传统文化资源是中国特色哲学社会科学发展十分宝贵、不可多得的资源。秉持习近平总书记的这一思想,本章将通过对中国传统岁时节日的发展脉络、岁时节日里的中国智慧、岁时节日的现代变迁等三个方面介绍中国传统岁时节日中蕴含的深厚文化内涵及其所传达的中国智慧,以使读者对中国传统岁时节日有一个系统了解,并期待作为中华优秀传统文化资源的岁时节日中渗透的深厚文化内涵,能成为未来发展中国特色哲学社会科学的底蕴。

问题一：什么是岁时节日？它的发展脉络如何？
问题二：岁时节日中体现了怎样的人与自然的关系？
问题三：岁时节日中体现了怎样的人与社会的关系？
问题四：在现代化转型过程中,岁时节日文化在当代社会应如何传承？

岁时节日,"是指与天时、物候的周期性转换相适应,在人们的社会生活中约定俗成的,具有某种风俗活动内容的特定时日"①。中国传统岁时节日与农业文明相适应,形成了独具特色的节俗文化形态。岁时节日的发展经历了漫长的历史时期,节俗中既渗透着民众与自然打交道、处理人与自然的关系的智慧,也承载着民众与社会互动、处理人与社会的关系的智慧,在此过程中,还形成了独具特色的节俗艺术,体现了民众不可忽视的创造力与生活智慧。

一、岁时观念的发展与岁时节日体系的形成

要理解中国传统岁时节日,首先要理解中国传统岁时观念的形成发展过程,进

---

① 钟敬文:《民俗学概论》,上海:上海文艺出版社,1998年,第131页。

而理解岁时观念与岁时节日之间的关系。

1. 岁时观念的发展

孔子曾经站在奔腾的水边感叹："逝者如斯夫,不舍昼夜。"是的,时间恰如流水,无法停滞,无法倒退,它总是线性地奔向未知的未来。但人们感知时间的方式却是具有重复性、停顿感的。正是这种重复性与停顿感让人们的日常生活有了周期性和节奏感,从而避免了生活永无止境的不重复、不暂停,以及这种不重复、不暂停所带来的焦虑感。人们对时间的重复性和停顿感的获得,仰赖于对时间的物质存在形式的感知。

我们的先人最早是通过对身边环境的观察来感知时间的。飞鸟的去来、日月星辰的起落、草木的枯荣等,都成为人们感知时间的重复性与停顿感的重要方式。陆游《鸟啼》诗云:

> 野人无历日,鸟啼知四时。
>
> 二月闻子规,春耕不可迟。
>
> 三月闻黄鹂,幼妇闵蚕饥。
>
> 四月鸣布谷,家家蚕上簇。
>
> 五月鸣鸦舅,苗稚忧草茂。
>
> 人言农家苦,望晴复望雨。
>
> ······

在现有的典籍和文字中,仍存留着通过物候来标记时节的记录。例如,《隋书》记载流求国的人们,"俗无文字,望月亏盈以纪时节,候草荣枯以为年岁"。[1]《酉阳杂俎》中则说,唐代三峡地区武宁蛮"尝以稻记年月"。[2] 清代《台湾府志》中亦有记载说,"番人无姓氏,不知岁月,惟凭草木,听鸟音,以节耕种"。[3] 可见,通过对物候的观察来确定时间是过去人们感知时间的重要方式。在甲骨文中,年的形状是一个人背着禾草的形状,《说文解字》中解释说,"年,谷孰也"。谷熟一次被标记为一年。岁时之"岁"字也与天象物候有关。《尔雅》中说,"载,岁也。夏曰岁,商曰祀,周曰年"。郭璞注说,夏曰岁,是"取岁星行一次"。[4] 岁星即木星。人们在长期的生产生活中逐渐发现木星十二年运行一周,便将这个周期分为十二等分,称为星次。木星每运行

---

①　[唐]魏征、令狐德棻:《隋书》,北京:中华书局,1973 年,第 1823 页。

②　[唐]段成式:《酉阳杂俎》,北京:中华书局,1981 年,第 47 页。

③　[清]蒋毓英撰,陈碧笙校注:《台湾府志校注》,厦门:厦门大学出版社,1985 年,第 56 页。

④　[东晋]郭璞注:《尔雅》,北京:中华书局,1985 年,第 71 页。

一个星次就是一年。

上古时期的人们不仅通过对天象物候的观察来确立年度时间单位,还通过对天象物候的长期观察进一步确立了四时。甲骨文中已经出现了"时"字,《说文解字》中解释说,"时,四时也。从日,寺声",说明古人早就将四季的变化与太阳的运行联系起来了。不过古人对四时的认知也经历了一个过程。有学者认为,四时并不是一同出现的。春夏秋冬是先有了春秋,后才有了冬夏。例如,于省吾认为,甲骨卜辞中只有春秋而无冬夏,说明商代的一岁只分二时,春和秋。到了西周末叶才划分出四时。"所谓二时制发展为四时制,是把二时制的春时的上半期划分为冬季,又把秋时的上半期划分为夏季,这样就成了'冬春夏秋'了。"①这也是许多典籍中将我们平常习惯的"春夏秋冬"的顺序表述为"春秋冬夏"的原因。例如,《礼记·孔子闲居》中就说:"天有四时,春秋冬夏。"

随着农业生产的发展,人们对时间的划分要求更细致,以便能更好地服务于农业生产。经过日积月累的观察,人们发现了地上物候的变化与天上日月星辰的变化之间的对应关系。浩渺苍穹中日月星辰的变化,成为人们进一步认识时间的更精确的参照物,太阳与星象在上古人的时间观念形成过程中起了关键性的作用。《尚书·尧典》中记载说:

> 乃命羲和,钦若昊天,历象日月星辰,敬授民时。分命羲仲,宅嵎夷曰旸谷,寅宾出日,平秩东作。日中,星鸟,以殷仲春。厥民析,鸟兽孳尾。申命羲叔引宅南交,曰明都。平秩南讹,敬致。日永,星火,以正仲夏。厥民因,鸟兽希革。分命和仲,宅西曰昧谷。寅饯纳日,平秩西成。宵中,星虚,以殷仲秋。厥民夷,鸟兽毛毨。申命和叔,宅朔方,曰幽都。平在朔易。日短,星昴,以正仲冬。厥民隩,鸟兽氄毛。帝曰:"咨!汝羲暨和,期三百有六旬有六日,以闰月定四时,成岁。"②

这段文字中的日中、日永、宵中、日短就是对于春夏秋冬四季太阳变化的描述,说的是二至(夏至、冬至)和二分(春分、秋分)。日中、宵中是昼夜等分的时候,分别指春分和秋分;日永是指白昼最长的一天,指夏至;日短是指白昼最短的一天,指冬至。而人们早在春秋时期就已经能够确定对农业生产有重要影响的四时八节了。《左传·昭公十七年》中郯子说:"昔者黄帝氏以云纪,故为云师而云名;炎帝氏以火纪,

---

① 于省吾:《岁时起源考》,《历史研究》,1961 年,第 105 页。
② 王世舜、王翠叶译注:《尚书》,北京:中华书局,2012 年,第 7 页。

故为火师而火名;共工氏以水纪,故为水师而水名;大皞氏以龙纪,故为龙师而龙名。我高祖少皞挚之立也,凤鸟适至,故纪于鸟,为鸟师而鸟名:凤鸟氏,历正也;玄鸟氏,司分者也;伯赵氏,司至者也;青鸟氏,司启者也;丹鸟氏,司闭者也。"①在少皞氏的这套鸟纪系统中,玄鸟因春分来秋分去,被视为司分之鸟;伯赵夏至鸣冬至止,因而被视为司至之鸟;青鸟立春鸣立夏止,因而被视作司启之鸟;丹鸟立秋来立冬去,因而被视作司闭之鸟。人们在四时的基础上,对时间的认识进一步扩展到"分、至、启、闭"。所谓分是指春分、秋分;至是指夏至、冬至;启是指立春、立夏;闭是指立秋、立冬。也就是说,在春秋时期,四时八节已经确立了。而到了战国末期,在《吕氏春秋·十二纪》中,尽管与现行的名称并不完全一致,但春分(日夜分)、秋分(日夜分)、夏至(日长至)、冬至(日短至)、立春、立夏、立秋、立冬等八个节气的名称都已经出现。到了汉代的《淮南子·天文训》中便已经有了完整的二十四节气记载:

> 两维之间,九十一度十六分度之五,而升日行一度,十五日为一节,以生二十四时之变。斗指子,则冬至,音比黄钟。加十五日指癸,则小寒,音比应钟。加十五日指丑,则大寒,音比无射。加十五日指报德之维,则越阴在地,故日距日冬至四十六日而立春,阳气冻解,音比南吕。加十五日指寅,则雨水,音比夷则。十五日指甲,则雷惊蛰,音比林钟。加十五日指卯,中绳,故日春分,则雷行,音比蕤宾。加十五日指乙,则清明风至,音比仲吕。加十五日指辰,则谷雨,音比姑洗。加十五日指常羊之维,则春分尽,故日有四十六日而立夏,大风济,音比夹钟。加十五日指巳,则小满,音比太蔟。加十五日指丙,则芒种,音比大吕。加十五日指午,则阳气极,故日有四十六日而夏至,音比黄钟。加十五日指丁,则小暑,音比大吕。加十五日指未,则大暑,音比太蔟。加十五日指背阳之维,则夏分尽,故日有四十六日而立秋,凉风至,音比夹钟。加十五日指申,则处暑,音比姑洗。加十五日指庚,则白露降,音比仲吕。加十五日指酉,中绳,故日秋分,雷戒,蛰虫北乡,音比蕤宾。加十五日指辛,则寒露,音比林钟。加十五日指戌,则霜降,音比夷则。加十五日指蹄通之维,则秋分尽,故日有四十六日而立冬,草木毕死,音比南吕。加十五日指亥,则小雪,音比无射。加十五日指壬,则大雪,音比应钟。②

二十四节气是人们在春夏秋冬四时观念基础上对时间的进一步细分。二十四

① 杨伯峻编著:《春秋左传注》(修订本),北京:中华书局,1990 年,第 1386—1387 页。
② 陈广忠、陈青远、付芮译注:《淮南子译注》,上海:上海三联书店,2014 年,第 47—48 页。

节气的确立经历了漫长的历史发展时期,它的形成体现了先人们对大自然的运行节律的把握和总结。到汉武帝颁行《太初历》时,二十四节气被正式纳入历法中,成为调和回归年和朔望月的准则。

可以说,二十四节气是传统农耕社会的时间系统,[①]是妇孺皆知的知识,它自然而然地指导着农业社会的生产生活。一直到今天,它仍然被醒目地刻印在农人们的灶王爷神码上,被庄重地贴在日日相见的锅灶前,供农人们把握一年的农时。今天,许多关于节气的农谚仍在指导着农人的农业生产生活。例如,农谚有云"立春晴一日,农夫耕田不费力""清明前后,点瓜种豆""夏至东风摇,麦子水里捞""白露早,寒露迟,秋分种麦正当时"。与传统农业社会的生产节律相适应,我们的传统岁时节日也大多依傍着二十四节气而形成。

2. 汉魏时期与中国岁时节日体系的形成

人们对时间体认的意义不仅体现在对农业生产的把握上,其中还杂糅着对人与自然、人与社会,尤其是人与自然的关系的处理,其中蕴含着浓厚的文化意蕴和生活智慧。受制于当时人们认知自然的条件,上古时期的人们对自然的想象中充满了原始宗教的性质。农业的丰歉,社会的稳定与否,都与大自然有着密切的关联性,因而,人的行为要受制于大自然的节律,须谨慎行事,不违天时。《礼记·乐记》说,"大乐与天地同和,大礼与天地同节,和故百物不失,节故祀天祭地",[②]这表明在我们先人的认知中,人类社会的节律应顺应天地自然的节律。这一点,在《礼记·月令》中得到了明确的体现。《月令》详细地记载了王室每年十二个月的时令安排,人事与天时之间形成了严格的对应关系。例如孟春之月,是"天气下降,地气上腾,天地和同,草木萌动"之时,是立春之时。立春前三日起,天子便开始斋戒。到了"立春之日,天子亲帅三公、九卿、诸侯、大夫,以迎春于东郊"。同时,天子还在元日向上天祈求丰收。"天子亲载耒耜,措之(于参)〔参于〕保介之御间;帅三公、九卿、诸侯、大夫,躬耕帝藉。"天子推三下,三公推五下,九卿、诸侯推九下。这个月,顺应相应的节气,"(天子)命乐正入学习舞;乃修祭典,命祀山林川泽,牺牲毋用牝;禁止伐木;毋覆巢,毋杀孩虫、胎夭、飞鸟,毋麛毋卵;毋聚大众,毋置城郭,掩骼埋胔"。这个月,只能行春令,如果春令不行,则造成时序的错乱。"孟春行夏令,则〔风〕雨(水)不时,草木蚤落,国时有恐;行秋令,则其民大疫,猋风暴雨总至,藜莠蓬蒿并兴;行冬令,则水潦为败,雪

① 萧放:《岁时——传统中国民众的时间生活》,北京:中华书局,2002 年,第 14 页。
② 陈戍国:《礼记校注》,长沙:岳麓书社,2004 年,第 276 页。

霜大挚,首种不入。"①

　　人们严格按照大自然的时间节律来安排一年的祭祀,祭祀的节点一般依傍着四时节气。例如,春祈秋报,时间一般是在立春和立秋后的第五个戊日,人们在播种的季节向神灵祈求五谷丰登,在收获的季节祭祀神灵庆祝丰收。同时,过去一般在春分日早上(卯时)于城东门外祭日,在秋分日晚上(酉时)于城西门外祭月,是所谓"朝日夕月"。这些成为岁时节日的早期形态。在汉魏之前,这些祭祀与季节紧密相连,且多为国家政府层面的公共祭祀活动,以家庭为单位的岁时活动较少。

　　到了汉魏时期,社会政治、经济、文化等都发生了重要变化,这些变化最终促成了岁时节日体系的形成。这表现在四个方面②。首先,到了汉代中期以后,政治社会得以重新整合。一方面,政府在采取削藩政策,消除国内的分裂因素,树立中央政府的权威的同时,也采取乡举里选的方式招揽贤才,扩展政府官僚来源系统,这拓宽了社会统治基础,超越了殷周血缘团体的局限。另一方面,政府在社会基层以孝道伦理重建乡里宗族秩序,并通过"举孝廉"的方式选拔人才,将乡里宗族生活与国家政治生活连接在一起,这使得国家政府与民间社会有了共通的精神基础。其次,田庄经济兴起。田庄通过雇佣无地的亲族成员或乡里贫民在田庄劳动,将宗族关系与乡里关系结合起来,使得家族势力、宗法关系得到加强,也使得乡里的岁时生活在西汉后期开始向服务家族生活的方向发展。第三,儒家伦理与谶纬经学流行。自汉武帝"罢黜百家,独尊儒术"之后,儒家思想在西汉末年至东汉时期成为社会的主导意识形态。这一时期,经过董仲舒改造的儒学,将人纳入上天的框架之下,将阴阳五行学说与儒家政治、社会哲学结合起来,建立起以"天人感应"说为基础,以"三纲五常"为核心的儒学思想体系。在这种学说之下,四时的变化与阴阳观念结合起来,四季的循环被视作阴阳的循环。这很大程度上影响了岁时节日节期的选择,并使得节俗活动特别强调阴阳平衡。同时,强调祥瑞和灾异的谶纬思想也渗透到节俗活动中。第四,《太初历》颁行。我们平常所说的农历并非阴历,而是阴阳合历。所谓阴阳合历,是指兼顾了回归年和朔望月的历法,它以太阳的运行来纪年,以月亮的盈亏来纪月,以闰月来调和年和月的关系。到清末,在我国历史上至少出现过一百种阴阳历③。我国至迟在殷代就开始使用阴阳合历。古代帝王的传统是在改朝换代之时改正朔,易服色,其岁首常常处于变动之中。例如,夏、商、周、秦就曾分别以正月、十二月、十

①　陈戌国:《礼记校注》,长沙:岳麓书社,2004年,第109—110页。
②　萧放:《岁时——传统中国民众的时间生活》,北京:中华书局,2002年。
③　丁緜孙:《中国古代天文历法基础知识》,天津:天津古籍出版社,1989年。

一月、十月为岁首,由于岁首的不确定,稳定的岁时节日体系也难以形成。汉武帝在太初元年颁布了《太初历》。《太初历》的颁行,改变了之前《颛顼历》将十月定为岁首的惯制,将岁首定在正月初一,同时首次把二十四节气编入历法,设置十九年置七闰,以无中气的月份为闰月。这些设置使得季节与月份相互协调,有利于农业生产与社会生活的协调。岁首在农历的时间体系中有了固定的时间,岁时节日的时间在农历历法中被固定下来,这为岁时节日的稳定发展提供了重要条件。

汉代中期以后,在政治、经济、文化等方面的变化为岁时节日体系的形成创造了条件。自汉魏时期开始,岁时活动开始逐渐与节气相分离,过去依附于节气的岁时活动逐渐转移到新的更符合农历月度规律的节期。到了东汉魏晋时期,中国传统岁时节日体系基本形成。我们今天的春节、上巳节、寒食节、端午节、七夕节、重阳节等许多节日,在这一时期要么已经得到很好的发展,要么能在这一时期找到原型。

细观整个岁时观念以及岁时节日体系的形成与发展脉络,可以说,这本身就是我们先民的智慧结晶,其中包含着对大自然的认识的不断加深和对人类社会生活的协调推进。今天,我们日常生活中仍然被实践着的岁时节俗,依旧保存着这些古老的智慧,并在新的社会文化语境中生发着新的生活智慧。

二、岁时节俗里的中国智慧

葛兰言在《古代中国的节庆与歌谣》中说,"庆典促成了万物的和谐统一状态,即物质世界与人类世界的和谐状态"。[①] 当我们的岁时节日体系形成之后,尽管岁时节俗在不同的时代背景下会有所变化,但整体来说,繁杂多样的节俗活动所体现的主要就是人们处理人与自然以及人与社会的互动关系的智慧,并在此过程中形成了璀璨的节俗艺术,展示了民众独具特色的创造力与生活智慧。

1. 处理人与自然的关系的智慧

岁时活动的原初形态主要是处理人与大自然的关系。受制于对大自然的认识水平,人们对大自然的想象也蒙上了一层神秘的色彩,"山林、川谷、丘陵,能出云,为风雨,见怪物,皆曰神"[②],人们的日常生活便基于这样的认知而展开,大自然的节律以及对大自然的认知和想象深深地渗透到人们的日常生活,并以原始信仰的形式、阴阳五行的观念左右着人们的日常生活。这些观念自然也渗透到传统的岁时节日

---

① [法]葛兰言著,赵丙祥、张宏明译:《古代中国的节庆与歌谣》,桂林:广西师范大学出版社,2005年,第156页。
② 陈成国:《礼记校注》,长沙:岳麓书社,2004年,第354页。

庆典当中。

　　回溯与分析我们现在的许多岁时节俗，我们可以总结出，人们在岁时活动中处理人与自然的关系的方式主要有两种：一是顺应大自然的节律；二是抵御和化解大自然的侵害。

　　我们以春天的节日为例来说明。从阴阳五行的观念上来讲，"春为阳中，可得以生"（《汉书·律历表》），人们便顺应大自然这"生"的节律，举行促进生育繁衍的仪式。根据《礼记·月令》中的记载，王室在仲春二月"以大牢祠于高禖，天子亲往，后妃帅九嫔御。乃礼天子所御，带以弓韣，授以弓矢于高禖之前。"①高禖是掌管生育的神灵，弓矢是男子的象征，这表明王室在仲春之时向生育之神祈求男孩。而在民间，在仲春二月，"令会男女，于是时也，奔者不禁"（《周礼·媒氏》）。在古代的郑国，三月上巳日，成群的青年男女聚集在溱河和洧河边，成双结对地采集兰花，相互调笑，卷衣渡水，临别时互赠芍药。在这个节俗中出现的兰花，同时具有被除邪气与作为爱情（婚姻）象征的作用。可以说，无论是王室还是民间举行的这些活动，显然都是顺应了大自然生长的节律。恰如葛兰言对郑国的上巳节仪式的评价所言，"抚慰、各种被除仪式、采花、涉河、赛歌、性爱仪礼、约婚，所有这些，在山川的春天节庆中都是融为一体的"。②　人们也在春意来临的时节，举行顺应农时的活动。例如，明清时期许多地方政府都有在立春日"打春"的习俗，以彰显对农业生产的重视。《北平风俗类征》中记载，"立春先一日，顺天府官员至东直门外一里春场迎春。立春日，礼部呈进春山宝座，顺天府呈进春牛图。礼毕回署，引春牛而击之，曰'打春'"。③　时间越晚近，岁时节俗中这些原始信仰的成分越衰弱，但其中顺应大自然的节律来安排日常生活节奏的意图却没有减弱。例如，清明节既是祭祖的日子，也是人们踏青郊游的日子。清明节的节期正处在寒冬过去、春意勃发的时节。在屋子里窝了一个冬天的人们重回大自然的怀抱，在明媚的春光里踏青郊游，放风筝、采百草，均是顺应时气、投身大自然、放松身心的活动。

　　除了对大自然节律的顺应，人们也竭力抵御和化解大自然所带来的侵害。如以上我们提到的上巳节。上巳的原始意义是古代人们在冬天的蛰伏期结束时被除晦气。④　因而，人们在明媚的春光里到水边沐浴嬉戏，除了顺应大自然的节律助力生长

---

① 陈戍国：《礼记校注》，长沙：岳麓书社，2004年，第112页。
② ［法］葛兰言著，赵丙祥、张宏明译：《古代中国的节庆与歌谣》，桂林：广西师范大学出版社，2005年，第137页。
③ 李家瑞编，李诚、董洁整理：《北平风俗类征》（上），北京：北京出版社，2010年，第9页。
④ 萧放：《岁时——传统中国民众的时间生活》，北京：中华书局，2002年。

之外,还有一个功能便是祓除不祥。"女巫掌岁时祓除、衅浴"(《周礼·春官》)。三月三节日习俗中具有很强的聚会娱乐性质的曲水流觞,在古代典籍的记载中,也曾经有一个关于祓除的起源传说。《续齐谐记》中记载说:"晋武帝问尚书郎挚虞仲洽:'三月三日曲水,其义何旨?'答曰:'汉章帝时,平原徐肇以三月初生三女,至三日俱亡,一村以为怪。乃相与至水滨盥洗,因流以滥觞,曲水之义,盖自此矣。'"①春节作为一年之中最重要的岁时节日,如果追溯源头,它的许多习俗都蕴含着抵御和化解大自然侵害的意味。例如,今天,我们在春节燃放烟花爆竹,主要是为了庆祝新年,增加节日气氛,但过去,正月初一爆竹却是为了"辟山臊恶鬼"。《荆楚岁时记》中记载,作为三元(岁之元、时之元、月之元)之日的正月初一这一天,荆楚地区的人们"先于庭前爆竹,以辟山臊恶鬼"。宋金龙校注版《荆楚岁时记》同时注说,按《神异经》中的记载,山臊是居住在西方山中的人,"其长尺余,一足,性不畏人,犯之则令人寒热,名曰山臊。人以竹著火中,烞熚有声,而山臊惊惮远去"②。而春节贴门神、挂桃符等习俗也源于对大自然侵害的抵御。《荆楚岁时记》中记载,"帖画鸡,或斲镂五采及土鸡于户上。造桃板著户,谓之仙木。绘二神贴户左右,左神荼,右郁垒,俗谓之门神"。鸡、桃板、神荼、郁垒,都是为了收缚百鬼。按庄子的说法,"有挂鸡于户,悬苇索于其上,插桃符于旁,百鬼畏之"。应劭《风俗通》中说:"《黄帝书》称:'上古之时,有神荼、郁垒兄弟二人,住度朔山上桃树下,简百鬼。鬼妄搰人,援以苇索,执以食虎。'于是县官以腊除夕饰桃人,垂苇索,画虎于门,效前事也。"③今天,这些充满了原始信仰意味的节俗内涵多数被人们渐渐遗忘,但这些节俗却被流传了下来,成为人们亲近大自然、放松身心的一种方式,或者是庆祝节日的一种方式。

可以说,无论是对大自然节律的顺应还是对大自然侵害的抵御与化解,都是人们认识大自然、处理与大自然关系的一种方式,其中隐含着一种人与大自然和谐共处的智慧。一方面,人们相信社会生活节律受大自然节律的约束,因而遵循大自然的节律来安排日常生活,与大自然同步;另一方面,人们也通过一定的手段来抵御大自然可能带来的侵害,维护人与大自然的和谐关系。无论是过去还是现在,这种与大自然和谐共处的智慧在岁时节俗中都一直存在着。

2. 处理人与社会的关系的智慧

处理人与社会的关系是岁时节日的另一大功能。从很大程度上说,岁时节日是

---

① [南朝]吴均:《续齐谐记》,《汉魏六朝笔记小说大观》,上海:上海古籍出版社,1999年,第1007页。
② [梁]宗懔:《荆楚岁时记》,宋金龙校注,太原:山西人民出版社,1987年,第3页。
③ [梁]宗懔:《荆楚岁时记》,宋金龙校注,太原:山西人民出版社,1987年,第5页。

一套社会关系(亲属关系、社区关系等)的集中展演时期。在岁时节日生活中,人们的生活进入某种停顿状态,它不再是日复一日的日常重复状态,而是进入节日的"非常时"。在这个"非常时",习俗强制性地将人们拉进社群关系的维护中,明确地不因为任何一种目的(如婚丧嫁娶等)而维护社群关系,这强化了人们之间的关系,营造了认同感。

中国社会首先讲究的是家族人伦,亲属关系是人们生活的重心所在,因而这也是节日习俗中要维护的最重要的关系。首先,岁时节俗给了人们祭祀祖先、追溯家族历史的时间。这在诸如春节、清明节、端午节、中秋节等节日中都有很好的体现。例如,在鲁东南地区的莒县,过年时便有请家堂、上年坟的习俗。请家堂就是请故去的祖先回家过年。莒县地区过去的大姓人家在除夕夜先到宗祠祭祖,之后顺路向祖茔焚香烧纸,奉请"家堂",进行家祭。① 多数人家一般在腊月二十九下午,开始置办上坟的菜肴,同一家族的男性相互吆喝着一起去上坟。一起上坟的队伍越壮大,说明家族人丁越兴旺。陕西省晋中地区的永康村春节祭祖的时候,会将家族中的长者保存的祖宗图挂在院子里,正月初一上午举行家族全体成员都参加的祭祀活动。在祭祀仪式上,家族中的长者会带领家族成员为祖宗上香、作揖、叩首。祭拜活动从正月初一一直延续到正月十五,每天两次祭拜。② 清明节是专门祭祀逝去的祖先的日子。湖北民谚说,"三月清明雨纷纷,家家户户上祖坟"。过去上海人有"做清明"的习俗。做清明的仪式一般在家里举行,人们通常准备4—6个菜肴,祭桌有好几桌:祭祀祖先的是家堂桌;祭祀父母的是父母桌;祭祀妻子家中亡灵的是岳家桌。祭祀的时候,人们在家长的带领下,向祖先斟三次酒,并向祖先磕头,同时还在桌前焚烧锡箔纸锭。③ 人们通过岁时祭祖向祖先至少表达两种情绪:一是对祖先的敬重与思念;二是祈愿逝去的祖先保佑生者。

在世的亲属之间的关系也在岁时节日期间得到进一步的确认和强化。这些亲属关系包括两方面。一是宗亲关系。这种以男性为中心的亲属关系在岁时节日期间尤其受到重视。例如,上文提到的祭祀祖先的仪式通常需要全体宗族成员,尤其是男性成员的参与来完成。这本身就是通过对共同祖先的祭祀实现宗族认同的一种方式。另外,除了参加共同的祭祖仪式之外,岁时节俗也为宗族成员之间相互走

---

① 闲人:《乡情:莒县奇特的年俗》,载山东省莒县旅台同乡联谊会编:《古城阳》第13期,1998年,第29页。
② 马建国、卫才华:《山西省晋中市榆次区永康村春节民俗调查报告》,载周巍峙:《中国节日志·春节(山西卷)》,北京:光明日报出版社,2014年。
③ 王均霞:《2012年上海市青浦区福寿园清明节调查报告》,未刊稿。

动创造机会。例如,在春节习俗中,正月初一这一天,通常是宗族内的家庭之间相互走动的日子。鲁东南一带,人们通常在正月初一早上吃年夜饭,吃过年夜饭之后,大家穿戴一新,按照长幼尊卑次序分别到同一宗族的其他家庭去拜年。首先同辈家庭招呼着一起去给长辈拜年,之后,再同辈之间互拜,晚辈给长辈拜过年之后,长辈再去给晚辈拜年。每家都准备炒熟的花生、瓜子、糖块儿以及专门制作的年节点心招待来拜年的人。一般来讲,家族内的每个人都应该给家族内的每个家庭去拜年,只有给家族内的所有人家都拜完年了,人们才去拜访关系要好的邻里,以此体现亲疏次序。二是姻亲关系。以女性为中心的亲属关系也在节日期间得到郑重维护,仍以春节为例。春节期间,正月初二是习俗所规定的外嫁女儿走娘家的日子。在皖北地区,正月初二或者初四是外嫁女儿回娘家的日子,届时,外嫁女儿与丈夫一起,偕同子女,挎着肉、馒头、丸子、炸果子(焦叶子)、四袋砂糖或者四袋甜果回娘家。而皖东地区,回娘家是在正月初二到正月初四这段时间。[①] 需要注意的是,正月初二回娘家不仅仅是外嫁女儿的事情,它还是密切由外嫁女儿连接起来的两个家庭的关系的日子。例如,山东省德州市平原县恩城一带,正月初二有请女婿的习俗。正月初二这一天,凡是新婚男子,都要去岳丈家拜年赴宴,认识岳丈家族的亲戚。[②]

岁时节日还担负着强化社区认同感的责任。这突出表现在以村社为单位组织的岁时节俗活动,如闹社火、巡游等活动。例如,在晋南长旺村举行于春节和二月初五庙会期间的"闹社火"活动中,村民通过乡村社区的公共活动"闹社火"实现了各种村落关系的再生产,同时也巩固和生成了村落个体的社会关系网络。[③] 过去,上海龙华地区每年清明节都会举行出会仪式。出会是整个社区居民都参与的活动,出会费用由龙华各村分担,出会的队伍也必须行遍龙华所有的村落。[④] 通过这些岁时节俗活动,人们的社区认同感得到增强。

岁时节日庆典在日复一日、不断重复的日常生活中设置的这些"非常时",为人们提供了专门的关系维护时间与空间,以传统节日习俗的方式调和并强化着人们的家族人伦关系、社区关系,强化着人们的家族与社区认同感,明确了社会人伦秩序。在节日时间,作为个体的人被拉入社群中来成为社群中的一分子,并在节日实践活动中不断地强化其在社群中的身份认知与认同。这是一种以家族与社区为核心的

① 卞利、汤夺先:《中国节日志·春节(安徽卷)》(上),北京:光明日报出版社,2013年。
② 赵明君:《正月初二请女婿——平原县恩城一带世俗一瞥》,载中国人民政治协商会议山东省平原县委员会:《平原文史资料》第7辑,1992年。
③ 李倩:《事件、仪式与村落关系的构建:以晋南长旺村"闹社火"为中心》,山东大学硕士学位论文,2014年。
④ 王均霞:《龙华庙会的历史记忆》,载田兆元:《中国节日志·龙华庙会》,北京:光明日报出版社,2016年。

共同体维护方式的智慧表达。

　　3. 岁时节日、民间艺术与中国智慧

　　在数千年的发展历程中,岁时节日里也衍生出许多光彩夺目、饱含着民众生活智慧的民间艺术形式,如与节日相关的传说、戏曲、节令食品、节令艺术品等。在这些民间艺术形式中,人们创造了一套只有在共同的文化语境中生活过的人才能真正懂得的文化密码和交流艺术,鲜明地表达着民众趋吉避凶的愿望,发挥着沟通人神祖先、教化娱乐的功能。

　　我们以年画艺术来说明这一点。传统年画内容包罗万象,生动而智慧地反映了民众丰富多彩的精神世界。这可以从三个方面来分析。首先,年画创造了一套通过象征与谐音的方式来形象而直观地表达多重吉祥心愿的文化符号。例如,天津杨柳青年画《金鱼多子》,画中一个欢喜造型的胖娃娃骑在一条硕大的金鱼之上,手持莲蓬和含苞待放的莲花。这是传统年画中的重要题材。如果让一个完全不懂年画的外国人来观看这幅年画,他/她看到的可能只是娃娃、金鱼、莲蓬和莲花,但这幅年画所表达的显然不仅仅是这些,每一个在中国传统文化语境中生活过的人都能够很快明白这些意象背后所承载的文化含意,明白胖娃娃与子、金鱼与多子及"余"字、莲花与"连"字之间的对应关系,从而明白,人们通过这些简单而常见的意象来表达期盼连年有余、多子多福的心愿。这是一套内在的文化符号,在传统年画中被广泛使用。比如,杨家埠年画《桃献千年寿　榴开百子园》,也是通过这样的方式来表达多子多寿的愿望。画中三个憨态可掬的儿童,一坐两立,坐着的手捧硕大的、露出石榴子的石榴,立着的一手抱寿桃,一手举石榴,儿童象征着子孙,石榴也是多子的象征,桃子是长寿的象征,图现意出。其次,年画创造了独特的标记时间的方式。例如,杨家埠年画中被广泛使用的《灶王爷》纸马,上方便明确标明该年二十四节气时间等信息,以方便农人们根据节气安排农业生产。流行于各地的九九消寒图也是民众标记时间、感受时间变化的一种方式。明代刘侗、于奕正《帝京景物略·春场》中说:"日冬至,画梅一枝,为瓣八十有一,日染一瓣,瓣尽而九九出,则春深矣,曰九九消寒图。有直作圈九丛,丛九圈者,刻而市之,附以九九之歌,述其寒燠之候。歌曰:'一九二九,相唤不出手。三九二十七,篱头吹觱栗。四九三十六,夜眠如露宿。五九四十五,家家堆盐虎。六九五十四,口中四暖气。七九六十三,行人把衣单。八九七十二,猫狗寻阴地。九九八十一,穷汉受罪毕,才要伸脚睡,蚊虫蛤蚤出。'"[1]除了《帝京

---

① ［明］刘侗、于奕正:《帝京景物略》,上海:古典文学出版社,1957年,第27—28页。

景物略》中提到的梅花九九消寒图,民间还有其他多种九九消寒图样式。例如,武强年画《九九消寒图》,画面的主体是三头六体、两两争头的娃娃构图,体现的是连生贵子、九子十成的美好心愿。最后,年画通过讲故事的形式实现了教化娱乐的功能。尽管年画提供的是一幅或若干幅静态的图画,但在这些静态的、简省的年画图像背后却隐含着动态的、充满了细节的故事。只需要一个讲故事的人,这些故事就可以扩展开来,借由年画这个载体变成头脑中挥之不去的记忆。这个讲故事的人,可能是爷爷奶奶,可能是姥爷姥姥,也可能是父母。年画中的故事便这样在代际之间传播。而人们一遍一遍地讲述、倾听这些故事,也很快就可以发现这些故事潜移默化地实现了教化与娱乐的功能。例如,柳青戏出年画《长坂坡》,描绘了赵云救阿斗的故事。刘备逃奔江陵,在当阳遭曹操兵马追杀。受伤的糜夫人将幼子阿斗托付给赵云后投井自杀。赵云怀抱阿斗,奋力冲出重围,将阿斗救了出来。从这幅画到一段历史故事,听者从年画与故事中学习了赵云的勇武忠诚。山东年画《猴夺草帽》展现的是一老头推草帽路过猴山,猴子们看见便效仿老头戴草帽的样子,将车上的草帽抢光,引发老头与群猴争夺的故事。年画上题:"来哉山道,猴夺草帽。无法可治,一场好闹。"画面生动活泼。通过这一幅年画,人们可以讲一出人与猴子斗智斗勇、混战一场的生动故事,消磨漫长的冬日时光。

在信息技术尚不发达的传统农业社会,岁时节日中的这些民间艺术形式丰富了民众的日常生活,表达了人们美好的生活愿景。民众在其岁时节俗实践中创造了一套表达符号,生动而直观地表达着对新生活的祈愿,实现着教化娱乐等功能。这是深深扎根于日常生活实践中的民间智慧与艺术创造。

三、岁时节日的现代变迁与岁时节日中的智慧传承

整体来讲,岁时节日是农业文明的伴生物,它与农业社会的生产生活有着密切的关系,体现着人们处理与大自然关系的智慧,以及处理人与社会关系的智慧。

辛亥革命以后,中华民国政府弃用夏历,改用公历,以公历 1912 年 1 月 1 日为中华民国元年的开始。1914 年 1 月,袁世凯批准了北京政府内务部部长朱启钤关于《定四季节假呈》的呈文:"拟请定阴历元旦为春节,端午为夏节,中秋为秋节,冬至为冬节。凡我国民均得休息,在公人员亦准给假一日。"[①]自此之后,元旦成为公历新年

---

① 朱启钤:《蠖园文存》,台北:文海出版社,1936 年,第 101 页。

的称谓,夏历元旦更名为春节并被沿用下来。中华人民共和国成立后,在时间制度上沿用了民国以来的公历制度。在官方的这一时间框架中,传统岁时节日只有春节被纳入国家的节日体系之中,并获得了三天假期。"文革"前后,春节假期亦被取消,直至1980年才在全国范围内恢复春节放假制度,但其他传统岁时节日都被排除在官方的时间管理体系之外,这导致传统岁时节日的节日时间无法得到保障。

近些年来,在现代化与全球化的社会大背景下,岁时节日也在不断发生变化以适应新的社会语境。但不可否认的是,随着现代化进程的加快,以及人口流动性的增强,现代以公历为主的官方时间管理体系很大程度上挤压了岁时节日的生存空间,传统岁时节日的节俗时间得不到充分保障。这很大程度上消解了传统岁时节日中蕴含的深厚的文化底蕴及其在增强中华民族的认同感等方面的巨大作用,轻视了传统岁时节日中蕴含的古老中国智慧。因而,一些学者开始为此奔走呼告,试图为传统岁时节日在官方的时间管理体系中争取生存空间。2006年,在多方共同努力下,春节、清明节、端午节、七夕节、中秋节、重阳节等被列入国家级非物质文化遗产保护名录。其中,端午节在2009年9月还被联合国教科文组织列入世界非物质文化遗产名录。2016年12月,中国二十四节气也被联合国教科文组织列入人类非物质文化遗产代表作名录。自2008年以来,除春节之外,清明节、端午节、中秋节也被纳入官方的时间管理体系之中,到目前为止,春节拥有了七天假期,清明节、端午节、中秋节亦各拥有了三天假期,传统的岁时节日生活得到了一定程度的保障。

今天,尽管在国家的时间管理体系中有了传统岁时节日的一席之地,但不可否认,作为农业文明伴生物的岁时节日原有生存的土壤正在逐渐消失,传统乡村在中国社会急剧转型的浪潮中正不断经历城镇化的进程,传统乡村正在消失,传统岁时节日生活也受到挑战。我曾在我的"岁时节日"课堂上问90后的学生,春节期间通常干什么? 学生给了我两个答案:打麻将和睡觉。一定程度上说,传统岁时节日在当下青年群体中的传承出现了断裂。

好在,在当下呼吁保护非物质文化遗产的时代大背景下,包括岁时节日在内的传统文化日益受到重视,许多业已消失的传统文化被复兴,并在相关社区中得到实践,中国岁时节日中蕴含的深厚的文化底蕴与智慧结晶得以继续传承。在此背景下,高校也成为传统文化保护的重要力量。以华东师范大学为例,自2009年起,华东师范大学民俗学研究所田兆元教授即开始指导学生举办端午游园会。在端午游园会中,其内容既包括端午巡游表演、屈原情景剧、白蛇传情景剧,又有点雄黄、端午诗会等活动,还有传统手工制作活动。端午游园会之后,自2014年起,社会发展学院学生又开始在清明节举行"祭祀师祖　追慕先贤"的祭祀活动缅怀首任校长孟宪承先生。以 2014 年的活动为例,清明节前一天,社会发展学院学生先在杏林东路孟宪承铜像前举行"祭祀师祖　追慕先贤"的活动。师生头戴柳枝草环,手捧素菊,在孟宪承先生铜像前肃穆伫立,在司仪同学宣读完祭文之后,依次鞠躬并献上素菊一枝,表达对孟宪承先生的敬意。按照清明祭扫的传统,学生们还细心地擦拭了先生的铜像。这一活动也已坚持了多年。而且,在田兆元教授的倡议下,华东师范大学从 2015 年起,便联合华中师范大学、山西大学、江苏大学、上海社会科学院等八所高校和科研院所发起"纪念大学大师　继承传统文化"的倡议。这一倡议得到了广泛回应,截止到 2017 年,举行清明节祭祀先贤活动的中国高校已有二十余所。这些活动的举行,拉近了学生与传统岁时节日文化之间的距离,使其对节日传统的认知也进一步加深,有助于弥合年轻一代与父辈之间的文化裂痕,推动传统岁时节日文化的校园传承与发展。这是传承岁时节日与岁时节日中的中国智慧的一个重要途径。

第十一章　传统手工艺中的智慧

不同于现代工业的标准化生产,传统手工艺以手为灵魂,其中闪烁着手工艺人的思想火花,涌动着手工艺人的情感脉搏,其产品是携带着温度而有生命的物件,具有唯一性和不可复制性。中国传统手工艺异彩纷呈、兴象万千,主要类别来自民间,反映着民间社会的生产、生活智慧;自民间而来,专为统治阶层量身定制的手工艺品也是重要一翼,代表了一个时期的技艺精华、智慧巅峰和文化典范。中国传统手工艺从史前以至明清近代,始终在与社会文化史的交织互动中不断演进发展,每个时期的手工艺都具体而历史地体现着蕴含其中的高超智慧。而综观中国传统手工技艺的门类与历史,积淀其中的中国智慧,就其精华而言,主要集中在两大方面:"以人为本"的实用智慧与"提升日常生活境界"的美学智慧。中华传统手工技艺的代表性形态——民间剪纸便是如此,它以其独特的形式语言和造型符号,在特定地域内,比文字更能建构起民间社会的价值认同,形成叙事传统,承载中华民间文化的多样性发展,闪烁着中华民族的集体智慧。在当代非物质文化遗产保护的中国实践中,各级政府与社会各界对于传统手工技艺的重视可谓史无前例,传统手工艺的当代价值被深度发掘和重新评估,其中所蕴含的深深的中国智慧启迪着新时代"工匠精神"的建构与弘扬,并时刻回应着"人民日益增长的美好生活需要"。

问题一:何为传统手工艺? 它的基本内涵包括哪几个方面?

问题二:如何从中国传统手工艺的主要门类和历史发展中去寻绎积淀其中的中国智慧?

问题三:如何深味作为中国传统手工艺智慧之精华的"以人为本"的实用智慧与"提升日常生活境界"的美学智慧?

问题四:为何说新时代"工匠精神"的建构与弘扬,亟须从中国传统手工技艺的古今传承中汲取智慧?

一、传统手工艺概说

传统手工艺,又称传统手工技艺、传统技艺、传统工艺等,指的是"历史上传承下来的手工业技术与工艺"[1]。这一词汇最早出现在十九世纪的西方,后传入中国,属于舶来品。1851年,批量且标准化的工业产品在水晶宫博览会上展出,引发了西方社会反对机械化、复兴传统的"艺术与手工艺运动","传统手工艺"由此被提出。尽管作为概念的提出较为晚近,传统手工艺本身却并非新鲜事物,它已经伴随着人类文明的起源、发展实际存在了数千年之久。

历史长河中,人类积极发挥主观能动性,完全以手工劳作的方式,或主要依靠手工劳动,辅以相关手工工具,对客观物料进行创造性转换,加工制作生产与生活用品。这一造物行为、造物方式、造物过程及其结果指向的就是传统手工艺。可以说,社会生产、生活的面向有多广,传统手工艺所涵盖的范围就有多大,其内容和形式的丰富性、多样性是无法用举述的方式穷尽的。

恰切理解传统手工艺的基本内涵需要从三个方面着手。第一,手作是传统手工艺最根本的特征,是它的灵魂所在。人力、畜力、自然力是传统手工艺造物的基本动力,这些动力又主要是借由人手而被施用的。包括手工艺人在内的广大民众对于工艺的习得,多依靠基于口耳相传、心口相授的反复手作实践。手工艺传承者的学习体悟、主观判断、既往经验、主体情感、瞬间灵感以及所处的客观条件均通过手作的方式呈现在最后的手工艺产品上,这样的产品携带着手作的温度,因此也就具有了唯一性和不可复制性。不同于传统手工艺制作方式的是现代工业生产,现代机器大工业主要依靠蒸汽、电力等非生物能源的驱动,通过生产流水线的程序设定与控制,将同一产品的制作过程标准化。其产能产效比之传统手工艺呈几何倍数提高,其产品却如出一辙,失去了独特个性。总之,手作是传统手工艺与现代工业生产的本质区别所在,也是传统手工艺核心价值与智慧的集中体现。

第二,传统手工艺通常服务于社会生产和生活日用,其产品一般具有实用价值。基于本能和技术的实践性知识的聚合是传统手工艺的另一重要特征,这主要体现在它的功能上。不同于以审美功能实现为初衷的纯艺术,传统手工艺既存在于生产、生活的实践过程之中,更是对于实践问题的反思与解决,其天生具有功利属性。所

---

[1] 王文章:《非物质文化遗产概论》(修订版),北京:教育科学出版社,2013年,第289页。

以,德国哲学家康德认为手工艺是"雇佣的艺术",它"作为劳动,即作为对于自己是困苦而不愉快的,只是由于它的结果(例如工资)吸引着,因而能够是被逼迫负担的",而艺术则是"自由的"[①]。

第三,传统手工艺一般所具备的审美功能也是不容忽视的。民众在依靠传统手工艺造物时,不仅出于实用的目的,同时也将自身及其所在群体对于事物美感的追求投放在物件上,以此来满足人们的审美需要,甚至引导一种美学趋向。从这一维度来看,手工艺与纯艺术之间又是相通的。特别是在工业化、信息化时代,随着实用功能被工业产品日渐取代,熔铸了个体情性、生活情感的传统手工艺品越发彰显出其艺术魅力的一面。恰如美国工艺家罗斯·斯威克(Rose Slivka)在 *The Persistent Object* 一文中所言,"在漫长的历史中,手工艺曾创造出了后来被看作艺术的实用物品。而物品存在的时间比创造和使用它的人存在的时间更久。当投入了生命的物品发生超越并显现能量时,这样的物品由于自身的原因而受到尊敬——这就是艺术品"[②]。

概括地讲,手作决定着传统手工艺的基本属性和造物准则,传统手工艺当中的大部分既注重现实功用和实用价值,亦不失美学追求,具有相当的文化意蕴,是科学技术和艺术审美水乳交融之后的智慧结晶。

二、中国传统手工艺的分类、发展与智慧积淀

中国历史文化传承久远、积淀深厚。作为博大精深的中华文化的重要组成部分,中国传统手工艺可谓异彩纷呈、兴象万千,是中国社会文化演进发展的生动缩影,深刻体现出中华民族在传承中不断创新、不断进步的高超智慧,也是对于人类社会发展和文明进步的卓越贡献。

中国传统手工艺品主要来自民间社会,反映民间的生产、生活智慧,形式较为通俗;与此同时,自民间而来,专为统治阶层量身定制,精湛考究,风格典雅,可代表某一时期技艺精华、智慧巅峰、文化典范的手工艺品也是重要一翼。从类别上看,民间形态或宫廷风格的传统手工艺皆有广义、狭义之分。广义的传统手工艺大体可分为:(1)工具和机械制作;(2)农畜产品加工;(3)烧造;(4)织染缝纫;(5)金属工艺;(6)编织扎制;(7)髹漆;(8)造纸、印刷和装帧;(9)制盐、制笔、制墨、颜料制备、

① ［德］康德:《判断力批判》(上),北京:商务印书馆,1985 年,第148—152 页。
② Rose Slivka. *The Persistent Object*, *The Crafts of the Modern World*, New York: Horizon Press, 1968.

火药制备、烟花爆竹制作等其他工艺。有些传统手工技艺同时也是精美的民间美术的创造。[1]这一定义将一切以手作的方式解决生产、生活领域物质性问题的技艺、技能、技巧、技术及其背后的知识体系都纳入广义的传统手工艺的范畴。如若就其狭义而言,农畜产品加工、制盐、酿酒等艺术性相对不强的门类则不在传统手工艺之列,其较为核心的内容主要指向织绣、剪刻、画绘、塑作、编扎、埏烧、雕镂等相关类别的视觉造型艺术。

其中,织绣指使用棉、麻、丝、毛等织造材料进行纺织或刺绣的传统工艺技术。我国刺绣类的苏绣、湘绣、粤绣、蜀绣、顾绣,织锦类的蜀锦、云锦、宋锦、壮锦、瑶锦、苗锦、侗锦等,皆为织绣工艺之结晶,反映出以绣娘为主体的中国传统女性巧手弄机杼,为君添寒衣的行为,以及借此表达情意、美化生活的群体智慧。

剪刻指使用剪刀或刻刀在纸上剪刻花纹,用于装饰及烘托民俗活动气氛的传统民间艺术,其作品通常叫作"剪纸",又称"剪花""凿花""花样""纸样"等。我国的剪刻艺术地域流派纷呈,总体上有南北派之分,南派相对细腻秀气、用刀精工,北派则粗犷大气、造型质朴。对于生活的写照,对于信仰的寄托,对于福禄寿喜财的祈盼,等等,通过一张纸,一把简单的剪刀、刻刀,就可以实现。所以说,剪刻艺术是最为寻常而又时时处处体现生活智慧的手工艺门类之一。

画绘为民间绘画之统称,这一类绘画贴近民众生活,艺术上受到织绣、剪纸、木雕等工艺的影响,具体类型有年画、灶头画等,以年画最为典型。传统民间年画起源于古代的"门神画",多用木板套印,大都于新春佳节之际张贴,寓意吉祥,表达愿景,是建构春节认同的重要载体,可谓我国古代岁时文化的一项智慧结晶。

塑作指使用捏、塑、堆、纳、吹等技法在泥、面、陶、糖、米粉、纸浆、琉璃上进行造型,并结合彩绘装饰的民间艺术。河南淮阳的泥泥狗、江苏惠山的大阿福、北京的兔儿爷、中秋月饼、糖人等,都是典型的塑作类作品。与塑作相关却不尽相同的是雕镂,雕镂的对象一般为硬度较高的材料,有象牙雕刻、玉雕、骨刻、石雕、砚刻、木雕、竹刻等多种。

另外,编扎、埏烧也是重要的传统手工艺。编扎有竹编、草编、藤编、柳编等类型,种类较为丰富,生活气息浓厚;极具文化表征意味的中国陶瓷则主要采取埏烧技艺。塑作、雕镂、编扎、埏烧同样是民众生活智慧在手作形式上的集中表达,是劳动人民依靠灵心巧手将泥土、草木、金属等大自然中的寻常之物化为精美器具的神奇

① 王文章:《非物质文化遗产概论》(修订版),北京:教育科学出版社,2013年,第289页。

之举。

全面了解我国的传统手工艺,特别是包含其中的中国智慧,不仅要从横向分类的角度予以观照,还应掌握其历时性的发展过程,从手工技艺与社会文化史的互动发展中进行把握。中国传统手工艺的演进历程大致可以划分为三个历史阶段:史前至东周、秦汉至隋唐、宋元至明清,每个时期的手工艺都具体而历史地体现着蕴含其中的智慧。

史前至东周是中国传统手工艺的发轫期。旧石器时代,远古先民们使用的石器反映出我国手工艺的原初形态。新石器时代的手工艺则更为精致、丰富,石器由打制转向磨制,牙骨器具制作、麻布编织、陶器制作等,都是当时具有代表性的工艺。特别是彩陶的制作工艺,造型讲究对称、和谐的形式美,丰富的纹饰都是有意味的形式,显示出先民的思想意识。1984年,上海青浦福泉山遗址出土的良渚文化器物"蟠螭纹镂空足带盖陶鼎"(图11.1),其镂空的足间以及盖上、

图11.1 蟠螭纹镂空足带盖陶鼎

腰身上皆有龙纹图案,先民对于龙图腾的崇拜可见一斑,中华龙文化以其为一肇端。

进入夏商周三代,手工艺有了长足发展。青铜器铸造是这一时代最具代表性的手工技艺,种类繁多的青铜器皿由大规模的作坊制作出来,其形制既是为了配合并强化当时的礼法制度,有些也被赋予了一定的实用功能。当时的玉器也多与礼制有关,造型规范,谓之礼玉。可见,手工艺品已成为梳理、维系社会文化秩序的重要凭借。春秋战国时期,由于社会生产力的发展和思想文化领域的活跃,器物制度有所松动,手工艺制作愈发活跃而自由。此外,铁器冶制、髹漆工艺、丝织技艺等在春秋战国时期亦有巨大进步。战国后期还出现了我国第一部反映先秦手工艺发展状况及其内在智慧的总结性专著——《周礼·冬官考工记》。

秦汉至隋唐是中国传统手工艺的发展期。秦汉时期设立了管理手工业的专门性机构,手工技艺在中央集权的大一统局面下得以充分发展,其中又以陶瓷工艺最为典型。秦始皇兵马俑、东汉击鼓说唱陶俑都是我国陶塑工艺的杰构。"秦砖汉

瓦"、汉画像砖等建筑用陶也以其浑厚朴健之美成为秦汉文化的标识。

三国两晋南北朝时期,一方面,从地域社会发展上看,江南地区逐渐得到开发,南方手工艺特别是青瓷制作也随之日兴;另一方面,从中外文化交流上看,佛教在中华大地传播开来并日益本土化,与佛教相关的手工技艺诸如佛像塑造、佛寺营造等也相应兴盛。至南朝齐梁间,佛教艺术的"在场"已成为神圣宗教仪式的重要载体,"南朝四百八十寺,多少楼台烟雨中"即为当时佛寺林立之生动写照。

隋唐时期是中国封建社会的鼎盛期,政治、经济、思想、文化繁荣空前,对外交流频仍,总体上呈现出一种刚健乐观、包容开放的社会氛围,手工艺的风格亦与此相统一,气象雄浑富丽、博大舒张。唐三彩,全名"唐代三彩釉陶器",是隋唐陶瓷工艺的代表。其釉彩以黄、绿、白三色为主,制作工艺复杂,可使各色釉相互浸润交融,形成瑰丽斑驳的视觉美感,令人叹为观止。唐代各式建筑的营造也显示出对于榫卯结构运用的极高水准,流风至今披于东瀛。

宋元至明清是中国传统手工艺的繁盛期。宋代以文治为主,外交屡弱,城市却发展迅速,带动了城乡经济的繁兴,满足新兴市民阶层、文士阶层需求的手工技艺十分发达。关乎百姓起居日用的瓷器烧制技艺可视为宋代手工行业中的一朵奇葩。这一时期的制瓷业出现了"钧、汝、官、哥、定"五大名窑并举的兴盛局面,单色釉工艺得到充分发展。宋代的织绣工艺、金属工艺、竹木工艺、文房器具制作工艺等,也蔚为大观。其中,织绣工艺以织锦类最具特色,故有"宋锦"之谓;金属工艺中的铜镜制作亦颇具水准,形制多样,题材丰富,可分为花卉镜、龙纹镜、禽鸟纹镜、神仙人物故事镜、八卦镜、商标铭文镜、吉祥铭文镜、素镜等众型样,琳琅满目。同样是顺应于文人风雅和市井趣味,宋代手工艺的总体风格以雅淡清丽、含蓄内敛为尚,与隋唐气象形成鲜明对比。

在元代辽阔的行政版图上,多族群的共存和便利的国内乃至洲际海陆交通贸易促进了各地域、各民族、各流派手工技艺的融合发展。这一时期,景德镇一跃成为全国性的瓷都,青花瓷誉满海外。棉纺织技艺在当时松江府乌泥泾(今上海徐汇区华泾镇)女匠人黄道婆等能工巧妇的改良和推广下,极大地助推了棉织业的进步。手工技艺的传承者、从业者由此获得了社会的尊崇,其人其事其智慧传颂至今。

明代的手工技艺赓继了宋代的美学风格,造物简洁而不失端庄,具有一定的程式化倾向,宫廷与民间的分野则日愈显明。得益于晚明商品经济的发达和个性解放思潮的高涨,手工艺在此时期又获得了全面的发展。瓷器制作方面,白釉瓷、青花瓷工艺高度成熟。明式家具及漆器制作亦日臻于艺术巅峰,成为一代造物之代表。晚明宋应星所著《天工开物》是世界上第一部关于农业和手工业生产智慧的综合性著作,被誉为"中国十七世纪的工艺百科全书"。文震亨《长物志》、计成《园冶》等诸多有关手工技艺的综合性、专题性研究著述,亦皆出自晚明。可见,对于传统手工技艺智慧的理论总结也是明代的特色与贡献所在。

清一代的手工技艺可谓集历代工艺智慧之大成。这一时期,宫廷旨趣开始自上而下,影响了整个手工艺行业,形成了繁缛藻丽的总体风格。就具体技艺而言,织绣工艺、陶瓷工艺皆十分发达。苏州、江宁、杭州等地设置了织造局,其中的江宁织造署、局还与《红楼梦》的贾府原型密切相关。康、雍、乾三世被称为中国陶瓷工艺发展的鼎盛阶段,青花、釉里红、五彩、斗彩、粉彩、珐琅彩,品类繁多,不一而足。

上述这些异彩纷呈的中华传统手工技艺生生不息,传承至今,充分反映出广大民众的审美趣味、生活需求和文化理想,在我国民间日常和民俗活动中更是具有相当广泛、深刻的影响。它们植根于自然经济和宗法社会,长期在各地乡村、市井自发生长,既关乎百姓日用,又时时透露出处于不同地理空间的社会民众群体的日常审美诉求。它们所呈显的民间性、自发性,以及合应用、美学功能于一体的区域文化特征,使其成为独特的形式语言和造型符号,在特定地域内,比文字更能建构起民间社会的价值认同,形成叙事传统,承载中华民间文化的多样性发展,闪烁中华民族的集体智慧。

三、中国传统手工艺的智慧精华

综观中华传统手工技艺的门类与历史,积淀其中的中国智慧,就其精华而言,主要集中在两大方面:实用智慧与美学智慧。实用性、审美性是手工艺兼具的两项基本功能特征,其背后皆含有丰富的文化意蕴。手工艺在实用领域与审美范畴中所显示的功能及价值,也就是其自含的智慧所在。此处以中华传统手工技艺的代表性形态——民间剪纸为例,结合具体作品及其图像进行探析。

1. 民间剪纸的实用智慧

在一般人来看,民间剪纸作品绚丽多姿,以其造型美、线条美、色彩美等,供人观赏,令人流连,但它并非纯粹美学意义上的装饰品、艺术品,而是为满足民众自身的生产需要、生活诉求而制作的,凝结着实用主义的智慧精华。

民间剪纸最大的实用智慧就是祈福。北方地区常见的窗花最初就是用以驱邪的,挂在屋檐下的纸人"扫晴娘""扫天婆"都是北方民间祈求雨止天晴,以利农业之具。江苏金坛刻纸发展至明清二代,已盛行民间,其主要类型就是饰于门楣、辟邪接福的门笺。山东莒县的过门笺、辽宁岫岩的挂笺等,亦皆如此。在民间传统中,辟邪与祈福并无扞格,乃一体之两面。

许多民族地区的剪纸还集中体现出凝聚信仰的实用智慧。流传于辽宁医巫闾山地区北宁市、凌海市、阜新市、义县等地的满族剪纸,其宗教信仰意味就十分浓厚。医巫闾山一带的满族人有原始图腾崇拜的萨满文化传统,常使用树皮、兽皮等物件剪刻神偶形象。这种以造像为中心的原始崇拜活动在长时间的积淀、传承中逐渐发展为以表现满人自然崇拜、祖先崇拜、生殖崇拜及满族民情风俗的剪纸艺术,其隐喻奥古,构型质朴,纹线粗放,恢宏大气,是研究东北民族、民间文化,特别是萨满信仰文化的重要民俗符号。例如汪秀霞的这幅《柳树妈妈》(图 11.2),便寄托、凝结着满族民众的信仰与崇拜。在满族地区,人们认

图 11.2 剪纸作品《柳树妈妈》

为折取柳条一枝,但凡扞插,无论倒顺纵横,皆能茁壮生长,显示出强大的生命力和生殖力,故将柳树奉为始祖母神。作品中有两个拟人化的形象,一位柳树妈妈领着自己的孩子,表现出对柳树的尊奉,对族群繁衍生息的美好祝愿。

江浙、福建、广东不少地区和某些南方少数民族地区的剪纸则分别用作鞋面、服饰绣花的底样。湖南泸溪的苗族踏虎凿花、贵州剑河的苗族剪纸等,都有此功用。这一传统古已有之,黔东南苗人世代传唱的《苗族古歌·跋山涉水》即云:“姑姑叫嫂嫂,莫忘带针线。嫂嫂叫姑姑,莫忘带剪花。”苗族各支系自有其独一无二、一脉相承的部落文化标识,使用不同的刺绣纹样便意味着不同的文化传统和身份归属。从这个维度上讲,苗族剪纸艺术含藏着原始部族的自我认知方式和社会组织观念,具有重要的民俗学、社会学、文化人类学价值。

民间剪纸的实用智慧还体现在技术、技艺的运用、传承方面。首先,在制作材具的选择上,民间剪纸往往是因地制宜、因材施艺的。总的来讲,剪纸的基本材料、工具主要是纸张和剪刀、刻刀等,简单的材具适用于长期以来民间社会的经济状况和

节俭的生活观念,这也是剪纸能扎根民间、遍及生活各角落的缘由所在。而在不同地域,传统剪纸的选材用具则又略有差异,就地或于其旁近取材是一种常态。如广东佛山的铜凿剪纸,属于岭南剪纸中极具特色的品类,就是以佛山特有的铜箔为原料,使用铜凿反复敲凿,并着矿物颜料而成。善于因材施艺亦显示出民间剪纸具有实用智慧的一面。据海派剪纸艺术家李守白所言,外国友人见了北方农村老奶奶剪的公鸡图,大为赞叹,因为那公鸡一只脚爪大、一只脚爪小,善于变形和夸张,颇有现代艺术的韵味,于是便追问老奶奶是否有意为之。老奶奶的回答却令这位外国朋友愕然,她说,好端端一张纸,扔掉了怪可惜,于是就利用它来剪花样,之所以把一只脚爪剪得足够大,另一只脚爪剪得比较小,则只是为了利用空白、节约纸张而已。对于材料择取的实用态度以及因材施艺的生活智慧,一直为中国传统手工艺人所普遍尊奉并努力追求。

其次,民间剪纸传承主体对其绝技的保密同样是基于现实性的考量,蕴含着实用智慧。在许多农村地区,剪纸具有商品属性,一直以来便是艺人在农忙之余,赶赴集市,走街串户,为贴补家用而广为兜售的对象。在市井之中,剪纸技艺甚至是很多艺人谋取生计、养家糊口的重要工具。正因如此,艺人们对自身习得的这门技艺均十分看重,一再小心维护,其中的"独门绝技"部分往往秘而不宣,不轻易示人。在技艺传承上则愈加谨慎。家族传承方面常有传男不传女、传大不传小、不传外姓人等看似苛严实则精心设置的规矩;师徒传承更是注重对徒弟的长期考察和全面考验,有许多应验道德、素养、能力的巧妙方法,得其真传,殊为不易。这种以主体利益维护为中心的实用主义倾向在其他许多传统手工技艺领域也是很突出的。

最后,民间剪纸工艺流程的程式化也反映出传统手工技艺中的实用智慧。某一流派的剪纸艺术在长期的发展过程中,往往会总结出一套或若干套相对固定的工艺流程。工艺流程之所以有其程式,主要是为了保障造物的基本品质,同时便于有序传承。因为这些程式化的工序是前贤历经长时间不懈探索而累积的共识,若不遵从,便会不得要领,导致创作的不稳定、不可控乃至失败和传承的难以为继。例如河北的蔚县剪纸,其工艺流程大约分为 11 个步骤:

(1)画样。即画出剪纸所用的"底样",也称"画稿"。

(2)拔样。即把绘好的画样用刀刻下来,也是对画稿的第二次创作。

(3)捋纸和撒粉子。捋纸即将一刀纸放好,用手捋平,以防止纸面上有沙子,并将纸面起折的地方抚平。撒粉子,也叫"打粉子",取一刀纸,每隔 5 张或 6 张在上面撒一层白粉子,以便在染色时将其分开。

（4）熏样。即把拔好的样子平放在一张白纸上，用水蘸湿，放在油灯或蜡烛上用灯熏，使烟透过镂空的地方，把窗花样子的形状全部完整地熏印到纸坯上。

（5）钉活儿。即把熏好的窗花底样用剪子剪去多余的边角，把一刀纸放齐摆正，再根据要刻制窗花底样的大小，一张接一张地摆放在上面，然后用锥子椎进每张底样的四角，一直穿透纸底样下面的纸张，将穿好的纸捻穿过椎好的小孔，以将底样与下面的纸张固定起来形成整体。

（6）裁活儿。即用剪子或裁刀将订好的纸张按照窗花底样的大小分别裁开，使其成为一个个纸坯。

（7）闷活儿。即从底面往纸坯上略撩些水或用湿毛巾把纸坯从中间、背面等部位全部打湿，再把湿纸坯放平，用毛巾或布覆在其上面，用双手直压以挤去过多的水分，之后再将一沓报纸铺平，把湿纸坯夹于其中，用脚蹬踏或用石头等重物覆压，以使纸坯充分压实，同时也再次挤出多余的水分。

（8）晒活儿。即将纸坯压实后，再用铁夹子夹起来挂在铁丝上放在通风的地方阴干。纸坯不能完全晾干，最好稍稍保持一点潮湿，以便下一步的刻制。

（9）刻制。即将纸坯放在专门用于刻制的黄蜡板上，用各种不同规格的刻刀在纸坯上刻制不同的图案。握刀时要求刀子与纸面垂直，下刀要求刚劲有力，走刀要求流畅圆活，刻出来的图案不能留下半点纸毛或毛边，也不能刻断一根细线。蔚县剪纸以阴刻为主（留面去线的方法），阳刻为辅（留线去面的方法），阴刻和阳刻巧妙结合，且实大于虚，面多于线，以便下一步的染色。

（10）染色。又叫"上色"或"点色"。每一刀活在染色前，先要在纸边上试色，然后再开始染。点染时最常用的颜色是红、粉（深粉、浅粉）、杏黄、蓝色、紫色、雪青、黄色。上色的顺序一般是由浅到深，先暖后冷，先上面积大的，然后再配其他色。此外，染色还讲究细处轻染，宽处重染；色与色之间要岔开配搭。染完正面再染背面，以保证每张纸都能染周全。

（11）揭活儿。即把染好色的剪纸一张一张揭开。在揭样之前，必须先将刻好、染好的纸样轻轻揉动，使纸张互相脱离，然后再依次一张一张地揭开。

如上所述，蔚县剪纸属于民间剪纸中工艺流程较为繁复的一类，如此复杂而又如许之多的工序步骤若不作程式化的规定，则难以长时间准确记忆，就会出现随意省减或更改的现象，从而引发传习的混乱，最后导致作品的水准每况愈下、风格驳杂不堪。因此可以说，对绝技的保密维护了传承主体的既得利益、眼前利益，将工序流程程式化则保障了活态传承的可能性与可持续性，其实质是维护了传承主体的长远利益,两者皆生动诠释了传统手工技艺"以人为本"的实用主义智慧。

2. 民间剪纸的美学智慧

民间剪纸尽管与百姓的现实诉求息息相关,深植于社会生产、生活的广阔土壤,但它首先是一种视觉艺术,个中的实用智慧是通过视觉审美的方式得以传达并实现的。在千百年的传承发展中,民间剪纸以其独特的艺术语言和强烈的符号表征为广大民众欣赏、品味,它就是华东师范大学田兆元老师所说的"提升日常生活境界",创造雅致生活的民俗事象,蕴藉其中的美学智慧主要体现在象形性、表意性、质料性、地域民族性四个方面。

(1) 象形性。自然是艺术的灵感源泉所在,艺术则是对于自然的摹仿。《道德经》亦谓"人法地,地法天,天法道,道法自然"[①],人造之物应与自然同构,方能合乎"道"。因此,"象天法地"被奉为中国传统手工技艺造物塑形的基本法则。民间剪纸的象形特征十分鲜明,花鸟鱼虫、飞禽走兽、瓜果菜蔬、戏曲人物、神仙佛道、英雄人物、风景名胜、家什器皿等,但凡自然界和人类社会的各种事物形态,无论巨细,皆可入剪入刻,显示出高超的象形艺术智慧。江苏的扬州剪纸多四时花卉之题材,如张秀芳作品《荷花鹭鸶》(图 11.3)即以自然物象为形,呈现出清新空灵、亦静亦动、栩栩如生的荷塘一隅,鹭鸶戏水乐,清荷和风香,展示了扬州剪纸的别样魅力。李守白的海派剪纸册页《上海童谣》(局部)(图 11.4)则主要以过往生活为象,共搜集上海童谣39 首,刻制人物152 位、动物46 只、文字1 757 个,透过那些在老上海人

图 11.3　剪纸《荷花鹭鸶》

心底酿藏良久的童年歌谣,描绘了当年的上海小囡们在石库门弄堂尽情嬉闹、玩耍的场景,美好的儿时记忆又重回眼前。

需要特别注意的是,传统手工艺的"象天法地"并不意味着将客观的、外在的物

---

① 《老子·道德经》上篇,"古逸丛书"景唐写本。

图 11.4　剪纸《上海童谣》(局部)

图 11.5　剪纸《吉祥兔》

象原封不动地再造出来,其核心智慧在于通过创造性地艺术加工提炼将其对象化,使其成为能够经受长久审视和反复推赏的形神兼备之象。对于剪纸而言,它所表现的对象往往是由若干基本纹样组成的,如适合表现毛发鳞甲的锯齿纹、表现衣纹花饰的月牙纹、表现云彩水浪的波浪纹等。这些基本纹样是剪纸图案构成的基础要素,体现出剪纸语言表达的智慧。如李爱荣所作的这幅河南辉县剪纸《吉祥兔》(图 11.5)就以锯齿纹、花瓣纹、羽毛纹等为纹样,描绘了一只眼睛灵动、身形优美、花鸟簇拥的兔子形象。

(2)表意性。民间剪纸的美学智慧不仅在于惟妙惟肖地摹绘自然社会万物之象,从而给人以形式美感,还在于通过赋形造象表达某种情感或思想意蕴,使人产生共鸣。据河南大学吴效群老师在豫省乡村作田野调查时了解到的情况可知,旧时很多女性没有上学的机会,且由于社会及家庭分工,她们多接触剪刀之类的工具。在生活中,当她们有审美与情感表达需要的时候,便自然而然地拿起剪刀,用剪纸的方式将私己的心思表露出来。在老人的丧葬仪式上,她们又通过剪制招魂的幡、盖供品的纸花,表达公共的哀思。这是她们最为熟悉的方式,也是当时社会衡量她们贤惠与否的价值标准,更是最能在她们所处的这一女性群体中引发审美共鸣的艺术形式。进一步说,当剪纸所要描绘的客观形象与剪纸人的主观意蕴交融后,便形成了所谓"意象"。优秀的传统手工艺品往往是意象浑融、意境隽永之作。而要达到如此高度,则须经由观物取象,立象尽意这一或惨淡经营或妙手偶得的过程,非一日一夕可成。如若只有工巧的形象,而缺乏内在艺术价值的蕴藉,那么这样的作品只能称为匠人之作。这当然反映出传统社会中的某些人对于工匠身份有一定程度的轻视,但也表明要想意象高妙甚至产生意境并非易事,具备如此般美学智慧的工匠十分罕见。民间剪纸亦复如是,如何经营意象往往是创作高下的关键所在。吉林通化的长白山满族剪纸《人参梦》(图 11.6)为侯玉梅所作,取材于满族民间传说故事"人参仙子"。在朴拙而不失柔腻的造型里,在饱满而疏密得当的构图中,在块面与线条的结合上,无不传递着神秘的宗教力量,激荡着人性的原欲,充盈着浓郁的民族风情和鲜明的地域特征。这样的作品可谓臻于意境之美了。著名乡村剪纸艺术家、陕西旬邑人库淑兰的代表作《剪花娘子》(图 11.7)也是善于营构意境的佳作。作品中,温润甜美的剪花娘子端坐于画面中央,是创作者主体身份及所在群体的意象性表达;左上角,光芒四射的太阳里还包裹着一位神秘的女性。夸张的造型、明艳的色彩、丰富饱满、讲究对称而富于变化的图案组合的背后,满载着手作的温度、浪漫的情韵、信仰的隐喻和原始的张力。

图 11.6 剪纸《人参梦》

图 11.7 剪纸《剪花娘子》

　　既然能以独到意境取胜的剪纸创作寥若晨星,那么更多的作品则是通过民间社会广为流传的寓意象征和谐音隐喻的巧妙方式来表情达意的,同样充满着捕捉美、理解美、传达美的艺术智慧。麒麟是祥瑞之兽,象征太平、长寿和富贵,广东潮州剪纸《金麒麟》(图 11.8)作为祭祀用品,以麒麟为题材,满足了民众祈福求祥、驱灾避邪的心理需求。许遵英的潮阳剪纸《岁岁平安福》(图 11.9)也是以象寓意的典型之作。十二生肖的生动造像以"花中套花"的构图方式恰如其分地镶嵌在大红福字当中,寄寓了潮阳民众祈求岁岁平安、年年有福的美好心愿。浙江乐清细纹刻纸《连年有余》(图 11.10)为陈余华所作。这幅剪纸上,童子手持莲花坐于金鱼背身,极显活泼、调皮、灵动,富有儿童意趣。在汉字中,"莲"和"连"同音,"鱼"又跟"余"谐音,因此连年有余寄寓了年有财余、生活富足的美好愿景。河北丰宁的满族剪纸《满乡风情——坐福》(图 11.11)反映了满人的传统婚姻习俗。满族新娘进入新房后需要"坐斧",就是将一把新斧放在褥子底下,新人坐在上面,"坐斧"与"坐福"谐音,寓意坐享幸福。图中并未出现藏而不露的新斧,一对新人含羞相视而笑,给人以无限遐想。

　　(3) 质料性。中国传统手工技艺因材施艺的智慧非但体现在"以人为本"的实用主义原则上,更彰显于更深刻的美学层面。善于将工艺材料的纹理、质地、形态、色彩等相关特性完美地融入创作之中,使其成为手工艺品视觉呈现的有机构件,成为

图 11.8　剪纸《金麒麟》

图 11.9　剪纸《岁岁平安福》

图 11.10　剪纸《连年有余》

图 11.11 剪纸《满乡风情——坐福》

美感传达、意蕴表述的不二载体,是因材施艺、随物赋形的另一要旨所在。广东佛山的铜凿剪纸有效地利用了其所依附的铜箔材料的质性,以此来衬托秀丽绚烂的南国风物,塑造金碧辉煌的视觉感受,可谓相得益彰。正如陈永才的铜凿剪纸作品《古镇佛山》(图 11.12),以铜箔的古雅色彩和金属质地展现了岭南名城佛山的悠久历史和繁华熙攘。黄铜光色的运用,既能造就一种盎然的古意,亦可传递出喧嚣古城中的温暖如春,令人向往那枝繁叶茂、宅第栉比、人流如潮、百业兴旺的盛世景象。满族剪纸对于材料的因势利导和巧妙运用更是渊源有自。早在后金皇太极时期以前,满族先民业已利用动物毛皮、树皮、植物叶片、麻布等材料制作剪纸,使粗犷朴拙的北地情怀和原始意味的信仰世界得以完美表达。传承至今的吉林通化长白山满族剪纸采用长白山的松明子点烧、熏染作品中动物的眼睛、纹羽,辽宁新宾满族剪纸用香头、木炭、烟头等烧烫点、线,皆是发扬质料美学智慧的典型例证。总之,顺应、遵循、依靠、借用材料的原生形态与内在天性,以求自然美与工艺美的辩证统一,是所有中国传统手工艺共同的美学智慧与审美追求。

(4) 地域性和民族性。中华大地幅员辽阔,多民族共处。每个民族、每一地区的民众都有自己独特的生存水土、生产水平、生活方式、宗教信仰等,这就决定了作

图 11.12 铜凿剪纸《古镇佛山》

为其文化传统重要组成部分的手工技艺在美学上亦具有鲜明的地域民族烙印。不同地域民族的民众通过不同的审美形态来装扮人生、化育人心,体现出中国生活美学智慧的多元存在与谱系结构。就民间剪纸而言,这种地域性、民族性的美学智慧主要表现在其题材、类型、用色、技法和风格流派等方面。

不同地域民族的传统民间剪纸有其题材内容上的偏嗜。清代浙江浦江地方戏曲"浦江乱弹"的形成,使得戏曲人物、戏曲故事成为浦江剪纸最具特点和影响的题材。扬州剪纸善于表达文人题材,有书画意味。傣族剪纸的题材则以佛经典故、本民族传说和南方边地风物为特色。

不同地域民族的传统民间剪纸有其类型样式上的偏重。浙江乐清细纹刻纸多"龙船花",与每年元宵当地乡间有龙船灯巡游相关。"斗香花"刻纸是南京剪纸的特色类型,七彩的斗形刻纸饰于香火之上,给人以斑斓夺目的视觉效果,堪称中国剪纸大观园中的一朵奇葩。

民间剪纸的用色方式也体现出各地域民族的美学智慧。剪纸用色大致可以分为彩色为主和单色为主,彩色又发展出染色、拼色、衬色、填色等不同用色方式。其中,山西中阳剪纸以大红单色为主;辽宁建平剪纸以大红单色或多色为主;山东高密剪纸则喜用玄黑底色;旬邑彩贴剪纸在旬邑单色剪纸的基础上产生,通过剪、贴、衬三道工序将多色彩纸拼贴而成,是传统与现代相结合的民间剪纸艺术形式;河北蔚县及其近邻山西广灵等地的染色剪纸亦极具地域特色,有点染、涂染、晕染、套染、渲染等用色方式,色彩明丽绚烂,极大地丰富了剪纸的艺术表现力。

民间剪纸的技法运用同样彰显出具有地域民族性的审美智慧。剪纸主要以剪和刻这两种技法为主,兼具拼、凿、撕等辅助手段。其中陕西、山西、山东的大部分地区擅长剪,广东、福建、浙江以及河北蔚县、山西广灵等则以刻纸见长,佛山剪纸又加之以凿,扬州民间剪纸则是刻剪结合的代表。

各地剪纸还因地理环境、历史文化、审美情趣的区隔而形成了迥异的风格类型,反映出美学智慧的多元共生。例如,广东剪纸纤巧秀逸、璀璨斑斓;福建剪纸典雅秀丽、精巧灵动;陕西剪纸粗犷明朗、淳厚拙朴;山西剪纸既粗豪劲健,又不乏挺拔纤秀;江浙剪纸玲珑剔透、秀润婉约;湖北剪纸细腻流畅、形象洗练;河南剪纸的厚重凝练、奔放热烈;等等。有的即便处于同一行政区划不同地域,其剪纸的风格特点也会各有差异。例如,胶东窗花精致细巧,鲁北窗花粗犷豪放,莒县门笺图案古朴,荣成纸斗花纹形象简练,鲁西南的刺绣花样线条畅达。

此外,各民族剪纸的风格差异也是显明的。南方少数民族善于剪制秀婉之作,北方少数民族剪纸则胜在旷放。明中期以来,从走西口到建设包钢,晋陕两地的移民将原籍地的民间剪纸艺术携至内蒙古包头,在与当地固有的游牧民族文化联姻之后落地生根,形成了独一无二的包头剪纸。因此,包头剪纸既反映出当地各民族图腾信仰的符号化,又显示出各民族、民间、民俗事象的共生、共融。无独有偶,黑龙江的方正剪纸也是满、汉等多民族文化交织、融合的产物。方正自辽金以来,就是女真族部落的栖息地,清康熙以后,随着满、汉民众不断徙居,以"嬷嬷神"形象为代表的满族萨满剪纸和寓意吉祥的中原剪纸在此落地,经过长时间的渗透、交融,最终铸就今日方正剪纸的多元艺术风格。各地各民族鲜明而纷呈的风格特点相映生辉而又相互融合,共同构成了中国民间剪纸多姿多彩的整体面貌,折射出无穷的智慧光芒。

《周礼·冬官考工记》云:"天有时,地有气,材有美,工有巧,合此四者,然后可以为良。"[1]"工有巧"主要指手工技艺的实用智慧以及美学智慧中的象形性、表意性,"材有美"与"天有时,地有气"则分别指涉美学智慧的质料性和地域民族性。只有将以上诸方面结合起来,才能制作出精美的器物。传统手工技艺中的中国智慧亦主要凝聚于此。

在传统社会中,不乏以制作精美器物为能事,并将技艺薪火相传的良工巧匠。"烁金以为刃,凝土以为器,作车以行陆,作舟行水,此皆圣人之所作也"[2],这些人被奉为"圣人",尽管在文人士大夫主导的传统知识体系中,他们的实际地位未必很高。传统手工技艺的世代传承和不断发展更多的还是依靠其广泛的群众性和群众智慧,器物手作实乃大众生活之常态。同样是《周礼·冬官考工记》中写道:"粤无镈,燕无函,秦无庐,胡无弓车。粤之无镈也,非无庐也,夫人而能为庐也;燕之无函也,非无函也,夫人而能为函也;秦之无庐也,非无庐也,夫人而能为庐也;胡之无弓车也,非无弓车也,夫人而能为弓车也。"[3]一地之器物跟一地之生产、生活休戚相关,人人都需要制作,人人都会制作,人人都在制作,以至于找不到专门从事此项技艺的工匠。随着社会分工的细化,这一先秦时代的手工业结构必然被打破,但这段话却从一个侧面说明了手工技艺与日常生活、群众智慧的密切关系及其在传统社会中承继创变、经久不息的关键动力。

---

① 《周礼》卷一一《冬官考工记》第六,《四部丛刊》明翻宋岳氏本。
② 《周礼》卷一一《冬官考工记》第六,《四部丛刊》明翻宋岳氏本。
③ 《周礼》卷一一《冬官考工记》第六,《四部丛刊》明翻宋岳氏本。

四、中国传统手工艺的当代价值与智慧启迪

逮至近代,内忧外患的现实局面导致中国的社会精英开始反思自身文化传统的局限性和落后性。在对于西方科学技术的模仿与学习中,奋发图强与自卑自弃这两种心态兼而有之,传统文化更多地被当作西方科学技术的对立面而加以否定。在此语境中,整个传统手工业的谱系结构总体上处于凋敝、离散的状态,匠人的社会地位乃至基本生存均得不到保障,蕴含在历代手工技艺之中的智慧成果也就被压在了尘封的箱底,曾经的璀璨已变得黯然无光。

中华人民共和国的成立,使传统手工艺人社会身份的合法性终于得到了政治保障,社会地位大幅度提升,当时许多由民间草根进入体制内的艺人普遍有一种当家做主的强烈自豪感。但由于极左思想的肆虐,手工技艺的活态传承仍受到不小的负面影响。改革开放后,在市场经济的大潮中,手工技艺又重新回归消费领域,传统手工艺品一方面在旅游市场、出口贸易、国际交流中扮演着愈发重要的角色,另一方面也面临着在大工业流水线生产主导的消费模式、消费理念中被逐渐边缘化的危机。这种状况一直延续到二十世纪末,才迎来彻底改进的契机。

为促进传统工艺美术事业的繁荣与发展,国务院于 1997 年发布了《传统工艺美术保护条例》,对传统工艺美术品种和技艺实行认定制度,对认定的传统工艺美术技艺采取建档、作品收藏、工艺技术保密、资助研究、培养人才等保护措施,命名了 200 余位"工艺美术大师"。这一条例的出台体现出国家对于传统手工艺的重视和保护已提升至制度层面,手工技艺的当代价值得以迅速彰显。

2003 年 10 月 17 日,联合国教科文组织第三十二届大会在巴黎召开,会议通过了《保护非物质文化遗产公约》(*Convention for the Safeguarding of the Intangible Cultural Heritage*)。此《公约》颁布后,得到了中国政府的积极响应。2004 年 8 月 28 日,第十届全国人大常委会第十二次会议表决通过了关于批准中国政府加入联合国教科文组织《保护非物质文化遗产公约》的决定。中国非物质文化遗产保护工作的大幕由此开启。2005 年 3 月 26 日,国务院又颁布了《国家级非物质文化遗产代表作申报评定暂行办法》,对中国语境中的"非物质文化遗产"作出了定义:"非物质文化遗产指各族人民世代相传承的、与群众生活密切相关的各种传统文化表现形式(如民俗活动、表演艺术、传统知识和技能,以及与之相关的器具、实物、手工制品等)和文化空间。"其具体内容则包括六个方面:(1)口头传统,包括作为文化载体的语

言;(2) 传统表演艺术;(3) 民俗活动、礼仪、节庆;(4) 有关自然界和宇宙的知识和实践;(5) 传统手工艺;(6) 与上述表现形式相关的文化空间。① 在关于我国非遗这一分类形态的表述中,"传统手工艺"赫然在列。而在其他的非遗分类法中,"传统手工艺"也都无一例外地被归入其中,如当下常用的非遗"十分法"中的"传统技艺""传统美术"等类别即对应于"传统手工艺"。

正是在非遗保护的中国实践中,各级政府与社会各界对于传统手工艺有了史无前例的重视,传统手工艺的当代价值被深度发掘和重新评估。时至今日,尚有为数众多的传统手工技艺作为活态传承的非物质文化遗产,存续于民众的日常生活之中,这就表明传统手工艺当中最为精华的实用智慧和美学智慧及其背后的价值体系依然存在。与此同时,也有不少传统手工技艺的实用程度随着现代科学技术的不断发展而日愈低下,其美学风格亦因不符合现代社会的审美趋向而日益被消解。无论是对于前者抑或后者,首先应从马克斯·韦伯(Max Weber)所谓的工具理性出发,合理利用或努力开掘其助推经济社会发展的现实价值,将其本身或某些要素、构件视作重要的文化资源、文化资本和技艺创新的具体凭借,这也是非物质文化遗产回归、融入现代生活实践的基本要义所在。其次,还要紧扣马克斯·韦伯所谓的价值理性,持续追问传统手工技艺工具性背后的精神价值,对于后者,尤应如此。有关其精神价值的解读,又可以从两个层面来展开。一方面,通过领略我国手工技艺从古至今取得的光辉成就,加深对传统及其与现代关系的认知,以巩固本土文化主体性,建构民族文化认同,提高国家与国民的文化自信,激发进一步的创造精神,同时也维护、发展了人类文明的多样性;另一方面,通过体认传统手工技艺所具有的精益求精、追求卓越等特质,塑造当代"工匠精神"。

"工匠精神"在当代中国社会的提出和倡扬还有更具体的现实背景。2016 年 3月 5日,李克强总理在《政府工作报告》中指出,鼓励企业开展个性化定制、柔性化生产,培育精益求精的"工匠精神"。随后,李克强总理又多次在不同场合提及"工匠精神",他强调"要用消费品质量标准的提升,倒逼'中国制造'全产业链升级"。改革开放以来,中国经济取得巨大成就,但也因眼前利益的驱使,很多消费品的生产只应市场需求,不重质量和个性,长此以往,便导致"山寨"横向、"水货"泛滥。在多数国人一心奔向小康的二十世纪九十年代,品质不高的消费品尚能为普通民众所接受。时至今日,随着大众消费的升级和买方市场的形成,粗制滥造的商品早已被人唾弃,成

---

① 国务院办公厅:《国家级非物质文化遗产代表作申报评定暂行办法》,国办发〔2005〕18 号。

为制约经济持续、健康发展的障碍。正是为了提升"中国制造"的品质、品牌,顺应并推动经济转型,"工匠精神"由此而提出,并被广泛表述传播,入选为《咬文嚼字》杂志发布的"2016 年十大流行语"之一。

要深入理解"工匠精神"的内涵,当然可以从日本匠人通过反复而苛严的规训将技艺内化于身体,使其成为生理本能的案例中寻找参照,也可以从德国工匠科学系统的知识传承、信息整合体系中获取启示,还可以从学术型与职业技术型并行不悖的西方教育制度中得到答案。但正如前文所述,中国传统手工技艺本身即蕴含着"工匠精神"。在男耕女织的传统社会,女性以心灵手巧为美德,传承至今的"七月七"乞巧节就是广大妇女祈愿借由巧慧心手改善生活、美化日常的节庆。可见,传统的"工匠精神"是与传统手工技艺所蕴含的实用智慧与美学智慧息息相关的。《周礼·冬官考工记》云:"知得创物,巧者述之守之,世谓之工。"①智者创造器物,心灵手巧者循其法式,世世代代守此职业,这就叫作"工匠"。显然,中国传统的"工匠精神"不仅注重基于智慧和能力的创新,亦特别强调遵循和坚持的意义。这种对法式的严格遵循、对专业的长久坚持,其实质就是为了专注于品质,精益求精、追求卓越。在手作方式被人工智能大量取代,知识接受碎片化,文化消费快餐化,许多人注意力分散、专注度匮乏的当下,这种精神尤为可贵。而志于此道,绝非纯由外在利益的驱动使然,因为技艺的传承与名利的获得不一定是正相关的。《墨子·非乐》曰:"利人乎,即为;不利人乎,即止。"②只有体悟到造物"利人"的内在价值,才能真正实现"工匠精神"。所谓"百工之事,皆圣人之作也"③,正如上文所述,传统社会中工匠的现实地位未必很高,但至少从理论上讲,造物确乎被古人视作圣贤之行为。中华创世神话对于具有开创精神的造物者就充满了景仰之意,制作网罟的伏羲,创造衣冠、舟车的黄帝,发明耒耜、医药的炎帝,都是神话崇拜的对象。许多手工行业也都有各自崇敬的行业神,如木工以鲁班为神,纺织业及裁缝业祀嫘祖、机神伯余、云机娘、黄道婆,玉器业祀丘处机,线香业祀九天玄女,等等。可知,"知得创物,巧者述之守之"这一传统"工匠精神"的背后还包含了对"工匠"身份,特别是师者、开创者的敬重。民间多以"师傅"尊称工匠,这一说法并非凭空产生。此外,正如前文所引:"天有时,地有气,材有美,工有巧,合此四者,然后可以为良。"传统手工技艺造物顺应天时地气,不悖于自然发展规律,取材多为天然之物,主张人力与自然力的完美结合,由此而进

---

① 《周礼》卷一一《冬官考工记》第六,《四部丛刊》明翻宋岳氏本。
② ［清］孙诒让:《墨子闲诂》卷八《非乐上》,清光绪三十三年刻本。
③ 《周礼》卷一一《冬官考工记》第六,《四部丛刊》明翻宋岳氏本。

发出的实用智慧与美学智慧,亦十分切合助推现代社会可持续发展的生态理念。而站在生态保护的时代语境下,对于产品材料的环保要求正是精益求精、追求卓越的"工匠精神"的另一题中应有之义。由此看来,传统"工匠精神"还可以从生态和谐的角度丰富当代"工匠精神"的内涵。

历朝历代纷繁多姿、精湛绝美的手工艺品及其背后的生活意趣和文化品格是中国传统"工匠精神"在历史长河中不断发挥作用的最好注解。当代"工匠精神"的建构与弘扬,亟须从中华传统手工技艺的古今传承中汲取智慧和养分。"工匠精神"已成为新时代中国发展的新动力,不仅是手工业、制造业、消费品领域的重要价值标杆,更是世道人心、公序良俗的导向所在,其本质内涵的开掘,绝不能离开手工技艺背后的传统生活文化智慧的滋养、启迪。随着 2017 年作为国家战略的《中国传统工艺振兴计划》的正式发布以及非物质文化遗产保护实践的深入开展,为实现习近平总书记在党的十九大报告中提出的"人民日益增长的美好生活需要",传统手工艺中的中国智慧会越来越多地彰显出来。

第十二章　神话中的中国智慧

　　神话是神圣的叙事,是人类理想精神的产物。中国神话通过传承创新,伴随着中华民族的成长而发展。神话是中国人对于自我与自然世界的理解,也是中国人的社会生活的规则。神话叙事表达对于祖先与英雄的敬仰,是群体与个体人格塑形、社会文化认同,以及消弭冲突、构建和谐的文化资源。二十一世纪以来,神话在社会管理、人心塑造和经济发展方面的功能日益为社会所重视,特别是习近平总书记与美国总统特朗普在故宫发出"我们叫龙的传人"的表述,深刻表达了神话传统在中华民族文化认同中不可替代的地位。从毛泽东同志弘扬的共工英雄、愚公移山等神话开始,到习近平总书记讲述龙凤文化、燧人神话与大禹神话,是当代中国精神建构的创造性实践,既体现了执政党维护民族文化利益的合法性,也彰显了中国神话作为智慧源泉推动中华民族崛起的强大力量。本章主要以盘古、伏羲女娲、炎帝黄帝、鲧禹神话为例,讲述中国神话的宇宙观与社会观,讲述中国神话在社会认同与生活实践中的智慧表现,将中国神话的代表作分享给建设人类共同体伟大进程的人们。

问题一:如何发掘传统神话的智慧资源?
问题二:创世神话重述的当代意义在哪里?
问题三:举例说明神话以哪三种形式叙事传承?
问题四:盘古神话对于中华民族为什么重要?
问题五:大夏大学、光华大学神话学研究有哪些代表人物与代表性成就?

引言:校园学术文脉中的神话学

　　当人们看到"中国神话"四个大字的时候,总是要与希腊神话作比较。过去,我们对于中国神话研究不够、传播不够,理解有很多的偏差,便会有这样的误解:一是中国神话不系统,二是中国神话不够宏大。两条实际上是一个意思:中国神话零碎、不系统。此外,本来中国神话中的神灵庄严神圣、道德感强,也被人视为太正经,不像宙斯那样拈花惹草,赫拉那样嫉妒心强,更有"人情味"。这其实是一种错误的看法。

神话内容复杂,神灵身份交叉,这是传统神话的显著特征。但是神话是存在内在系统的,神话的谱系是一种客观的存在,需要研究整理和重述。大家看到的希腊神话故事,是德国作家施瓦布在一百多年前的整理改编本,并不是希腊神话的原貌。所以拿一百年前的改编本与两千年的《山海经》之类的神话文献比较,那就太不恰当了。

中国两千多年前的《山海经》神话,也是有系统的。无论是单篇的《山经》与《海经》,还是汉代的整理本《山海经》,都有严整的体系。关于中国神话,我们现代的整理本相对较晚,认同感有待加强。希腊神话大规模翻译到中国的时候,是二十世纪前期反传统狂飙突进的时期。那时中国积贫积弱,中国现代神话研究还处在发育时期,没有很好整理自己的神话,就先接受了希腊的神话,所以先入为主,造成误解。

现代中国神话学走过了近百年的历程,对于神话资料的搜集整理有了前所未有的成绩,不仅对古代的神话典籍有了全新的认识和解读,民间发掘出来的史诗和神话也令人惊叹。中国神话发生古老悠远,内容博大精深。中国神话学的理论境界也有很大的提升和发展,逐渐建立了中国神话学的自主话语。

作为一个神话学研究者,我要骄傲地告诉大家:我们研究了解中国的神话学,必须从华东师范大学的前身大夏大学和光华大学开始。大夏大学的前贤是中国现代神话学的开拓者,中国第一部神话学著作《神话学ABC》就是华东师范大学的前身大夏大学的文学院院长谢六逸先生于1928年写成,从那时起才开始了中国神话学系统的理论与研究实践的建设之路。《神话学ABC》一书汇聚了当时最为先进的国际神话学研究的系统成果,并结合中国神话学的实践,作出了很多的开拓性的探索。他认为神话学就是民俗学,民俗学就是神话学,二者只是表达方式的不同,这一论断是对于神话形态的洞见。我们看到的多数民俗事象,都是有神话支撑的。比如年节,腊月二十四小年夜祭灶与灶神神话相关,除夕鞭炮有驱逐年兽的神话,而楹联书写张贴也与门神信仰有关,正月初五接财神与财神神话相关,而正

图 12.1　谢六逸《神话学ABC》书影

月十五就是一个神话集成的日子,既有元宵的神话,也有上元天官的神话。可以说,没有神话就没有年节。年节的习俗就是神话的行为叙事,或者说年节就是人们用行为演绎一出神话的交响。但是对此问题,很长一段时间来,人们并不是很重视。直到二十一世纪以来,我们重新扛起这面旗帜,开启神话研究的民俗学路径,遂产生广泛影响,由此可见谢六逸先生的高瞻远瞩。

同时,作为华东师范大学另一个前身的光华大学也是一个神话学研究的重镇。吕思勉先生早在 1923 年的《白话本国史》就讲述了盘古等神话,后来进入光华大学,作《盘古考》《三皇五帝考》等神话学论文,部分参与了《古史辨》的编辑工作。吕思勉先生虽然没有写出神话学的专著,但是也是中国神话学的开拓者之一,他对神话学的最大贡献是培养出杨宽这样的弟子。杨宽先生在致吕思勉先生的信中说:"生论古史神话,多据诸子及《楚辞》《山海经》诸书以为说;前蒙吾师指示,谓尚可推而搜索之于《神异经》《博物志》等书,以穷其流变。此诚巨眼卓识,生甚愧犹无以报命也。"(《上吕师诚子书》)杨宽先生作为"古史辨派"的核心人物,一直是一位最具

图 12.2　杨宽《中国上古史导论》书影

实力的神话学家。1937 年杨宽先生的《中国上古史导论》可谓二十世纪前期中国上古神话研究的集大成之作,该书所论大体为盘古、三皇五帝系列的神话与古史,颇多创建。著名历史学家童书业先生称其为代表"疑古"史学的高峰,而事实上杨宽先生已经开启了以神话重建中国古史的征程。

图 12.3　吴泽《中国原始社会史》书影

1943 年,大夏大学的吴泽先生出版了他的《中国原始社会史》一书。吴泽先生指出,由于出土材料不够,因此要依赖神话学、民俗学的材料来补充,这种使用有如下原则:一,神话传说要与出土文物结合起来研究;二,既然是神话,就不要把它记载的问题的真伪当作问题。神话人物可以体现历史的分期。吴先生把"有巢氏"当作巢居生活的历史时代看,把"燧人氏"当作用火捕鱼的历史时期看,把"伏羲氏"当作狩猎的时代看,把"神农氏"当作种植制陶的历史时期看,并将这些时期与摩尔根记述的历史时期加以对照。该书是大夏大学

留给华东师范大学神话学的坚实传统,是以神话建构古史大厦的又一力作。它不仅是当时为数不多的几部中国原始社会史的历史著作,更是神话学的代表作。吴泽先生与杨宽先生两位先贤以不同的方式,开启了神话建构古史的伟大历程。大夏大学谢六逸先生与吴泽先生,光华大学吕思勉先生与杨宽先生,事实上构建了两个神话学的重镇。

大夏大学和光华大学是华东师范大学的前身。想想我们学校的先贤开启中国现代神话之路,引领中国神话学的发展,或做理论与学科构架研究,或做神话源头与历史研究,所以华东师范大学是中国神话学的圣地和福地,神话学是华东师范大学的文脉所系。

神话的智慧不是训示,它是通过神圣的叙事,从故事中带给人们启示和感悟,是审美性、信仰性与教谕性的综合呈现。下文我将分享华东师大的神话学传统,分享中国神话学最重要的成果。

一、中国神话探索：百年历程与概说

什么是神话?

中国人在长期的文化实践中深深地与神话融合,神话参与生产生活、文化生活与社会管理,与人们的生存休戚与共。但是在中国传统话语中,"神话"的概念是另外的表述形式,如志怪、传奇、小说,甚至"尚书"等,都是与神话相关的概念。就像"文学""哲学"一样,中国古代没有"哲学"的概念,但是能说中国古代没有哲学、文学吗?

据研究,中国明代就有"神话"的概念;也有一种观点认为:现代中文"神话"的概念取自日本汉字。在二十世纪之初,梁启超最早使用了"神话"一词。

1903 年,蒋观云发表了第一篇以"神话"为名的文章——《神话历史养成之人物》,正式将"神话"与小说关联,认为其具有增长人之兴味,鼓荡人之志气的功能。蒋观云认为神话是"天才"的表现,并且指认"盘古开天地"的故事是神话。

夏曾佑在 1905—1906 年陆续出版的《中国历史教科书》中明确地提出:"中国自黄帝以上,包牺、女娲、神农诸帝,其人之形貌,事业,年寿,皆在半人半神之间,皆神话也。"这是中国历史上第一次把三皇五帝置于历史的叙事中,并截取了一部分作为神话来讨论。让我们知道那些半人半神的祖先——伏羲、女娲和神农——的传奇都是神话。

1908 年鲁迅在《破恶声论》一文中列举出中国的"神龙"是神话。他把"龙"视为中国的"国徽"，对打着反迷信的旗号否定龙神的行为进行了批判，具有浓厚的民族情感色彩。1923 年，鲁迅出版《中国小说史略》，在该书的《神话与传说》篇，鲁迅提到的神话有：盘古开天地，女娲补天，羿射十日，嫦娥奔月，鲧化黄熊，舜之历险，昆仑帝都，西王母，文王太公之梦等。鲁迅提到的新神和旧神转换的有：土地神蒋子文，紫姑厕神，以及神荼和郁垒、胡敬德和秦叔宝等门神。这样一来，神话的空间就大大拓展了。

1928 年，中国第一部神话学概论性著作——大夏大学谢六逸先生的《神话学ABC》（世界书局）出版。他认为神话主要是创世神话，然后是人祖神话。书中提出"自然神话""人文神话""洪水神话"和"英雄神话"四个类型，介绍了丰富的中外神话。作者认为黄帝和蚩尤大战的神话是自然神话，蚩尤是暴风雨之神，而黄帝是太阳神，因为炎黄大战神话中确实有蚩尤纵大风雨，黄帝派遣天旱神女相斗的情节。因此黄帝蚩尤之战是水火相克的自然现象在神话中的体现，蚩尤代表水，黄帝代表火。谢六逸先生认为神话学与民俗学同构，只是名称不同。谢六逸先生的《神话学ABC》是中国第一部系统的神话学著作，对于神话学学科的发展影响深远，中国神话学从此走向了系统研究的全新的时代。

此后，茅盾先生的《中国神话学 ABC》于 1929 年在上海出版，开始了系统的中国神话研究。该书谈到了"神话历史化"问题，即认为中国古代神话因为历史编纂整合到古史系统，所以神话隐藏了，历史化了，这就造成了中国古代神话不够丰富的假象。茅盾认为，中国神话分为北、中、南三部分，北方受到理性主义、诸子百家学说的影响，存世神话偏少；中部楚国地区，浪漫主义气质浓厚，如屈原《楚辞》，如《山海经》，神话很多；南方有盘古神话等，最为丰富。什么是神话呢？茅盾认为：神话所叙述者，大抵为天地如何开辟，万物如何来源。这实际上就是我们后来说的创世神话。茅盾对于神话的解读，大致上是属于解释学范畴的，即神话是解释宇宙世界是如何来的，人是如何被创造出来的。这样，中国神话学就有了基本的对于神话的定义。

"古史辨"本来是一个历史研究的派系，但是他们辨伪的指向是：古代史的叙事很多都是神话。这与文学方面的"神话历史化"的说法相一致，因此成了有影响的现代中国神话学派。其代表人是顾颉刚先生、杨宽先生等。顾颉刚先生最著名的观点是"层累地造成古史"，即时代越晚，古史的时段越长，内容越丰富，说明古史是后代加上去的，这便是神话，比如春秋战国时期先是有尧舜传说，后来有了五帝传说，在汉代还有了三皇。顾颉刚先生认为这累积上去的叙事就是神话。这种说法在一定程度上是有一定道理的，但不能绝对化。后代也会有新的发现，对于古久的历史有新的解读和史料，当然可能后来的人认识到的历史比从前的人认识到的历史更长。顾颉刚先生神话研究最典型的案例就是"鲧禹研究"，即主张鲧是一条鱼，禹是一条虫，鲧禹的故事就是一个神话。以神话解读古史，这在当时完全颠覆了人们对于古代历史的认识，因此引发了轩然大波。"古史辨派"的动机有借解读禹为神话人物动摇儒家文化典范人物的企图，这是那一时期反传统思潮的一种普遍的态度。

将中国神话学研究持续推进的是闻一多先生。他的《伏羲考》《端午考》是代表作品。《伏羲考》写作于1942年前后，此时环境与此前大为不同，日本的侵略使得中华民族陷入亡国灭种的危险境地，曾经的文化反思以及过度的自我批评似乎已经不合时宜，保护文化传统，建立文化认同才是当务之急。《伏羲考》是一篇对于龙文化研究的经典之作。闻一多先生认为龙的形象的多图腾混合是文化融合的体现，是中华民族的代表符号，因此必须强调神龙在民族文化中的优先性。龙作为华夏文明的图腾，在西南各民族的生活中也占有重要地位。龙的全民族文化旗帜的观点被大声叫响。《端午考》则通过端午龙舟的分析，进一步建立起龙文化对于民族认同的意义。

谢六逸先生与茅盾先生的神话学著作强调了神话的创世性与解释性，是中性的解读；顾颉刚先生强调神话就是造假，是政治产物，是对神话负面的解读；闻一多先生研究龙文化后确认神话是民族的根，杨宽先生和吴泽先生以神话建构古史系统，更是强调了神话的根本意义，是正面的解读。这就是二十世纪之初，神话的三种指向，也代表了对于神话的三种不同的态度。

神话是从人类最初的思想萌芽到最高的理想追求的神圣叙事，是历史精神的传承，也是理想的追求，既是过去之文化本源叙事，更是未来之智慧梁津。今天，神话作为文化之根被广泛认同，作为非物质文化遗产被社会各界所接受，每个公民就有了传承中国神话的责任，更应该有阐发与发扬神话智慧精神的文化自觉。

二、神圣叙事，三种形态

神话作为一种神圣叙事，是人们对于神话的基本解释。但是中外学者对于神话的解释可没有这样简单。神话是什么已经言人人殊，必须结合语境来理解什么是神话。芬兰有位民俗学家劳里·杭柯归纳出12种关于神话的解释：

  (1) 作为认识范畴来源的神话；

  (2) 作为象征性表述形式的神话；

  (3) 作为潜意识投射的神话；

  (4) 作为世界观和生活整合要素的神话；

  (5) 作为特许状的神话；

  (6) 作为社会制度合法化证明的神话；

  (7) 作为社会契约的标记的神话；

  (8) 作为文化的镜子和社会的组织等的神话；

  (9) 作为历史状况之结果的神话；

  (10) 作为传播宗教的神话；

  (11) 作为宗教形式的神话；

  (12) 作为结构媒介的神话。①

虽然这些解释可以合并一些条款，但是这些神话的功能性定义还是十分重要的，对于认识神话的属性很有帮助。就这些总结看，神话不外是一种解释——世界观，一种符号——象征形式，一种社会规约——认同对象，一种宗教与历史的载体——文化工具，等等。

  二十世纪后期，影响中国神话学最大的理论家是马克思。他在《政治经济学批判导言》中表示：任何神话都是通过想象力以征服自然力，支配自然力，把自然力加以形象化；神话是通过人们的幻想用一种不自觉的艺术方式加工过的自然和社会形式本身。想象力是马克思神话观的形式特征，人与自然、社会的关系是马克思神话观的内涵构成。所以我们对于中国神话的解读主要是人与自然关系的神话，如夸父逐日、女娲补天、大禹治水等；人与社会的神话，如炎黄之战、刑天争为帝等。马克思认为，因为自然力强大，所以有想象性的神话的征服，而一旦自然力被征服，神话也就消失了，因此，神话一般来说就是原始社会的产物。这种观点影响很大。

  神话学派系丰富，影响较大的主要有：(1) 语言学派的神话观，他们认为神话是语音的讹误造成的，如罗马神话的主神朱丕特不过是希腊神话的主神宙斯的语音讹变；(2) 人类学的神话观，他们认为神话是文化的"遗留物"，根源于原始时代的"万物有灵论"，仪式是神话的展演形式；(3) 心理分析学说的神话观，他们认为神话是"无意识"的体现，表达了人类的潜意识，如暴力、性的象征呈现，这种表现或者是个

---

① ［芬兰］劳里·杭柯著，朝戈金、尹伊、金泽、蒙梓译：《神话的界定问题》，《西方神话学论文选》，上海：上海文艺出版社，1994 年，第 60—65 页。

人无意识(弗洛伊德),或者是集体无意识(荣格);(4) 结构主义的神话观,他们认为神话起源于人类的思维结构,最终都可以从"二元对立"的模式中得到解读;(5) 神话原型学派认为神话或表现为春夏秋冬的模式演绎,神话原型构建了神话的互文形态,原型构架可以在不同的区域与族群中呈现,其或为人类共性体现,或为文明交流所致;(6) 女性主义的神话学则认为应该重建史前的"女神文明"。这些看法,为发掘神话的内涵空间开拓了重要的路径。

今天,我们已经很难列举丰富的神话定义。但有一核心观点不变:

神话是一种神圣的叙事。神话是摧毁或建立某种秩序的神秘舆论,这是对于神圣叙事功能的一种理解,是依据社会生态的一种解释。社会需要神话来维持,这是一种社会稳定的智慧。社会是一个制度体系以及一套维持秩序的文化系统的构成,神话是这个文化系统的核心问题。神话叙述的是神圣的、神奇的非现实故事,但是明显是影响现实的一种叙事系统。

神话讲述自然与人的关系,是人与自然的相处之道。或者有表述人是自然的反抗者,但讲述人与自然的和谐相处,讲述人敬畏自然是神话的主调。神话被认为是一种不可改易的人类经验。

神话是怎样构成的呢? 即它的表现形式是如何的? 我们认为神话以三种存在形式来叙述其神圣故事,即语言文字的叙事、仪式行为的叙事、景观图像的叙事,以及三种形式的综合讲述叙事。

其一,语言的叙事讲述,无论是口头的,还是书面的,甚至在当下是数字媒体的形式,语言都是神话的基本形式。有的神话故事完整,有的是片段,都是很有表现力的。神话有时讲述故事本身,有的则讲述仪式过程;有的长篇大论,有的残篇断简。神话价值的大小并不与文字多少相一致。比如,《山海经》这样记载:"黄帝生骆明,骆明生白马,白马是为鲧。"这个叙事很短,只有十五个字,但是内涵非常丰富。首先是厘清了黄帝与鲧的关系,同时,讲述了黄帝、鲧与马的关系,这让我们理解了黄帝族多样的图腾崇拜。但是马族为何转化为鱼族,这是十分神奇的问题。《说文解字》说:"鲧,鱼也。"我们便想起了闻一多先生的论述,龙族是各民族的多样性的图腾的整合,是一种文化的认同。黄帝是龙族,但是龙的身上,有马有鱼等,因此一段文字,表述了一种神谱,及其神谱的认同建构与认同过程的环节。这个认同过程不是凭空构想,而是世世代代的文化实践。所以,语言叙事是神话叙事支撑的基础。

其二,神话还通过仪式行为叙事来讲述故事。弗雷泽的《金枝》就讲述了神秘的仪式蕴含的神话属性,仪式往往是神话的表演形式。我们最熟悉的是端午龙舟竞渡的神话故事。龙舟竞渡用行为讲述屈原投江,民众抢救怀念屈原的故事。端午节往江中抛撒粽子,或者粽子民俗食品的流行,同样是用行为讲述屈原投江后的神奇传说。竞渡行为表达人们对于屈原这样一位爱国主义人士的神圣情感,以及对于端午神话的行为叙事与传承。凤舟竞渡更是表现了丰富的神话内涵。

其三,神话的景观叙事包括图像景观、自然景观与人文景观的叙事。景观叙事是一种综合的神话叙事,往往与语言文字、仪式展演一起,构成表演性景观叙事。我们今天看到的汉代画像砖、画像石、墓室壁画,有很多都是与神话相关的图像叙事,有的像连环画一样,由多幅图片构成,有的单幅画面叙事重要场景。很多自然景观是与神话关联的场景,比如昆仑山、泰山。当然这些自然的场景因为神话传说的讲述,其自然景观也人文化了。而单纯的人文景观是人造的,如宫殿、陵墓、碑刻、雕塑等,由于是有目的的生产制作,所以叙事目的更加明确。以景观展示神话,开展文化教育与旅游产业,更是神话景观叙事的活力呈现。

图 12.4　凤舟竞渡——仪式与神话

三、几个重要神话的解读

1. 盘古开天辟地

开天辟地神话是中国核心的创世神话之一,它有一个发生过程。首先是人们对于天地的认识。早在帝尧时代,人们就关注天象:"乃命羲和,钦若昊天,历象日月星辰,敬授民时。"对天地日月恭恭敬敬,观察记录,建立了历法。这是了不起的成就。后来帝舜进一步拓展,将天地崇拜延伸为上帝崇拜:"肆类于上帝,禋于六宗(天、地、春、夏、秋、冬),望于山川,遍于群神。"这里类、禋、望、遍都是祭祀的方式,也就是我们说的仪式行为的叙事。尧舜时代,人们通过对于天地日月的仪式行为讲述对上帝与天地的崇拜。经过夏商周几代千余年的发展,基本建立起了天神、地示、人鬼的系统。

与此同时,人们也在思考天地的来源,逐渐形成了对于天地起源与人类起源的神话叙事。甲骨文专家指出:在殷商时期,盘古、西王母的神话就已经存在了。到了战国时期,著名诗人屈原在《天问》里写道:

> 曰:遂古之初,谁传道之?
>
> 上下未形,何由考之?
>
> 冥昭瞢暗,谁能极之?
>
> 冯翼惟象,何以识之?
>
> 明明暗暗,惟时何为?
>
> 阴阳三合,何本何化?
>
> 圜则九重,孰营度之?
>
> 惟兹何功,孰初作之?
>
> ……
>
> 日月安属?列星安陈?
>
> ……
>
> 日安不到?烛龙何照?
>
> 羲和之未扬,若华何光?
>
> 何所冬暖?何所夏寒?
>
> 出自汤谷,次于蒙汜。

> 自明及晦,所行几里?
>
> 夜光何德,死则又育?
>
> 厥利维何,而顾菟在腹?[①]

这是诗人屈原以发问的方式,讨论天地日月的神话故事:这些故事谁说的,天地都没有形成,是怎么知道的呢?其中,混沌之像,天地的营造,日月的运行与神奇,都是创世神话的重要基础。特别是"遂古"一词,直接成为开辟神"盘古"神的来源。"古"是过去历史的叙事,所以《尚书》开篇就说"粤若稽古",意思是说说古老的故事吧。《逸周书》则说:"天为古,地为久,察彼万物,名于始。""古"是对于天地的称谓,对于起源的称谓。所以屈原说"遂古",其实与"盘古"是一个意思。遂是深远的意思,盘是迂曲的意思,都是指古久之事。因此,盘古神话在《天问》里就留下了鲜明的印迹。那个天地形成前的"明明暗暗"的混沌状态,就是传到现在的开天辟地前的昏昏糊糊、灰蒙蒙的状态。

流传在我国台湾地区的民间故事这样说:盘古的爸爸叫作盘圆,盘圆的爸爸叫作盘粒,盘粒的爸爸叫作盘扁,盘扁的爸爸叫作中古,中古的爸爸叫作老古,老古的爸爸叫作蒙古,蒙古的爸爸叫作古老斯古……所以,我们发现叫什么"古"的是古老神灵。而《三五历记》有记载:"天皇、地皇、人皇为太古。"遂古、盘古、中古、老古、蒙古、古老斯古、上古和太古,不仅是指久远时代,更是指神灵本身。

文献记载,东汉的时候,周抚做益州郡守,在益州建立了周公礼殿,上面画了上古、盘古,以及历代帝王和孔门弟子图。这就是汉代讲堂著名的汉代盘古像,从汉代到唐代数百年,一直就是文化圣地。这些内容书法精美、图像精妙,很有名,以至于王羲之也托人去临摹。先秦古籍《六韬》一书,直接表达出"盘古之宗"的说法,强调盘古的生活法则不可改变。所以在三国之前,盘古的故事早就在流传了,中国的创世神话并不是到三国才诞生。

三国的时候,吴人徐整写了一本书叫《三五历记》,是关于"三皇五帝"的故事。其中记录了盘古的神话:

> 天地浑沌如鸡子,盘古生其中。万八千岁,天地开辟,阳清为天,阴浊为地。盘古在其中,一日九变,神于天,圣于地。天日高一丈,地日厚一丈,盘古日长一丈,如此万八千岁。天数极高,地数极深,盘古极长。后乃有三皇。数起于一,立于三,成于五,盛于七,极于九,故天去地九万里。

---

① 〔战国〕屈原:《楚辞·天问》,《楚辞补注》,北京:中华书局,1983年,第85—88页。著者按:这里文字有微调。

这是著名的盘古开天辟地的第一个记录完整版。其中有许多值得关注的问题。

第一是鸡蛋问题。这是人类起源神话的卵生说。创世神话有一个重要类型,就是人类卵生。这其实是对于鸟类崇拜的一种表现。鸟作为自然之物有很多的神奇之处,比如飞翔。鸟对于空间世界的征服,在天空翱翔,都是人类望尘莫及的。而其可以观察到的生命卵生的奇迹,正符合人类对于自我来源的想象。我国殷商时代就有族群的卵生神话。《诗经》:"天命玄鸟,降而生商。"这是商人一直咏唱的史诗。故事说是商人的祖先简狄,因为发现玄鸟(燕子)落下一只卵,取来吞下了,便生出了商人的祖先契。那么商人的祖先就是玄鸟——凤凰的前身。盘古卵生与中国神话叙事模式相同,只是更加夸张的是:这只卵不仅生出了盘古,连天地都是孕育在里面的。这是中国创世神话的神奇与独特之处。

第二是宇宙诞生前的状态,是混沌状态,所谓"天地浑沌如鸡子"。《天问》里的"冥昭瞢暗",也是说的这个意思。而盘古开天的民间传说里,几乎都是说宇宙诞生前,就是朦朦胧胧、昏昏糊糊的状态。这是人们对于人类诞生前的一种想象:没有人类,世界就没有光明,没有智慧。所以该故事强化了人的伟大、创世神的伟大。盘古神话有阴阳观念、天地观念、变化观念,而对数字三、五、七、九的信仰,是阳数信仰、光明信仰。对于九的特别关注,体现出对于极限的态度。鲲鹏展翅九万里,是特定的空间语汇。而所强化的一万八千岁,则是阴阳交合之数,蕴含着中国人深厚的原始思维与哲学观念。

第三是强调盘古在三皇之前,表达了盘古为中国第一神的特别理念。因此有一句俗话叫:自从盘古开天地,三皇五帝到如今。天皇、地皇、人皇为三皇,盘古是创造三皇的人,是"后乃有三皇"。盘古后来被尊为盘古真人、天地之精、元始天王,是中国第一神、天地万物之祖。

南朝梁代有一部文献叫《述异记》,里面记载:

> 昔盘古氏之死也,头为四岳,目为日月,脂膏为江海,毛发为草木。秦汉间俗说:盘古氏头为东岳,腹为中岳,左臂为南岳,右臂为北岳,足为西岳。先儒说:盘古氏泣为江河,气为风,声为雷,目瞳为电。古说:盘古氏喜为晴,怒为阴。吴楚间说:盘古氏夫妻,阴阳之始也。今南海有盘古氏墓,亘三百余里,俗云后人追葬盘古之魂也。桂林有盘古祠,今人祝祀。南海有盘古国,今人皆以盘古为姓。盘古氏,天地万物之祖也,而生物始于盘古。

世界为盘古身体之变化,这是世界上较为独特的创世神话,这是伟大的牺牲精神。"天地万物之祖",这是对盘古的基本评价。盘古是各族人民共同的最高神。南海三百里的盘古墓,可谓气势磅礴。南海的盘古国,也勾起人们探寻的欲望。到了宋代,各地的盘古庙更加多起来。比如宋代《路史前纪》搜集了部分当时各地盘古神话传承的情况:

> 今赣之会昌有盘古山,本盘古名。其湘乡有盘古保,而雩都有盘古祠,盘古之谓也。按《地理坤鉴》云:"龙首人身。"而今成都、淮安、京兆皆有庙祀。……荆湖南北今以十月十六日为盘古氏生日,以候月之阴暗,云其显化之所宜,有以也。……

可见,盘古神话在宋代就已经成为普遍认同。有人认为,盘古神话与盘瓠神话有着密切的联系。曾经有人认为盘古神话来自印度,但是全无依据。

图 12.5 盘古塑像

今天,盘古成了国家级非物质文化遗产,这个代表性名录的保护地点在河南省桐柏县,但是关于盘古的神话传说遍布神州。天地万物之祖、中国创世第一神,这就是盘古。盘古有两大崇高精神,一是牺牲精神——牺牲自我,成就世界;一是创造精神——从无到有,持之以恒,创新世界。这样的精神为人们永志不忘。人们怀着崇敬的心情讲述这些神奇故事,感恩盘古的牺牲与创造。因此,盘古的神话成为中华民族文化传承的基础话题。

2. 伏羲女娲

《春秋运斗枢》称:"伏羲、女娲、神农,是三皇也。"在中国的神话话语中,伏羲女娲是盘古之后的大神。

伏羲女娲是神话中继盘古之后的人类祖神。他们的身上,寄托了中国人的观念和理想。如果说盘古是天地世界的创造者,伏羲女娲就是中国人的制造者,他们被认为是中国的第一对夫妻,是婚嫁制度的开创者,是中国人的第一代祖先。但是,他们身上远不止这些,他们是人的创造者,也是制度的创造者、物质文化的创造者。比如,伏羲发明了渔网,发明了琴瑟,以及八卦等,女娲发明了笙簧等,他们成了中国文化中创造发明的代表神灵。

伏羲女娲的神话体系中,有单独的女娲神话、伏羲神话,有伏羲女娲合为一体的神话。伏羲女娲一体的神话是在伏羲女娲的单独神话基础上发展而来的。单独的神话,以女娲造人和女娲补天的神话最为著名。这两个神话的内容大家都很熟悉,体现出母系时代女性在社会中的崇高地位。如女娲补天:

> 往古之时,四极废,九州裂,天不兼覆,地不周载,火爁焱而不灭,水浩洋而不息,猛兽食颛民,鸷鸟攫老弱。于是,女娲炼五色石以补苍天,断鳌足以立四极,杀黑龙以济冀州,积芦灰以止淫水。苍天补,四极正;淫水涸,冀州平;狡虫死,颛民生。(《淮南子·览冥训》)

这是著名的女娲补天的故事,其内涵是非常丰富的。该神话主要是一个灾难拯救的故事。无论是涝灾、旱灾,还是地震,这个神话都有提到。灾害发生的时候,一个民族的英雄神灵站出来,整顿了天地世界的混乱秩序,这是人们对于自然世界平安渴望的体现。有人把这个神话称为世界再造神话,是天地开辟故事的补充。这个故事对于中国历史产生了深远影响。补天是一种责任与人生的理想。《红楼梦》是中国古典文学的高峰,但是开篇就是讲的女娲补天:

> 原来女娲氏炼石补天之时,于大荒山无稽崖炼成高经十二丈,方经二十四丈顽石三万六千五百零一块。娲皇氏只用了三万六千五百块,只单单的剩了一块未用,便弃在此山青埂峰下。

大家都很清楚,这说的就是贾宝玉。这部史诗般的著作,表达了对于传统社会走向衰弱的忧虑,以及对于自由的向往。女娲由于炼了五色石,后来还被奉为冶炼之神。

女娲更大的贡献是造人造物。古书上记载,说女娲是古代的神圣女,化生万物的神。《太平御览》引《风俗通义》这本书里的故事说:"俗说天地开辟,未有人民,女娲抟黄土作人。剧务,力不暇供,乃引绳于絙泥中,于举以为人。"这样人就有两类,一类是手工做的,据说是富贵人;另外就是绳子浸泥抖出来的,是贫贱的人。这解释了社会不平等秩序的来源,有着稳定社会状态的功能。但是,这个神话的意义是:盘古开辟出天地后,女娲接着造出了人类。所以女娲是中华民族的第一代祖先。女娲造出了人类,也安排了人类的婚配,所以也是婚姻之神、媒人之神,被称为高禖。

后来影响最大的祖先故事还是伏羲女娲兄妹成婚的故事,与洪水神话相应,成了人类再造的神话故事。在上古时期,伏羲女娲是两氏族联姻,其图腾本是鸟族与蛙族,演变为日月之神族,如日中有鸟,月中有蛙,但后来皆演变为龙族,形成集大成形式。

传说伏羲女娲本是兄妹,因为人类的错误引发了洪水灾害,仅剩下伏羲女娲二人,因为藏在葫芦里得救。为了人类的繁衍,二人只能婚配,但是他们觉得这要问上天的意思,于是有两山燃烟相连的奇迹、两山滚磨相合的神异。二人终于可以结婚了,但是妹妹女娲不好意思,以红布障面,这就是后来的红盖头的来源。伏羲女娲的婚姻,演变出丰富的版本,但是总是有着兄妹血缘婚这个情节。这是人类曾经的记忆,但故事通过一系列的情节,讲述的是兄妹婚的禁忌,比如他们生下了怪胎的情节就在警示人们,兄妹婚是有害的。

伏羲女娲婚配最经典的神话形式还是图像叙事形式,这就是所谓的伏羲女娲交尾图。该图在汉代的画像石、画像砖中广泛流布,后来一直在各族人民中传播,直到唐代,还在新疆一带的墓中流行,是中国各族人民的宇宙观与文化观的集中体现。

图像表达了如下信息:

一是伏羲女娲是各民族的共同祖先。无论是中原地区、东部地区、西南地区和西北地区等,各族人民大都信奉崇拜伏羲女娲为祖先,认同伏羲女娲为中华民族第一代祖先是主流的神话叙事,这种认同至今都还在进行中。

二是伏羲女娲图像直观地表达了中华民族为龙的传人的核心概念。祖先伏羲女娲人首龙身,所以是"龙的传人"最为直观的表达。

三是伏羲女娲图集成了中国神话丰富的文化内涵。太阳月亮的神话在其中,规矩方圆的意识在其中,因此天圆地方的意识自然也在其中,而阴阳尊卑的意识

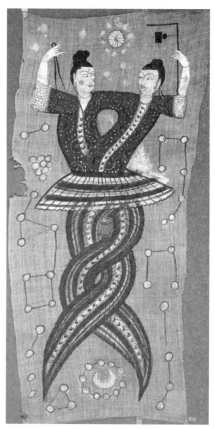

图 12.6 伏羲女娲，左图为汉代图像，右图为唐代新疆地区图像

也在其中了。该图是中国人的宇宙观、社会观的全面呈现。在多种不同的图像版本里，还有日中有鸟、月中有蛙的图像，留下了伏羲女娲曾经的蛙鸟联盟的文化记忆。

伏羲女娲的神话，今天在各地都富有活力。其中，伏羲在甘肃天水、河南淮阳影响最大，女娲在河北涉县、陕西平利、山西晋城都有丰富的遗存。

3. 炎帝黄帝

中华民族是"炎黄子孙"，是与中华民族为"龙的传人"具有同等意义的神话母题。如前所述，伏羲女娲都是龙的传人的直观再现，他们是三皇的典型代表。关于炎帝，有许多的传说地，如湖北的随州、湖南的炎陵、陕西的宝鸡，以及陕西的高平等。关于黄帝，则有河南的新郑、陕西的黄陵县、浙江的缙云县等，这些地区的神话传说最为丰富。

图 12.7　黄帝炎帝(汉代画像石图像)

关于炎帝,据说传承有八代,炎帝只是一个首领的称谓,可以有不同的首领来担任该职务。神农氏是炎帝族的杰出首领,是一个农耕文化的专家,也是中国医药的创始人,据传说茶叶也是他发现的。这是典型的圣人品性,为了他人健康,亲尝百草,自我牺牲。

传说炎帝和黄帝之间曾经爆发了一场大战,这就是著名的阪泉之战,或者涿鹿之战。但是战争双方一说是炎黄大战,一说是黄帝蚩尤之战。由于历史文献记载较为简短,人们对于这两次战争众说纷纭。华东师范大学著名历史学家吕思勉先生指出"阪泉涿鹿一役,炎帝蚩尤一人",解决了这个千年难题。经过整理,我们得出战争的情况是这样的:

大约在距今五千年的岁月里,中华大地上有一个很大的联盟,这就是炎帝联盟,其首领是被神化的炎帝。古书说:炎帝者,太阳也,那么炎帝是太阳崇拜的集团。因此中国的太阳神话源远流长。炎帝的身份是多元的,他也是火神。他的形貌是人身牛首,那么也是崇拜牛的,显然这是以农业生产为主体的文化集体,炎帝的成分不是单一的,而是复合的联盟体。

但是到了炎帝神农氏的时代,联盟成员的团结出现问题,有一个叫蚩尤的首领,也是一位被神化的神灵,在制造矛盾。据说蚩尤兄弟八十一人,兽身人语,铜头铁额。又有说法,蚩尤是人身牛蹄,食铁沙子。这是很厉害的战神了。根据这些特点可以判断,蚩尤大体上是一个牛崇拜的部落。这个蚩尤本来是炎帝牛崇拜集团的一支,当时炎帝神农氏指派蚩尤氏宇于少昊之地,管理四方事务。但是蚩尤氏很有野心,把炎帝神农氏驱逐走了,占有涿鹿之地,自己号称炎帝,这就是炎帝蚩尤氏。这时神农氏就向轩辕氏求救,于是发生了神农氏联合轩辕氏与蚩尤氏的战争。

司马迁的《史记》描述的本来是一场很单纯的战争,但是由于称谓理解的问题,被人们解读为两场战争。第一,阪泉之战与涿鹿之战实际上是一个地域的不同称谓,或者大的地名与小的地名的区别,据说两地相距仅仅数里,所以阪泉之战就是涿鹿之战。第二,炎帝和蚩尤为什么是一个人?蚩尤氏号称炎帝,所以可以称他为炎帝,这就可以说成是炎黄之战;直接称其为蚩尤氏,这就是黄帝战蚩尤。炎帝是联盟首领的名称,蚩尤氏、神农氏都是担任首领的具体部落领袖的姓名。所以黄帝与炎帝的战争就是黄帝与蚩尤的战争。吕思勉先生把这场大战的逻辑理顺了。

这场战争却是被神话化了,在两千年前,就被描述成这样:

> 轩辕乃修德振兵,治五气,艺五种,抚万民,度四方,教熊罴貔貅貙虎,以与炎帝(此时是蚩尤)战于阪泉之野。三战,然后得其志。蚩尤作乱,不用帝命。于是黄帝乃征师诸侯,与蚩尤(即当时号称的炎帝)战于涿鹿之野,遂禽杀蚩尤。而诸侯咸尊轩辕为天子,代神农氏,是为黄帝。(《史记·五帝本纪》)

这段经典的描述,因为将炎帝与蚩尤分开描述,被解读为两个作战对象。而涿鹿阪泉之地,实际是在一个处所,阪泉距离涿鹿只有五里路。其实文字记载是很清楚的。黄帝与炎帝蚩尤氏之战,打了三次,黄帝胜利了。但是蚩尤还是不服,就在涿鹿打了最后一战。黄帝最后做了联盟的领袖。

这个"熊罴貔貅貙虎"是怎么回事呢?是不是泰国的象战之类的?研究者认为,这是黄帝率领的不同图腾的氏族,这些氏族以"熊罴貔貅貙虎"为图腾,黄帝率领的是联军。

据说,蚩尤当时率领的是"魑魅"联军,大抵上是一种神鬼怪样的图腾联军。大战是难得的奇观:

> 蚩尤作大雾,弥三日,军人皆惑。黄帝乃令风后法斗机作指南车以别四方,遂擒蚩尤。(《太平御览》引《志林》)

据说这个指南车是这样的:指南车,上有仙人,车虽转而手常南指。宋代人这样的描述,是根据当时发明指南针的经验推想,还是指南车本来就是一项古老的发明,不得而知。指南车在战国文献《韩非子》《鬼谷子》，以及汉代文献《论衡》中就有记载，说明中国对于指南仪器的开发很早。神话中的这段描述，是战争中指南仪器的最早应用。

可是这场战争还有更神奇的地方。《山海经》这样记载：

> 有系昆之山者，有共工之台，射者不敢北乡。有人衣青衣，名曰黄帝女魃。蚩尤作兵伐黄帝，黄帝乃令应龙攻之冀州之野。应龙畜水。蚩尤请风伯雨师，纵大风雨。黄帝乃下天女曰魃，雨止，遂杀蚩尤。（《山海经·大荒北经》）

这场巫术之战，今人解读为水火之战。魃是天旱之神，是火。蚩尤的风伯雨师，是水。水火相克，是这样吗？这可以视作一种关于神话的解释。

蚩尤的结局是怎样的呢？一说是擒杀，一说是归附了黄帝。《韩非子》里是这样记载的：

> 昔者黄帝合鬼神于泰山上，驾象车而六蛟龙，毕方并辖，蚩尤居前，风伯进扫，雨师洒道，虎狼在前，鬼神在后，腾蛇伏地，凤凰覆上，大合鬼神，作为《清角》。（《韩非子·十过》）

这里，黄帝仪仗构成包含了蚩尤这个前锋，而擒杀蚩尤主要是汉代的文献，体现出汉代神话的不同价值取向。黄帝炎帝之战具有两种神话文本。我们可以将其解读为中华民族的一场大融合。黄帝、炎帝神农氏、炎帝蚩尤氏，都是中华民族的祖先；中国东西南北各族群，是炎帝、黄帝及其子孙的传人；所以中华民族是炎黄子孙。在中国神话与文化中，祖先是一种文化认同，而不是血缘与种族认同，这样就铸就了中华民族的博大胸怀。

在齐国，蚩尤是八神之一，是战神。我们在《史记·高祖本纪》看到刘邦在起义之时，到沛县蚩尤祠祭拜，并自称赤帝之后，说明汉初东南地区是认蚩尤为炎帝的。后来刘邦还在长安建立了蚩尤祠。蚩尤部落一支南下，成为南方苗族等民族的祖先。

现在，河北的中华三祖祠也是得到了多民族的认同。

炎帝黄帝神话是中国神话中最具道德感、是非观的叙事，是"德"的价值观最直观的表现。这个德的基本准则是和谐相处。但是在那样一个物质相对贫乏、社会秩序亟待建立的时期，冲突是难以避免的。挑战的一方会被视为作乱，炎黄大战的原则标准是反对"作乱"，这是一种社会安定的价值观。蚩尤结局的多种叙事则体现出中华民族价值认同的多元与多样性，以及评价的复杂性与包容性。炎帝黄帝是中国

图 12.8   中华三祖祠

文化的重要创造者,又是存在价值冲突的两大集团,二者的融合,体现出高明的社会整合理念。无论是历史上的炎黄兄弟说,还是当代的中华三祖说,都体现出中国神话对于不同价值的包容与整合,为形成博大的文化统一体起到了重要的作用。

4.鲧禹神话

伏羲女娲、黄帝炎帝之后,中国神话与历史的谱系不断延展,经过颛顼帝喾的文化传承,进入尧舜的文化时代。尧舜是中国文化中的圣人楷模,"人人皆为尧舜"与"人人皆有佛性"是并提的话语。尧舜时代,是神话与历史并行的时代,因为有了尧舜两位帝王与尊神,中华民族历史有了更加清晰的文明路径。《尚书》这部上古的文献所记载的历史,就是从尧舜开始的。而《史记》选择了儒家文献《大戴礼》的说法,将历史从黄帝开始记载。其实这些都不是最早的历史开端。所以班固经过慎重选择,在《汉书》里,编写了一个《古今人表》,从太昊伏羲氏开始。我们认为,这是对于神话与传说的历史的尊重。历史进入鲧禹的时代,这就是后世王朝的前夜。但是历史还是与神话交织在一起。由于记载的材料丰富,事业、情感交织在一起,鲧禹叙事是中国神话史诗般的呈现。

鲧禹是父子关系,黄帝后人。但是鲧禹也是两个部落的联盟,鲧为鱼部落,禹为虫部落。他们之间有父子的个案,实际上是一个婚姻联盟。我们讲古代神话,盘古以下,是成双成对叙述的,这是因为那个时代是一个两合婚盟的时代,氏族必须两两成对存在。

鲧禹神话在文字中留下痕迹,《说文解字》解读:鲧,鱼也;禹,虫也。这个解释是神话时代的珍贵资料。鱼与虫是两个部落的图腾。那么这个鱼是什么样的鱼,虫是什么样的虫呢? 据《史记正义》,鲧因为治水失败被杀,化为黄能(一说黄熊,还有一说黄龙)。这个"能"是一个三足鳖。"能"字结构,是一块肉、三个脚趾,所以这鱼是甲鱼、龟鳖。鲧妻名曰修巳,是长蛇族。禹是随母族的姓氏,是长蛇族,也即龙族,所以禹这个虫是长虫,即长蛇族。这个联姻,据说就是玄武的图像本义:

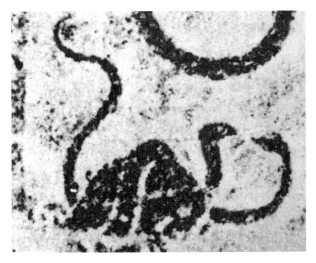

图 12.9　玄武——鲧禹联盟图案

这里的龟鳖是鲧族图腾,长蛇是禹族图腾,两者的联姻以图腾物组合成为联盟的图案,据说就是玄武图。

后来,鲧族治水失败被杀,禹族就担负起治水的责任。禹族起于西羌,生活在今天的四川汶川一带,是西南多民族的祖先与神灵,至今为该地区各族人民所敬仰。西南西北很多民族都奉大禹为祖先,如羌族,如匈奴,以及后来的大夏国等。担任治水使命的禹族走遍天下,为后来一统天下奠定了基础。当禹族来到东南方,也把龙文化带到东南。大禹会诸侯于会稽山,防风氏(鸟族)有些怠慢,就被杀了。防风氏便成为阻碍文化统一的祭品。但是防风氏是东南各族的先祖,至今还得到当地民众的祭祀。顺应大势,构建多元一体文化的格局是不能违背的。防风氏之死,也为地方分裂势力提出了警示,加速了文化的统一。龙文化进入了南方,开创了龙凤融合、多元一体的新格局。

大禹治水十分辛劳,自己的婚事也没有顾得上。加上鲧族被灭,大禹只好寻找新的婚姻联盟,于是治水大军与山石氏族的涂山氏联姻了。勤于治水的大禹三过家门而不入,成为以天下为公的典范。涂山氏思念不已,唱出了第一首"南音"之歌《候人歌》:"候人兮猗。"这是一首不朽的爱情歌曲。我们现在的流行歌曲《你知道我在等你吗?》也不过是《候人歌》的当代版;甚至也有人认为《爱上一个不回家的人》表达的是现代人与涂山氏共同的情感。涂山据说在今天的安徽当涂,当地人也在传承这一段历史。当然这个爱情故事是一个神话故事,据说当时来了一只白色的九尾狐,大禹便知道爱情即将来到了,于是就遇到了涂山氏……

因为治水有功,各地都有大禹庙。除了四川汶川、浙江绍兴,还有湖北武汉、山西夏县、河南登封、湖南岳麓等。

大禹奠定九州,构建中华民族国家的基本形态。无论是道德风尚,还是制度体系,大禹都是重要的奠基人。作为圣王,作为神灵,大禹都是中华民族的精神化身。

四、几点启示

中国神话丰富多彩,本章只是列举了几个最为重要的神话来讨论。我们从中要感受哪些智慧品格呢?

第一,中国神话构建了一种多元一体的文化格局。它既有井然统一的秩序,又有多元的形态,二者相辅为用,相得益彰。比如盘古与三皇五帝的神话,存在着清晰的传承谱系,主流叙事鲜明。盘古开天地,而女娲造人民,不像西方的神话,创世造人都是上帝一人在干。中国神话讲述每一个神灵故事的时候,总是伴随着众多英雄的叙事。比如黄帝的臣属,都是很多伟大发明的创始人;仓颉造字、奚仲造车、嫘祖蚕桑,都没有把创造功劳集中在一神身上。多元一体的文化格局维护了中国文化与社会的稳定性与传承性,因此,中华民族成为连续的、富有创造活力的群体,屹立于世界民族之林。中国的神话是一个谱系的连续性的存在,是一个文化共同体。这个方面,我们需要进一步加强研究整理,提升对于中国神话的整体性认识,提升对于神话的认同感。

第二,中国神话深刻体现了矛盾法则。即神话是一个矛盾的统一体,它是社会矛盾的体现,又是社会矛盾的解决方式。神话记录矛盾、解读矛盾、化解矛盾,这样的方式是如何实现的呢？首先是通过主流价值表述提出整体评价与叙事,其次是容纳不同的情绪表达。比如对于防风氏,这个神话既讲述文化统一的重要性,又提供给地方情绪表达的空间,甚至容许防风氏后人一度表达对于大禹的不满情绪,然后逐渐形成对于整体文化的认同。神话以神圣的叙事表述为特性,因此增强了现实秩序的合法性。在社会变革时期,神话是一种推动变革的力量;在社会巩固时期,神话是一种社会稳定的力量。因此,神话的矛盾性,正是社会发展的一种支持资本。

第三,中国神话提供了基本的原则性的普遍生存性知识。如伏羲女娲兄妹成婚讲述了生育怪胎的故事,这就形成了中国文化中"同姓不婚"的禁忌。血缘婚造成的人种退化会威胁人类的生存,因此,该故事对于中国人种的优化具有重要意义。黄帝与蚩尤之战中的水火相克的叙事,表达了对于自然界物质属性的深刻理解。中国神话表现的生态知识,也是启迪人类的生存思考。如"獭祭鱼"故事,水獭捕鱼,先把鱼排列在水边然后吃食,被人们解读为对于鱼的祭祀。水獭为什么这样做我们不得而知,人们讲述这样的故事,是为了表达对于自然的感戴,这是一种生存伦理。中国人的天地信仰,都是感戴天地对于人类的养育之恩。同时,关于祖先的祭祀选择,也是以有功于民、以劳勤事为标准。神话的感恩模式构建了一种社会的互动与对话模式,对于人类的可持续发展具有重要的意义。

第四,中国的祖先神话与自然神话交融起来,强调时空变迁与构成秩序的人文属性。比如五帝的神话,与东西南北中、春夏秋冬的时空秩序联系对应起来。社会的秩序与自然秩序的交融,维护了社会的稳定;而面对社会变迁,人们又会将自然秩序以五行相生相克的逻辑加以解释。通过五帝神话,人们建立起生活与社会的逻辑。

中国神话至今富有活力,生机勃勃,在社会与人生发展中具有重要的认同与养成价值。绝大多数重要的创世神话和祖先神话都是不同形式的国家级非物质文化遗产,因此,传承中国神话是今天整个社会的一项使命。

第四编

经世与致用的智慧

第十三章　传统中国的治世智慧

　　习近平总书记指出,对中国传统文化要创造性转化、创新性发展,按照新时代的特点和要求,对那些至今仍有借鉴价值的内涵和陈旧的表现形式加以改造,赋予其新的时代内涵和现代表达形式,激活其生命力。在中国历史上,传统政治最主要的实践主体就是皇帝和士大夫。较为全面理解皇帝制度的内涵,扬弃其落伍与不合理的部分,以及了解士大夫的经济基础、活动特征、其出现与落幕的历史原因,是改造传统旧的表现形式,激发其生命活力的重要内容之一。

　　问题一：古代民本政治的基本观念是什么?
　　问题二：古代政治传统中的"天意"具有怎样的特色?
　　问题三：作为政治理想的"大同"具有哪些特征?
　　问题四：思考传统儒学的政治主张,在当代中国有哪些值得反思与借鉴的地方?

一、孔孟儒学——传统中国治世智慧的源头

1. 执政为民

执政为民的理想与实践,根源于中国传统政治哲学中的民本思想。这种思想在《尚书》中便已然有了丰富的记载。先秦、明末清初是它发展的两个高峰期。可以说,民本思想贯穿中国思想史与社会史的始终,从未中断。到了清末,这一思想传统,成为现代民主运动的思想源头之一。

传统的民本思想包括以下几点:

(1) 人民是国家的根本,所谓"民为邦本",民可近而不可下,民为社稷之本,本固则邦宁;

(2) 当政者应该重视民意,《吕氏春秋·顺民》中提出:"先王先顺民心,故功名

成。夫以德得民心以立大功名者,上世多有之矣。失民心而立功名者,未之曾有也。得民必有道,万乘之国,百户之邑,民无有不说。"

(3) 以民为贵,以君为轻;

(4) 政府需要以爱民利民为主;

(5) 人民的好恶足以左右国运。

"民为邦本"是一个关于价值法则和政治法则的判断,是一个关于人民的主体资格的判断,还是一个关于政治合法性的判断。

在价值法则方面,民本与人本是相通的,它们都把尊生爱人、保民养民作为最高的价值,把是否有利于人民作为最终的判断标准。

在政治法则方面,民本与人民主权是相通的,它们都确认人民的主体地位,把人民答应不答应、同意不同意作为判断国家治理的政治标准。

符合这样的价值法则和政治法则,统治才具有合法性。正是基于这样的合法性观念,儒家才得以通过义利之辨来抑制统治者的特权利益,在王霸之争上贵王贱霸,在君臣之际上提倡从道不从君。

此外,中国古代的民本思想里较为突出的还有墨子的天法学说和兼相爱、交相利的学说为来自民众的权利诉求提供论据。到了汉代,董仲舒对先秦儒学精神有所发挥,他说:"天之生民,非为王也。而天立王,以为民也。故其德足以安乐民者,天予之。其恶足以贼害民者,天夺之。"(《春秋繁露》)

那么如何判定天予天夺?董仲舒没有像孟子那样强调民意,而是通过宇宙论来进一步强调天意。他的理路,可以说是屈民而伸君,屈君而伸天。依董氏之说,天不是渺茫无凭的,它不仅在法理上是帝位的授予者,而且还通过符兆等来约束帝王的具体行为。这种君权神授论在解决政治权威合法性的同时,希望借助天来抑制王权,儆戒君主,要求"法天","副天之所行以为政",代表了在当时无民主观念和民权制度的历史条件下知识分子为扼制权力的滥用,实现仁政理想所作出的进一步探索。

总之,民本思想不是一种仅仅涉及民的问题的政治学说,更不是仅仅局限于政治道德、重民政策的政治理念,而是可以包含传统政治文化的全部内容的政治学说体系。从宏观层面来看,民本思想可以作为中国古代政治思维最主要的特征与表现形式,通过民本思想在历朝历代的被阐释与实践,可以分析中国传统王朝在具体时段内统治的良莠与得失。或可通过宋代理学家张载的《西铭》,来体会一下民本观念在中国政治思想中的位置及意涵:

> 乾称父,坤称母;予兹藐焉,乃混然中处。故天地之塞,吾其体;天地之帅,吾其性。民,吾同胞;物,吾与也。大君者,吾父母宗子;其大臣,宗子之家相也。尊高年,所以长其长;慈孤弱,所以幼其幼;圣,其合德;贤,其秀也。凡天下疲癃、残疾、惸独、鳏寡,皆吾兄弟之颠连而无告者也。于时保之,子之翼也;乐且不忧,纯乎孝者也。违曰悖德,害仁曰贼,济恶者不才,其践形,惟肖者也。

2. 天听自我民听

王国维在《殷周制度论》中指出:"中国政治与文化之变革,莫剧于殷周之际。"[①]那么这样一种"政治与文化之变革"最典型体现于何处呢? 一在宗法制度确定,二在政治价值的转向。殷商时期的占卜活动若稍作分类可分为卜祭、卜告、卜享、出入、卜渔猎、征伐、卜年、风雨、杂卜等九项。而这些都和"天""神"联系在一起,却没有"人"。因此商朝君主在施政时都乞灵于"天威神权",其政治的实质是以巫神为本的政治。

周代的政治观念相较殷代的政治观念有很大区别。这首先就来自殷纣暴政的教训。在周人看来殷人不惜财力、人力、物力侍奉天和神,却并不能得享太平。《尚书·召诰》就说:"我不可不监于有夏,亦不可不监于有殷。……有殷受天命,惟有历年,我不敢知曰。不其延,惟不敬厥德,乃早坠厥命。"因为有鉴于殷,所以周人非常戒慎恐惧地进行统治,唯恐自己的行为违背了天意,进而步商朝的后尘,被另一个新的王朝所推翻。

到了汉武帝时期,独尊儒术,随着王权的地位进一步提升,王权的范围进一步扩大,士大夫开始寻找能够较为有效制约王权的意识形态。在这样的历史条件下,天命说被重新拾起,人们强调虽然王权是世间最主要的权力形态,但在王权之上,还要一个天的存在,而天对世间的感知与体认,很大程度上依据世间的芸芸众生之苦乐而定。这样一来,皇帝就不敢过于骄奢淫逸、胡作非为,因为一旦如此,天命就不属于自己,而移向了别人。因此,历代农民起义,虽然反对具体的王权,但所用的理论与口号,依然是天命说。只是这种天命,或许不再是儒家旧义,而是增添了许多道教、佛学,甚至从中亚传来的摩尼教的因素。也正因为如此,虽然作为统治者所树立的官学,儒家经典里强调天命是可以转移的,但谁来诠释天命,往往并非儒生自身可以决定,王朝统治者对天命的解释极为敏感,尽力祛除一切可能威胁到自己统治的天命论。所以汉代谶纬之学甚为流行。

---

① 王国维:《殷周制度论》,载周锡山编校:《王国维集》第4卷,北京:中国社会科学出版社,2008年,第124页。

但是在经历了南北朝时期的纷乱之后,隋朝统治者开始下令搜集并集中销毁各种关于谶纬的图籍,名为杜绝妖言,实则是充分认识到了这些图籍的巨大煽动力。而到了宋代,理学兴盛,汉代那种略带人格色彩的天命论,渐渐变为了深具理学色彩的道德性、非人格的天。理学家们希望君王通过修身致知,在具体的行为上符合"天理"的要求,这样一来,某种程度上极度复杂与细致的治国之道,变为了要求甚严的"格君之非",因此有学者认为,从宋代开始,中国"走向了内在"。

3. 大同、小康之世

古代儒家构想的理想社会蓝图中,"大同"是其最高理想,"小康"是比"大同"低一级的理想,语出《礼记·礼运》。《礼运》作者以"大道之行"来指称大同社会,以"三代之英"(禹、汤、文、武、周公之治)来指称小康社会。两者区别是:大同社会"天下为公,选贤与能",小康社会"天下为家""大人世及";大同社会"人不独亲其亲,不独子其子""老有所终,壮有所用,幼有所长,鳏、寡、孤、独、废疾者皆有所养",货"不必藏于己",力"不必为己",小康社会,人"各亲其亲,各子其子,货力为己";是故大同之世,"谋闭而不兴,盗窃乱贼而不作,故外户而不闭",小康之世则"谋用是作,而兵由此起"。

总之大同、小康之别即公与私、行大道与谨礼之别。以天下为公,行大道,则为大同;以天下为家,"礼义以为纪",则为小康。

在古代的哲学著作中,用到"大同"一词的,有《庄子》《吕氏春秋》,其含义与《礼运》所说不同,但这个观念却是因《礼运》而广泛流传于世的。借《礼运》中的大同说,发展成专著的是近代康有为的《大同书》。借此书,康氏书写了对于大同成就太平世的构想,提出"无国而为世界""全地皆为公政府""世界各地皆为公国""无旧国人民,皆为世界公民""公政府只有议员而无行政官""无国但有公宪法"等乌托邦式的政治社会理想。[1]

谭嗣同的《仁学》也深受其影响,其中写道:"地球之治也,以有天下而无国也。庄曰:'闻在宥天下,不闻治天下。'治者,有国之义也。在宥者,无国之义也。……人人能自由,是必为无国之民。无国则畛域化,战争息,猜忌绝,权谋弃,彼我亡,平等出,且虽有天下,若无天下矣。君臣废,则贵贱平;公理明,则贫富均。千里万里,一家一人。视其家,逆旅也;视其人,同胞也。父无所用其慈,子无所用其孝,兄弟忘其友恭,夫妇忘其唱随,若西书中百年一觉者,殆仿佛《礼运》大同之象焉。"[2]

---

① 以上内容参见[清]康有为:《大同书》,上海:上海古籍出版社,2005年,第68—78页。
② [清]谭嗣同:《仁学》,台北:文景书局,2013年,第83页。

而"小康"之说,也同样出自《礼运》,是对禹、汤、文、武、成王、周公这段历史所作的描绘与解释,属于历史解释的范畴。小康之世,是逊于大同之世的另一种政治社会形态。具体而言:"今大道既隐,天下为家,各亲其亲,各子其子,货力为己,大人世及以为礼,城郭沟池以为固,礼义以为纪,以正君臣,以笃父子,以睦兄弟,以和夫妇,以设制度,以立田里,以贤勇知,以功为己。故谋用是作,而兵由此起。禹、汤、文、武、成王、周公由此其选也。此六君子者,未有不谨于礼者也。以著其义,以考其信,著有过,刑仁讲让,示民有常,如有不由此者,在埶者去,众以为殃。是谓小康。"

当然,历代也有人认为大同、小康之说是道家者言,不过即便如此,先秦时代各家学说常常互相吸收、论战,共享许多思想资源,并非后代想象的那样壁垒分明,章学诚"言公"之说,实为确论。在这一点上,大同与小康,或可认为是中国古代政治的理想状态之图景。

二、家国天下——传统中国治世智慧的基本理念

1. "天下"的想象与实际

"天下"一词具有地理认知与政治认知的双重意涵。天下,是东亚民族对宇宙的专有概念。字义上的意思为"普天之下",没有地理、时间和空间的限制,不过,也有不同的用法,用来形容某一种地理概念。天下,是语境可以不断扩展的词。天下之概念,伴随一定的秩序原理,就像自己的欲望广阔无边的宇宙观。顾炎武在《日知录·正始》中有云:"保国者,其君其臣肉食者谋之;保天下者,匹夫之贱与有责焉耳矣。"大致意思就是说,国家的兴亡并非百姓之责,天下的兴亡才是人人有责。这就是著名的"天下兴亡,匹夫有责"的由来。又云:"易姓改号谓之亡国,仁义充塞,而至于率兽食人,人将相食,谓之亡天下。"

因此古时候,中国人的"国"与"天下"并不是一个概念。先秦典籍《山海经》等体现的传统时代的天下观便颇为值得玩味。作为一部记述中国古史的重要文献,《山海经》通过对"山外有海,海外有荒"的圈层世界的勾画,展现了先秦时期先民对于天、地、人三者关系的感知、设想与论证,勾勒出了朦胧的天下观。

美国地理学家雷斯顿·詹姆斯提示我们关注这样的现象:当有序的世界被人们认识之后,接着人们要做的就是寻找一些合理的方法来研究、理解、证明这个世界的规律。而由于研究者自身的信仰、立场、价值选择与价值判断不同,其对客观地理世界的陈述也相应呈现出多元化的特征。这些多元化、差异化的表达形成了地理意

义的建构。正如梁启超所言:"中国知识线和外国知识线相接触,晋唐间的佛学是第一次,明末的历算学便是第二次。"[①]

从十六世纪末开始,以罗明坚、利玛窦为代表的耶稣会士为传播天主教走进中国,开启了中西文化碰撞、交流、会通的历史进程。在这中外知识线的第二次接触过程中,中西地理学的交流尤为活跃,由此也使得时人的天下观产生了许多维度的嬗变。万历十一年(1583 年),罗明坚和利玛窦就在肇庆成立传教所,通过展示各种西洋器物,吸引时人好异求新的目光。此后,凭借着近代地理大发现以来取得的成果,传教士们为当时的文人学士制作浑天仪、地球仪等地理仪器,与他们交流日食、月食等自然现象的原理,并通过绘制世界地图向他们展示中国传统舆图所未载的绝域风土。在具体的表述中,利玛窦等人十分关注中国本土地理的知识与表达,在绘制《坤舆万国全图》时广泛参考了《文献通考》《大明一统志》《筹海图编》等多种中国文献进行欧洲现代知识的本土化处理,由此尽可能地缩小中西知识对话的隔阂。传教士们的这些努力,不仅拓宽了一部分晚明士庶学人的知识面,同时也催化着明人传统地理观念的变革。西人地理学的翔实性便让曾在万历、天启年间两度出任内阁首辅的叶向高深为折服,他感慨道:"共言舆地,则吾儒亦有地如卵黄之说,但不能穷其道里、名号、风俗、物产,如泰西氏所图记。"且就严谨性而言,西人的舆地记述"皆凿凿有据,非汪洋谬悠如道家之诸天,释氏之恒河、须弥,穷万劫无人至也"。膺服于西学的杨廷筠亦言:"西国有未经焚却之书籍,有远游穷海之畸人,其所闻见,比世独详。"[②]尽管这些赞许略带夸大之嫌,但基本揭示了时人天下观的变化。

2.“中国”的多重含义

“中国”一词的含义是极为丰富的。“中国”一词最早出现是在周代《诗经》中,如《大雅·民劳》"惠此中国"。但《诗经》中的此类"中国"实为"国中",还不是真正指国家。称国家的"中国"一词,在战国诸子百家的书中已屡见不鲜了。如《孟子·滕文公上》云"陈良产地,悦周公仲尼之道,北学于中国",又"兽蹄鸟迹之道,交于中国";《庄子·田子方》:"中国之君子,明乎礼义而陋干知人心。"这些都说明:上古所谓"中国",即指后世"中原",但地域不及后世中原广,而相当于今山西、山东、河南、河北一带。

“中国”一词的频繁使用,主要在周以后。《礼记·王制》有云:"中国夷戎,五方之民,皆有性也。……中国、蛮、夷、戎、狄,皆有安。"十分明显,此时的"中国"一词,

---

① ［清］梁启超:《中国近代百年学术史》,载《饮冰室合集·专集七十五》,北京:中华书局,1989 年,第 8 页。
② 以上两段引文,转引自［清］梁启超:《中国近三百年学术史》,载《饮冰室合集·专集七十五》,北京:中华书局,1989 年,第339 页。

是与蛮、夷、戎、狄对举而使用的。如果说《礼记》的成书时间较靠后,则《左传·庄公三十一年》有"凡诸侯有四夷之功,则献于王,王以警于夷。中国则否"的说法,足见春秋前期,"中国"一词就已经与蛮、夷、戎、狄对举。那么"中国"指谁呢?《公羊传·僖公四年》称:"南夷与北狄交,中国不绝若线。桓公救中国而攘夷狄,卒荆,以此为王者之事也。"齐桓公救援邢国、卫国等国,被称作"救中国",足见此时的"中国",已经扩大到被认为是"诸夏"的国家。炎黄二族文化的交融促进了华夏文明的繁荣,"炎黄子孙"的称谓都蕴含着不同区域文明在与中原华夏文明渗透交融后最终认同华夏文明的历史素地。总之,炎帝传说及"中国"含义的最终定型是华夏族群在融合了周边地区各族有关炎帝传说的基础上逐步形成的。

从出现于近代西方的民族国家的角度而言,古代的"中国"确实有与之不太相似的地方。但必须注意到,不能因为这种差异,就像一些海外与中国港台地区学者所宣称的那样,"中国"只是一个文化概念,而非有明确政治意涵的政治体。自秦以来,中国形成了一套行之有效的政治与社会治理模式,各地之间联系不断加强。汉代的察举制、隋以来的科举制,使得全国各地的优秀人才都有机会参与国家治理,同时以儒家为代表的礼乐教化在四方传播开来。在这样的社会流动与文化传播过程中,"中国"其实是一个具有较为稳定形态的政治与文化共同体。

今天的中华人民共和国版图,基本上继承清代的治理范围。清朝统治者疆域遍布全中国以来,就在一系列官方活动里强调自己是"中国"的皇帝,并尊奉中国传统政治文化的相关礼仪与制度;同时对于边疆地区,形成了一套尊重各地差异、维系多元联系的治理模式。这些举措,有助于中国大一统格局的稳定与延续。总之,正如《中华人民共和国宪法》序言所强调的:"中国是世界上历史最悠久的国家之一。中国各族人民共同创造了光辉灿烂的文化。""一九四九年,以毛泽东主席为领袖的中国共产党领导中国各族人民,在经历了长期的艰难曲折的武装斗争和其他形式的斗争以后,终于推翻了帝国主义、封建主义和官僚资本主义的统治,取得了新民主主义革命的伟大胜利,建立了中华人民共和国。"

3. 爱乡与爱国

中国历代的地方行政,一般来说是以县为最下级的行政单位。一个县所管辖的范围相当大,大者有 1 600 平方千米;所管辖的人民,少者有几万人,多者甚至有 10 万到 25 万。可是一个县衙门却只有几位正式官员负责,再加上从汉代起,受到回避制度的影响,本地人不得在本籍贯内担任县官,并且大部分的官员都居住在城市里,有些朝代甚至明令县官不可以下乡扰民。在这种情形之下,政府想有效地统治地方的民众,实在难度极大。因此历代统治者都在县以下设置有类似地方自治的乡村组织,以补助县的不足。

广土众民的中国乡村,自古以来就是历代王朝的立国之本,扮演着十分重要的政治与经济角色。政府的基本税收、兵源的补给、地方基本秩序的维持,凡此种种,都是维持一个政权命脉十分重要的因素。所以历代王朝都尽其所能来治理广大农村,以此维系政权的有效统治。这种乡村组织的基本结构,自秦汉以来可以说已经定型,但因各代的地理环境以及政治情势的差异,也发生了些许变化。以宋代为例,那时的乡村组织,除了保甲法,还有乡约的设置。乡约制度的滥觞,应该说始于宋神宗时期蓝田吕氏的《吕氏乡约》。它规定地方上推选一位德高望重的人为约正,另外推举两位有学行的人为约副。每个月末,对有善行的人加以奖励,有过者则劝其改正。它强调本乡之人德业相劝、过失相规、礼俗相交、患难相恤。总之,它是一种以教化为目的的地方互助团体,强调热爱本乡的情感。

而到了近代,随着中华民族国家建设的展开,除了爱乡之外,更强调爱国。陈独秀说:"我十年以前,在家里读书的时候,……那知道国家是什么东西,和我有什么关系呢? 到了甲午年,才听见人说有个什么日本国,把我们中国打败了。到了庚子年,又有什么英国、俄国、法国、德国、意国、美国、奥国、日本八国的联合军,把中国打败了。此时我才晓得,世界上的人,原来是分做一国一国的,此疆彼界,各不相下。我们中国,也是世界万国中之一国,我也是中国之一人。一国的盛衰荣辱,全国的人都是一样消受,我一个人如何能逃脱得出呢。我想到这里,不觉一身冷汗,十分惭愧。我生长二十多岁,才知道有个国家,才知道国家乃是全国人的大家,才知道人人有应当尽力于这大家的大义。我从前只知道,一身快乐,一家荣耀,国家大事,与我无干。那晓得全树将枯,岂可一枝独活;全巢将覆,焉能一卵独完。自古道国亡家破,四字相连。若是大家坏了,我一身也就不能快乐了,一家也就不能荣耀了。我越思越想,悲从中来。我们中国何以不如外国,要被外国欺负,此中必有缘故。"①

三、皇帝与士大夫——传统中国治世智慧的展开

1. 中国传统政治的双重权威

中国传统政治中的"权威"问题,主要是一个政治权力的合法性问题。一般来

---

① 陈独秀:《说国家》,载《陈独秀著作选》第 1 卷,上海:上海人民出版社,1993 年,第 56 页。

说,合法性是政治上有效统治的必要基础,它是统治者与被统治者所共同认可的一种理念或原则。依次而建立合法性统治的政府,人民承认其有权力施行统治权,人民也承认对其有尊重其权威、服从其统治的义务。这样的统治,不依赖于赤裸裸的权力,而依赖于广大人民对其基本的认同与承认,因此这样的统治必然是稳固的。

政治合法性对有效统治意义非常大,在人类的统治史中,追求合法性十分深入人心,所以很难发现历史上有这样的政府:他们没有获得广大人民承认其基本合法性,而可以长治久安,或者在其统治历程中,不去追寻人民承认其合法。

中华民族在公元前1600年左右就建立了统治极大疆域的商王朝,政治合法性的追寻在那个时代已经开始。公元前221年秦王朝建立,许多士人在秦政之下,开始进一步探讨政府如何合法地获得权威、运用权力。而后代王朝经历了许多兴衰更替,这就使得合法性问题成为士人集中精力思考的主要议题。此外,中国传统哲学的特征在于追求实现人生问题得到合理安顿,而政治是人类生活非常重要的组成部分,所以中国古代思想家对此均多所用心。他们提出来的最高人生理想是修身、齐家、治国、平天下,故"内圣外王"成了中国传统政治哲学的最高境界,在此意义上,探讨政治合法性问题,也就成了中国传统政治哲学的核心议题。

以中国古老的历史政治文献汇编《尚书》为例,书中所载的王朝更替的最重要因素就是人民的福祉,君王最重要的德行就是保民。不保民的君王必定丧失天命,能保民的君王才有继续统治的最基本资格。这一观念在西周初年的文告中一再出现。周朝统治者认为上天爱民,于是将民众托付给君王来照顾治理,以此保障广大人民的基本幸福。夏、商两朝的亡国之君,不但不体仰天命,保民而王,反而倒行逆施,用残酷暴烈的刑罚来折腾民众,致使民众的抱怨之声上闻于天,上天于是降下惩罚,剥夺这两个王朝统治的资格,让新兴的有德之主来君临华夏。在这一观念之下,周朝统治者认为人力可以影响上天,君王的德行主要体现在保障广大人民的基本福祉。这种德行,既是君王权力的具体实践,又是天命之所在,是一个王朝能够继续进行统治的最基本资格。这种道德意识之有无,决定了某一个时代的君权是否具有统治合法性。

正是在此基础上,后来孔子认为统治的基础不在武力,而在人民的信赖。粮食、军备是维持政治秩序的重要条件,但是人民的信赖才是一个政权得以存在的必要条件。孔子在回答子贡的问题时,就认为在特殊情况之下,粮食与军队都可以抛弃,但是民众的信赖不可或缺,这就是所谓的"自古皆有死,民无信不立"。

2. 皇权的展开及其限制

中国的皇帝制度，是世界上除了古埃及法老制度外，延续最为悠久的一种君主制度，由秦至清，历经两千余年。所谓"天降下民，作之君，作之师"，以"奉天承运"为天命所居，皇权高居中国政治社会的顶端，不仅拥有政治治理的权威，而且为道德教化的表率。

三代以降，国化为家，皇帝又俨然是天下的家长、养育万民的父母。尽管在历史上，真正道德足式、爱民如子的帝王屈指可数，可是环绕皇帝而发展出来的制度与理念长久以来成为传统政治社会和道德文化各方面统合的焦点。民国建立，取消帝制，不仅导致政治体制的转变，也促使传统社会失去重心，趋于瓦解。帝制可于一夜间灰飞烟灭，但两千年来深入人心的帝王理念，却是余波荡漾。

皇帝名号的拟定当然是皇帝制度建立重要的一环。此名一立，两千年因袭不改，"皇"在金文上表达的是美丽、伟大、辉煌之意义，用为名词者有天皇、地皇、泰皇者，带有神格的意味。帝指代天帝、上帝，是宇宙万物至高无上的主宰神。皇帝之连称即为"煌煌上帝"，《尚书·吕刑》中表述过"皇帝"这个词，也就是这样的意思。秦王嬴政以之为人间君王的称号，主要是想将人君神格化。

不过，将人君神格化的实践并非嬴政的创举，在战国时期已有相关实践。周天子之下的诸侯王纷纷僭越称王，争霸的诸王觉得"王"的称号已然不够响亮，故而开始称帝。秦昭襄王便约齐闵王一同称帝，一为西帝，一为东帝。此后又有说客游说，以秦为西帝、赵为中帝、燕为北帝的诸国外交活动。诸王称帝延续的时间虽然不长，但帝显然已经从天上降到了人间，变成另一个超越"王"的人间尊号。由此看来，秦王嬴政以"皇帝"为号并非凭空而来，只是将已有的帝号加一番修饰，使得它变得更加神圣伟大。

此外，所谓"家天下"乃是了解整个皇帝制度的关键之处。自上古以来，"家天下"成为中国传统政治文化里一个牢不可破的传统。秦始皇希望传帝位到二世、三世，以至万世，这已经将整个天下视为自己一姓所有。

大体而言，从秦汉以来，天下归命属于某一个姓氏所私有，这已经不仅是帝王家的想法，而是一种深入人心的政治文化范畴。所以西汉哀帝想把自己的帝位禅让给宠臣董贤，就有大臣对他说："天下乃高皇帝天下，非陛下之有也。陛下承宗庙，当传子孙于无穷。统业至重，天子亡戏言！"这样看来，家天下的传统，在一定意义上，也成为对皇权胡作非为的一种政治文化上的约束。

但同时也应看到，影响皇位继承人选的因素极为复杂，最后能登上天子宝座的几乎都要经历一段颇为曲折的过程。继承人选有以嫡、以长,或者以贤良等原则,但事实上这些原则在具体实践中的约束力着实有限。以秦汉两代为例,大部分的皇帝其实都由其他因素产生,对于确定人选具有巨大影响力的除了皇帝本人,还有周围的功臣、外戚,甚至是宦官集团。总之,中国的皇权至少面对三重限制,一是祖宗家法,二是天命之解释,三是皇帝自身的能力。

3. 士大夫的作为与其边界

中国传统的士人,或称士大夫,相当于今天泛称"知识分子"。这一角色在西周时期就已经出现了,属贵族阶层。从春秋时代后期开始,由于私人讲学之风盛行,凡是受过良好教育的平民也一律称为"士"。这时,士的划分是以道德、学问为判断基础的。士的身份转变是由当时社会流动的背景带来的,同时这一阶层的发展壮大,也在进一步促进社会流动。

这一新兴阶级对秦汉以后的社会文化产生了决定性的影响,因而也有学者将中国传统社会称为"士绅社会"。对于国家而言,士人发挥着不容忽视的作用。梅曾亮在《士说》中曾经如是说道:"士之于国,犹木之于室也。一国之士,其材者百无一二焉;一山之木,其材者百亦无一二焉。"在传统时代的论述中,士之兴亡与国家兴亡有着密不可分的关系。刘向《说苑·尊贤》道:"士存则国存,士亡则国亡。"吕坤《呻吟语·治道》也这样说道:"养士用人,国家存亡第一紧要事,而今只当做事。"除却国家治理的宏观层面,在乡里社会的基层运作中,士大夫所发挥的作用也是十分关键的,这一点在明清时期表现得格外明显。当自上而下的行政权力无法触及民生的某些问题时,士绅阶层便得以凭借其声望、能力及其背后的权势网络填补地方权力空间的空白。与汉代的乡官不同,明清时期的士绅所具备的权力与声望是由科举制度授予的,乡里民众不得不与闻,朝廷所期望的便是他们能够担负起地方教化的职责。

士绅不是原子化的个体,而是如费孝通所言,借助差序格局,建构起了一个与正式权力密切相关的权力网络。这种网络甚至可以延续到宗法关系与邻里关系之中,通过乡约、乡学、社仓、赈灾、调解以及举办各种公共事业,士绅在乡村的公共生活和私人生活中扮演着重要的、类似于地方精英的角色。"士绅社会"处于国家体制之外,又是国家体制非正式延伸的一个部分,也正是因为这样,士大夫的力量与朝廷的力量是一种既相互依附又各自独立的微妙力量。

士绅这种身份的双重性,使得他们在官家面前代表民间,在民间又代表着官家。当国家利益与地方利益产生冲突时,他们须从中进行斡旋。士绅作为地方社会的领导,虽然在明清时期已经成为王朝意识形态的重要元素,但作为一个阶层要立住脚跟,则整个地方社会必须遵从"被士绅化"的逻辑,即这一阶层要实现其领导权,须有广泛的民间认可作为根基。礼仪的推行、风俗的教化以及对于地方事务的处理便显得格外关键。

尽管士大夫能透过其关系网络,将自己的影响力渗透到各处角落,但其能力依然存在一定的边界。在国家与地方社会礼俗互动的过程中,士绅与官府分享着教化权,但这种分享也有着不可逾越的红线,理解士大夫的作用及其局限性,是理解中国传统政治文化在社会层面运作与传承的重要切入点。

到了近代,随着新式教育的兴起、科举制度的废除、资本主义生产形态在中国日渐扩展,士大夫阶层日渐权势减弱,许多人变为了近代意义上的知识分子,身处学校、政府机关、媒体,或作为律师、医生、会计师,他们虽然还具有古代士大夫的情感与价值,但在行为方式上,却越来越趋于近代资本主义社会形态下原子化的中产阶级。从士大夫到知识分子,这堪称战国时期士大夫兴起以来又一历史大变局。

第十四章　传统中国的理政智慧

　　2017 年 10 月,在中国共产党第十九次代表大会的报告中,习近平总书记指出:"世界上没有完全相同的政治制度模式,政治制度不能脱离特定社会政治条件和历史文化传统来抽象评价,不能定于一尊,不能生搬硬套外国政治制度模式。"因此,在当代中国的政治发展中,树立"制度自信"非常关键。在此基础上,同时需要了解中国数千年的政治与社会治理的基本理念,以及这些理念是如何在历史中被实践的。只有这样,才能更为全面地了解中国的政治文化,在"文化自信"的基础之上,更为深入地贯彻"制度自信"。

　　问题一:传统中国的中央与地方关系发生了怎样的变化,为何会发生这一变化?
　　问题二:传统中国的政治架构有怎样的特点?
　　问题三:传统中国的选举制度造成了怎样的政教关系?
　　问题四:传统中国的天下体系在汉唐时代与明代分别有怎样的时代特征?

一、封建与郡县——传统中国的中央与地方关系

　　秦始皇暴君之名的获得,一定程度上来源于他"焚书坑儒"的举措。焚书之举的缘由却是由一场有关地方行政制度的辩论引发的。秦始皇三十四年(公元前 213 年),秦始皇在咸阳宫中置酒,七十博士祝酒。来自齐地的博士淳于越说:"臣闻殷周之王千余岁,封子弟功臣,自为枝辅。今陛下有海内,而子弟为匹夫,卒有田常、六卿之臣,无辅拂,何以相救哉? 事不师古而能长久者,非所闻也。"[1]

　　如果以历史主义的眼光来看,淳于越的建议并非没有道理。在秦朝以前,君主虽然无法对全国的领土实行直接统治,但是早于秦朝一千四百年的商朝,却在近六

---

[1]　[西汉]司马迁:《史记》卷六《秦始皇本纪》,北京:中华书局,1959 年,第 254 页。

百年的时间里维系了这个当时世界上最大国家的长期存在。商朝地域非常广大,领土最大时,东北已达辽宁,西北进入渭水下游,南抵长江流域(湖北黄陂盘龙城),其领土涵盖寒温带、亚热带等多种地带,高原、山地、平原等多种地理环境。因而,将生活于不同地理环境中、具有不同生计的不同人群纳入同一个政治空间中,依靠的是其政治体制。历史学界通常将商朝的政治体制称为以"大邑商"为中心的方国联盟。

"大邑商",又称为"天邑商""商邑""王邑",是商王的直接控制区。"大邑商"之外是方国。商代方国数量很多,仅见于卜辞的方国名称便六十有余。方国是一个相对独立的政治体,内部存在"都邑""鄙邑"的结构区分,并有附属族群。按照传世文献所述,商朝取代夏朝统治时,许多夏的方国被纳入商的政治体系,比如商朝南方较为重要的方国"大彭"原来即是夏朝的方国。有些方国是受"大邑商"的支持而形成,比如周人以其与戎狄的战功而被商王赐予土地、玉器和马匹,周人领袖季历(周文王之父)被任命为商之"牧师"。还有一些方国是商王分封亲近宗族而形成。在制度层面,商代实行内外服制度,管理商王直接控制的王畿地区的职官称为内服,管理"四土""四方"的方国邦伯称为外服。方国与"大邑商"之间的关系较为松散,"大邑商"常以军事征服、政治联姻、册封等方式控制方国。"大邑商"与方国之间,在地域上呈现犬牙交错的状态。有些方国叛服不常。能够维系方国的向心力是保持商朝国力强盛的直接原因。商朝末年,周武王试探性地东伐,诸侯赶至盟津会周者达八百之多。这次会盟标志着商朝政治体系的瓦解,基本上决定了商亡周兴的历史走向。

继商而兴的西周,为有效控制商代的领土,分封诸侯到指定的地方进行统治,建立起分封制。周天子通过"授民授疆土"的礼仪与诸侯之间确定君臣关系,明确诸侯朝觐、贡赋、出兵的义务。原本一些属于商朝的方国通过分封制成为西周的封国,如虞舜的后代被西周封为陈国,夏禹的后代被分封为杞国,殷商贵族微子所率商人宗族被封为宋国。被西周直接军事征服的地区,则由西周贵族以武力为后盾建立新的统治中心,形成封国。经过武王、成王、康王三世的分封,西周完成了对中原地区的控制。从黄土高原到山东丘陵这条自西向东的交通要道上,周人封国最多最密,晋(成王弟叔虞的封国)、卫(武王弟康叔的封国)、蔡(武王弟叔度的封国)、曹(武王弟叔振铎的封国)、鲁(周公子伯禽的封国)、齐(协助武王灭商的吕尚封国)都在这条交通线上。在商人兴起的河北之地,还分封西周开国重臣召公,建立燕国。在南方江汉之地,分封汉阳诸姬以监视南土。春秋时代的争霸格局、战国时代的列雄格局,其地缘政治构造皆基于西周的封国格局,秦郡的设置分布也是这一格局的自然延续。

如果说商朝初步形成"大邑商"与方国权力分层的治理体系,那么周朝则形成基于地缘控制的治理体系。只是周天子对天下的控制要经由"封国",而非周天子直接控制。《诗经》中所说的"溥天之下,莫非王土",只是法理上的存在,它需要"率土之滨"的"王臣"来予以实现。

春秋时期却是分封制进一步发展的时期,只是这一时期分封的主体是诸侯国。随着经济的发展、人口的繁衍、战争的进行,诸侯国在新扩张的土地上分封卿、大夫。卿、大夫及其宗族、宾客在分封地形成新的邑落。"诸侯有国"的情形出现于西周,"卿大夫有家"的情形主要出现于春秋。可以说,春秋时代的诸侯国是借助西周的治理体制完成了自身的国制建设,在原来西周的政治空间中出现了许多小型的"西周样式"的政治体。

如同西周分封的诸侯一样,诸侯国分封的卿大夫,多数为公族出身。他们按照等级高低来受田。据《左传·襄公二十七年》记载,卫国规定卿可得百邑之封。《国语·晋语》记载晋国规定卿受"一旅之田"(五百顷),上大夫受"一卒之田"(一百顷)。卿大夫的邑落数量常因其立功或获罪而增减,如郑国子展、子产击破陈国有功,而被郑国国君赏赐数个邑。

与西周政治环境不同的是,春秋列国的争霸战争此起彼伏,这使得原本"西周样式"的治理体系须应付更大的外部危机。诸侯对卿、大夫的分封,在某种程度上,便是遵循原来周制的精神,以酬赏功劳的方式,增强政治体对外争夺土地与人口的能力。但是"卿大夫有家"的体制有着内在分权的要求,这不利于诸侯国应对争霸的政治态势。卿大夫在自己的封地内,任命家臣为邑宰管理采邑,任命司马或马正组织军队。晋国的韩氏、羊舌氏两家都能动员九百乘兵车的军队,而"千乘之国"已经是春秋时代的中等诸侯国了,由此可见晋国内部卿大夫势力之大。在这种情形下,对"西周样式"的治理体系进行制度创新,是以提高效率为取向的,其路径依赖则是增强国君对土地与人口直接治理的能力。这是郡县制出现的背景。

春秋中期,县制便已经出现。战国时期,郡制出现。郡县制发挥了加强君主权力、保持国家力量的作用。秦国在统一天下的过程中,在关东六国地区推行郡县制的方式是,对于六国已经存在的郡县予以继承、确认,在六国都城地区普遍设郡,比如,在韩国都城阳翟设置颍川郡,在魏国都城安邑设置河东郡,在赵国都城邯郸设置邯郸郡,在齐国都城临淄设置齐郡。按照《汉书·地理志》的说法,秦有三十六郡。六国为秦国的新占区,在此设郡正符合在边远地区设郡的原则。统一天下后,秦始皇继续开疆拓土,在南方设置桂林、南海、象三郡,在北方设置九原郡。此外在关东地区又拆分薛、邯郸、临淄、琅邪、河东、九江等几个郡,新置鄣、庐江等郡。

秦汉以后,郡县的功能与范围大致不变,因为郡县作为地方政区,主要任务是劝课农桑、征收赋税、维持治安。"县"的名称一直沿用至今。郡一级的行政区划,唐宋称"州",明清称"府",但其性质是一样的。由于郡(州、府)数量太大,不便于朝廷管理,故常编有更高一级的政区,东汉末年至魏晋南北朝是"州",唐代为"道",宋代为"路",元明清为"省"。总之,自秦始皇在全国范围内推行单一的郡县制,中间经由汉武帝予以稳定,在两千多年的历史中,郡县制一直是中国古代国家的基石。在今天中国学界讨论的治理体系创新的议题中,郡县制仍然是可资解读的重要历史资源。

二、官僚制——传统中国的权力架构

从制度渊源上看,官僚制度与列国任人唯贤的客卿制相关。官僚制度的产生与发展,需要大量的士人来充任各类官职,这种需求刺激了战国士人阶层的扩大,以及士人在列国间的流动。这也是诸子百家及其思想得以产生的重要政治、社会背景。

官僚对君主负责,从君主手上领取俸禄;官僚职位有任期限定,有职权范围,要接受考核;官僚之间以科层制形成官僚体系。就郡县内部而言,郡设有郡守、郡尉和监御史。郡尉是郡守的副职,监御史直接属于中央的御史大夫。县一级,大县设令,小县设长,领有县丞、县尉。郡县主要官僚由朝廷直接任命。县下设乡,乡有三老(掌教化)、啬夫(掌赋税诉讼)、游徼(掌治安)。乡下设里,里有里典(后称为里正、里魁),每隔十里设一亭,亭有亭长,主管治安、缉拿盗贼。

在新的治理传统中,官僚制是君主制成长的伴生物。嬴政称"皇帝",改变的并不仅仅是政治名号,还意味着政权权威的重塑,以及君主角色的重新界定。在秦朝的政治体制中,皇帝是最高的立法者,也是最高行政长官、军事统帅、司法裁决者,官僚体系围绕着皇帝的这几种角色而展开。秦始皇一统天下后,在原来秦国官制的基础上,进一步形成新的官僚体系。《通典》之《历代官制总序》对秦始皇官制的评价是:"立百官之职,不师古。"[①]强调秦始皇对官制的创制作用。

首先,在秦代制度中,区分了文官与武将两个系统,分别对应皇帝的行政权力与军事权力。文官领袖为丞相,设左、右丞相,丞相率领百官,对皇帝负责。御史大夫为丞相之副,掌管图籍秘书,也兼监察百官之职。太尉为武将领袖,但是不常设置,

---

① 　[北宋]杜佑:《通典》卷一九《职官一》,北京:中华书局,1988年,第467页。

调兵权与发兵权都由皇帝直接掌握。根据《通典》之《将军总叙》，秦朝还设置了前、后、左、右将军，位上卿，金印紫绶①。在秦国制度上，君主对军事行动有着严密控制。考古发现秦国军符形状为虎形，其上铸有文字，规定调动 50 人以上的军队，都须有皇帝的军符。只有皇帝使者所持军符与将领所持军符相合，才能调动军队。文官、武将两个系统的分立，在制度层面能够形成彼此间的牵制，降低了官僚集团侵夺皇帝权力的可能性。因而，该制度一直为以后历代王朝所沿用。

值得关注的是，文、武两个系统均从朝廷贯彻到郡县之上。秦与西汉郡、县设尉，东汉郡太守领兵。魏晋南北朝时，凡是州刺史，皆加将军号，否则为"单车刺史"，即被看作职权不完整者。唐代，文武官吏分途逐步形成，某人若入武职，则在武将系统内部升迁，若入文职，则在文官系统内部升迁。宋代体系接近现代文官政府，武将系统为文官政府之下的一个局部组成，接受文官政府的领导与指挥。明代继承宋代以文官政府控制军事系统的制度。宋、明地方军事能力的弱化，不止是"削藩"的问题，更是官僚制度的体系性变化在地方治理能力上的表现。

其次，在文官系统内部，形成了为皇帝家事服务与为国事服务的两个职官类型。为皇帝家事服务的官僚，来源于前代的家臣制，在性质上为皇帝家臣，如太仆掌管皇帝舆马，宗正掌管皇室属籍，将作少府掌管宫室建筑，郎中令掌管宫殿门户。值得注意的是，秦朝明确将国家财政与皇帝私家财务分开，治粟内史掌管谷、货，即国家税收，少府掌管山海池泽之税、官府手工业制造，以供应皇室。这表明在制度层面区分了公与私。掌管国事的官僚，除治粟内史外，还有：奉常，掌宗庙礼仪；典客，掌外邦朝贡；廷尉，掌刑辟；卫尉，掌宫门卫屯兵；中尉，掌京畿警卫。

郡县官僚与上述朝廷官僚，均接受丞相的领导。正因丞相在官僚制度中的顶端位置，它在秦汉政治史上扮演着举足轻重的角色。秦始皇死于东巡的路上，在帝位继承问题上，正是因为得到丞相李斯的支持，赵高谋立胡亥的阴谋才得逞。汉初丞相萧何死后，曹参继任为丞相，汉惠帝责怪曹参每日饮酒无所请事，曹参认为汉惠帝比不上汉高祖，自己也不如萧何贤良，故而要萧规曹随，汉惠帝也只有尊重丞相曹参垂拱而治的执政方式。吕后死后，丞相陈平与太尉周勃诛杀吕氏，迎立汉文帝。这些史实都表明丞相在官僚体系中的地位之高与权势之重。

丞相因其权柄之重，可能在一定程度上成为皇帝的对立面。上述汉惠帝与曹参关系即为一例。再如汉武帝时田蚡为相，推荐人为官，权移主上，有一次汉武帝忍无

① ［北宋］杜佑：《通典》卷二八《职官十》，北京：中华书局，1988 年，第 780 页。

可忍地说:"君除吏已尽未? 吾亦欲除吏。"①皇帝与丞相在权力行使过程中的矛盾,使得皇权有抑制相权的冲动。自汉武帝以后,丞相的决策权开始被侵夺。在汉武帝的宫廷内,以加侍中、给侍中、常侍等官称的方式,令贤良文学、上书言事者中的严助、朱买臣、吾丘寿王、主父偃、严安等人出入禁省、随侍左右、顾问应对、参与大事,形成与丞相相对的皇帝决策班子。汉武帝还让严助在朝廷上与大臣辩论,使大臣言讷。侍中等官职都文属少府,汉武帝以身边的家臣型的低秩官僚,来制衡外朝高秩的丞相。自此以后,皇帝以身边秘书型的官僚来侵夺宰相之权,就成为中国古代宰相制度演变最重要的动力。东汉皇帝以内朝尚书夺外朝宰相之权,发展到魏晋时代,尚书省成为新的宰相机构。此时,皇帝又以身边掌管文书、顾问的官僚组成门下省、中书省制衡尚书省。明清时代执掌大权的内阁、司礼监、军机处等机构莫不是皇帝身边的近臣或侍从。

最后,秦代的诸卿,发展到东汉,逐步形成三个系统:太常、光禄勋、卫尉属太尉;太仆、廷尉、大鸿胪属司徒;宗正、大司农、少府属司空。司徒为秦汉时代的丞相改称,司空为此前的御史大夫改称。如上文所述,东汉尚书台侵夺三公权势,魏晋时发展成尚书省。尚书省中有列曹处置各类政务,如西晋尚书省有三十六曹,故而在具体政务上,九卿与尚书之间权责难以划清,职能重叠。当时有人提议或省尚书列曹,或省九卿,但是都没有得到执行。九卿在整个魏晋南北朝时期都保留下来。发展到唐代,尚书省内部形成固定六部,九卿则对口六部,由原本的行政型职官演变成为事务型职官。九卿地位的下移是与尚书六部的成长相一致的。这一制度的演变是皇权与相权关系演变的一个副产品。

以上所述为郡县制得以展开的制度环境。官僚制度与皇帝制度相互配合,借由郡县制度将皇帝的直接控制贯彻到全部领土之上。可以说皇帝制度、中央官僚制度、地方行政制度三者的配合,建立了中央集权化的官僚体系,能够将国家治理渗透到基层社会,在制度法理层面排除了派系政治的合法性。

三、选举制度——传统中国的政教关系

随着官僚制的发展,官僚的培养与选拔成为重要的政治课题。汉武帝所创设的学校制度与选举制度,为解决这一课题提供了影响中国历史道路的方案。汉武帝在

---

① 　[西汉]司马迁:《史记》卷一百七《魏其武安侯列传》,北京:中华书局,1959 年,第 2844 页。

长安城外立太学,设太常博士弟子五十人,在太学中随博士学习。挑选的标准是年十八,仪状端正。在读期间免除徭役,学成以后有入仕的资格。除了在长安设太学外,又令天下郡国设官学。官立学校的培养目标是官吏,却给了出身民间的知识阶层跻身官僚群体的机会。

察举制度也是如此。汉武帝规定郡国向朝廷举荐人才,举荐的标准为:一曰德行高妙,志节清白;二曰学通行修,经中博士;三曰明达法令,足以决疑,能案章覆问,文中御史;四曰刚毅多略,遭事不惑,明足以决,才任三辅令,皆有孝悌、廉正之行。在举孝廉时,尤重德行与经学。经由这一选士标准,将有离心倾向的豪强改造为经明行修之人。

汉元帝以后,儒家话语体系已经成为朝野共同的言说方式。在社会领域,由强宗豪族转化而来的儒学世家也成为社会政治的中坚阶层。比如三国时名士杨修的家族,便世传欧阳《尚书》,自杨震以后,四世皆为三公;袁绍的家族,世传孟氏《易》,袁安以后,四世出了五公。道义是非成为社会的普遍共识。东汉章帝时代确立了影响中国近两千年的"三纲"。儒学士人以澄清天下是非为己任,由此形成平衡皇权的一种政治势力。东汉都城洛阳有太学生三万余人,太学生以太学为阵地,激扬名声,议论朝政,形成所谓"清议",《后汉书·党锢列传》描述当时的氛围为"处士横议",太学生们在当时形成一种强大的舆论势力。由宦官控制的政府,于汉桓帝延熹九年(公元166年)和汉灵帝建宁二年(公元169年),将清流官僚与士人,加上"党人"罪名予以镇压。尤其是第二次党祸将上百名士人处以极刑,罢免官职,禁止入仕数百人,并牵连族人。

在这一过程中,笃信正义的士人展现了非凡的精神力量。党锢名士范滂赦归回乡之际,汝南、南阳士大夫迎之者数千辆之多。许多名士主动投案,如景毅之子为党锢名士李膺门徒,李膺入狱,景毅之子却未被追究,景毅于是自行上表免除官职。再如,皇甫规曾为宦官下狱,为太学生所营救,但是在党锢之祸发生后,却不预党祸,于是向朝廷上表自述为党人。《后汉书·党锢列传》记述党人张俭亡命时,"望门投止,莫不重其名行,破家相容","其所经历,伏重诛者以十数,宗亲并皆殄灭,郡县为之残破",孔融接纳张俭,事泄后"一门争死"。这些都反映了东汉以来中国社会的价值共识——舍生取义。顾炎武借《诗经·郑风·风雨》之"风雨如晦,鸡鸣不已"来赞赏"三代以下风俗之美,无尚于东京者"①。

曹魏试图控制清议,故设"中正"一职,州有大中正,郡有郡中正,"区别人物,第

① [清]顾炎武著,黄汝成集释:《日知录集释》卷一三"两汉风俗"条,石家庄:花山文艺出版社,1990年,第587页。

其高下"。但是,这种制度由于太过依赖中正的德行和权威,从它诞生之日起便充满了弊病,最后终于成为世家大族互相勾结、操纵铨选的工具。正是依托九品中正制,自汉代以来便垄断乡里选举的世家大族才最终演化为门阀士族。

隋文帝废除九品中正制,首创科举制。经过唐宋时代的发展,科举制在明代臻于完善。明代科举分为童试、乡试、会试与殿试,乡试、会试每三年举行一次。

(1)童试。所谓童试,就是俗称的"考秀才"。明朝府、州、县都立有学校,录名于学政的学生称为"生员","生员"被称为"秀才"。读书人在取得"生员"资格之前,称为"童生"。如要取得"生员"资格,必须参加县试、府试和院试三级考试,这三级考试统称为"童试"。《明史·选举一》记载明朝制度:"提学官在任三岁,两试诸生。"其中便包括童生的入学考试。

(2)乡试。明太祖洪武十七年(1384年)颁布科举成式,规定直隶及各省乡试于子、卯、午、酉年举行。乡试的主体是国子监及府州县学生员,但并非所有监生、贡生及生员皆有参加乡试的资格,他们还须参加选拔考试以获得参加乡试的资格。乡试通过者被称为"举人",第一名称解元,第二名称亚元。举人有赴京师参加会试的资格。举人若会试落榜,也能由吏部铨选授官,如担任知县、地方学官等。

(3)会试。乡试的次年,即丑、辰、未、戌年,礼部在京师举办全国性的选拔考试——会试。时间定在春季,故而称为"春闱""礼闱"。举人在经过资格审查或复试之后,由地方官资助赴京赶考,可住在本地在京师的会馆之中。会试中试俗称"中进士",中试者称为"贡士",第一名称为"会元"。

(4)殿试。最高一级考试称为殿试,又称为廷试,由皇帝亲自主持,所有的贡士都参加。明朝殿试在奉天殿或文华殿举行,考策问。殿试策题是以皇帝名义发问,除皇帝亲自命题外,试题由内阁拟定,再请皇帝批复。皇帝亲笔点定三名次第,填榜公布。一甲三名赐进士及第,为状元、榜眼、探花,合称"三鼎甲";二甲赐进士出身;三甲赐同进士出身。一甲、二甲、三甲统称进士。

因为科举制度的推行,明朝社会形成了以读书、科考、出仕为业的士子阶层。府州县学管理生员的学籍、课业考核。在平日,生员及童生常彼此交游,他们的活动也超出了学术思想的范围,成为影响政治的社会舆论。典型者如晚明的东林党。万历年间,顾宪成、顾允成、高攀龙、钱一本等名士在无锡东林书院讲学,议论朝政,主导社会舆论。黄宗羲《明儒学案》卷三二《泰州学案二》称:"天下君子以清议归于东林,庙堂亦有畏忌。"与汉末党人一样,东林党人成为一切正义力量的共称。黄宗羲《汰存录纪辨》中说:"东林之名,讲学者不过数人耳,倚附者亦不过数人耳,以此数人者而名为党可也。乃言国本者谓之东林,争科场者谓之东林,攻阉人者谓之东林,以至言夺情奸相讨贼,凡一议之正、一人之不随流俗者,无不谓之东林。"

四、天下体系——传统中国的世界构想

在传统语境中,"天下"范畴大致可以归纳为以下几点:首先,"天下"之所指除地理空间外,还包括民心、声教等社会内涵;其次,"天下"的构造是中心清晰、边缘模糊,华夷之间可因文化认同而互相转化;最后,"天下"之治理权源于"天子",形成"天子治天下"的政治体制。

如果从史实上看,"天下"范畴的历史基础是周人的新天道观,在春秋战国时代为诸子所阐发。秦汉王朝对大一统的建构,既是对"天下"理念的实践追求,也是对"天下意识"的传播与塑造。秦始皇三十七年针对越地风俗于会稽刻石:"大治濯俗,天下承风,蒙被休经。"[①]这是在凸显"天下"的声教内涵,宣扬皇帝移风易俗、改造社会的功绩。再如汉武帝时,司马相如出使巴蜀,他著书为天子代言,"令百姓知天子之意";针对"夷狄殊俗之国,辽绝异党之地",其辞引《诗经》为据("溥天之下,莫非王土;率土之滨,莫非王臣"),抨击夷狄"政教未加,流风犹微",论证汉武帝"北出师以讨强胡""南驰使以诮劲越"的合法性,赞颂"四面风德""二方之君鳞集仰流,愿得受号者以亿计"的天下一统之盛世。[②]

进入大一统的不同族群、不同地域都在适应汉朝所界定的天下秩序中形成其天下意识。西汉前期,匈奴虽与汉朝在政治上分立,但是接受了汉朝关于"天下"的政治思想。如汉文帝时,匈奴单于在写给汉廷的信中称:"天所立匈奴大单于敬问皇帝无恙","天地所生日月所置匈奴大单于敬问汉皇帝无恙"。[③] 这些称呼虽反映匈奴与汉朝分庭抗礼之心,被司马迁批评为"倨傲",但从"天所立""天地所生日月所置"等言辞来看,匈奴显然是接受了汉人"天子"观念的,且《史记》明言,上述匈奴称谓是在汉人中行说的劝导下所写就。匈奴单于近乎以"天子"自居。汉武帝以后,匈奴转弱,自呼韩邪单于在甘泉宫朝拜汉宣帝始,匈奴单于称臣于汉,《汉书》中所载单于言论,皆称汉皇帝为"天子"。不仅如此,匈奴还与汉盟约:"自今以来,汉与匈奴合为一

---

① 〔西汉〕司马迁:《史记》卷六《秦始皇本纪》,北京:中华书局,1959年,第262页。
② 〔西汉〕司马迁:《史记》卷一一七《司马相如列传》,北京:中华书局,第3048—3051页。
③ 〔西汉〕司马迁:《史记》卷一百十《匈奴列传》,北京:中华书局,第2896、2899页。

家。"①可见,匈奴人不仅完全具有了天下意识,而且接受了以汉天子为中心的天下秩序,并使匈奴政权自身成为天下体系的一部分。秦汉四百多年的大一统局面,强有力地在其治下及周边族群间塑造了关于"天下"的共识。

如果从地理上看,汉唐的天下体系旨在建构囊括塞内农耕区与塞北游牧区的大一统。十五世纪开始,西方进入大航海时代,从此分散的国别史、民族史开始整合为世界史。明代中国也面临着重构天下体系的任务。

洪武四年(1371年),朱元璋便宣布其对外政策:"朕以诸蛮夷小国,阻山隔海,僻在一隅,彼不为中国患者,朕决不伐之。"②在留给子孙的《皇明祖训·祖训首章》中,朱元璋列出了十五个不征之国,分别是:朝鲜、日本、大琉球、小琉球、安南、真腊、暹罗、占城、苏门答腊、西洋国、爪哇、湓亨、百花、三佛齐、渤泥。③朱元璋心目中的"不征之国"主要是指东北亚、东南亚的沿海国家,这些国家恰恰是明朝主要的贸易对象。虽然朱元璋不以军事征服这些海上国家,却巧妙地通过海外各国对明朝经济的依赖,以交易权为手段,建立了以明朝为中心的朝贡贸易圈,进而将经济权益扩大为政治权利,羁縻海外诸国。

朱元璋规定,外国入贡使节须携带国书表文,验明身份后入贡,朝廷回赐。除了"贡"与"赐"的物品外,使节入贡船只所装载的其他货物与明朝交易,对这部分交易,朝廷经常予以免税。因而,如果某国需要与明朝进行贸易往来,它必须向明朝称臣、纳贡,只有获得明朝承认朝贡身份者,才能与明朝官方贸易。

正是在这一考量下,明朝才派郑和率领庞大水军从永乐三年(1405年)到宣德八年(1433年)历时28年,七下西洋,到达亚非三四十个国家和地区。郑和下西洋是明朝前期海洋政策成功的标志,通过郑和的航海活动,明朝的朝贡体系得以进一步延展,朝廷所垄断的海外贸易也达到了巅峰。

郑和的舰队满载丝绸、瓷器、药材、铜钱、铁器等物资,每到一处,向当地国王或部族首领宣读明朝皇帝诏谕,接受贡品,并回赐物品。在完成了"贡"与"赐"的程序后,贸易才是合法的,双方再进行官方贸易。这其实是通过海洋联系,将"朝贡""互市"等制度直接在海外施行。

根据《明会典》等史籍的记载,明朝海外贸易的物品多达两百多种。郑和舰队所带的都是稀缺品、奢侈品,受到当地的广泛欢迎。据埃及马木留克王朝时期的马格

---

① ［东汉］班固:《汉书》卷九四下《匈奴传下》,北京:中华书局,1962年,第3798、3801页。
② 《明太祖实录》卷六八,台北:"中央研究院"历史语言研究所,1962年影印本,第1277—1278页。
③ 《明朝开国文献》第3册,台北:学生书局,1966年,第1588—1591页。

里兹《道程志》记载,当苏丹及麦加贵族听闻郑和舰队中有两艘船停留在也门,苏丹下令邀请戎克来航,并要求殷勤地接待他们。[①]

　　郑和的舰队还担负着建构并维护明朝所主导的海洋秩序的任务。郑和舰队有两万多人,大船两百多艘,其中长四十四丈的宝船有六十二艘,是当时世界上名副其实的巨无霸海上力量。郑和舰队沿着航线扫荡各种阻碍势力,比如俘获海盗首领陈祖义,擒获劫掠往来贡使的锡兰山国王。同时,为了维系航线沿岸的和平,郑和还积极仲裁各国内部争端,比如处置爪哇西王与东王间的军事冲突,调解暹罗与占城两国之间的冲突等。明朝以郑和的军事、政治活动在南海推行了积极的和平政策,这种积极的和平政策受到沿岸国家的广泛欢迎,据不完全统计,有四个国家的十一位国王随着郑和的舰队亲自到明朝京师朝贡。永乐二十一年(1423 年),更是有十六国使者共一千二百人赴明朝朝贡。明朝因郑和下西洋而盛威达到顶峰。[②]

　　所谓"下西洋",特指出马六甲海峡后,进入印度洋。[③] 在郑和下西洋之前,以海洋为纽带的贸易区主要有北海贸易区、地中海贸易区、西洋(印度洋)贸易区、东洋(南海、东海)贸易区,四大海洋贸易区相对独立。郑和下西洋,首先将西洋、东洋联为一体。正是在东洋、西洋整合为一个新的、更大规模的贸易区的时候,位于两大贸易区之间、控制马六甲海峡的满剌加才成为航线的咽喉之处。郑和七次下西洋,都以满剌加为起点。由此,满剌加形成联通东洋、西洋的国际贸易市场。[④]

　　另外,因为明朝积极的航海行动,激发了印度洋沿岸强国的海洋战略布局。在埃及的马木留克王朝苏丹巴鲁士贝(1422—1438 年在位)为增加从转口贸易税而来的财政收入,积极招徕明朝商船与印度商船。在中亚的帖木儿帝国可汗沙哈鲁于(1404—1447 年在位),以忽鲁谟斯为中心,积极推行在印度洋的贸易政策。[⑤] 在西方殖民者东来之前,明朝的海洋战略已经改变了世界的海洋贸易格局。

①　郑家馨:《郑和下西洋时代西亚形势及与中国的关系》,《西亚非洲》2005 年第 2 期。
②　陈尚胜:《郑和下西洋与东南亚华夷秩序的构建——兼论明朝是否向东南亚扩张问题》,《山东大学学报》2006 年第 4 期。
③　万明:《释"西洋"——郑和下西洋深远影响的探析》,《南洋问题研究》2004 年第 4 期。
④　万明:《关于郑和研究的再思考》,《中国史研究动态》2003 年第 7 期。又:《郑和下西洋与亚洲国际贸易网的建构》,《吉林大学社会科学学报》2004 年第 6 期。
⑤　郑家馨:《郑和下西洋时代西亚形势及与中国的关系》,《西亚非洲》2005 年第 2 期。

第十五章　中国传统商业(营销)智慧

中华民族的伟大复兴不是"木秀于林",而是"海纳百川"。这是华夏民族日臻强大的根源所在。为此,我们需要"洋为中用",也需要"古为今用"。反观当下的中国市场实践,在市场的高速发展过程中,如何处理好人与人的和谐、人与社会的和谐、人与自然的和谐是一个亟待解决的现实问题。而关于这一点,得益于整体论世界观的华夏商业智慧就显示出了她与众不同的现实魅力。

问题一：华夏先祖为中国商业发源作出了哪些贡献?
问题二：诸子百家提出了哪些商业思想?
问题三：如何看待中国传统商业本质论的当世意义?
问题四：中国传统商业进化思想的当代意义是什么?

一、华夏先祖与中国商业的起源

我国是世界文明古国,也是商业起源最早的国家之一。根据古老典籍记载,以及考古发现的佐证,我们可以知道,在上古时期①的神农、黄帝时代,商业(市场活动)已经萌芽。

1. 神农氏与市场的由来

在上古时期,我们伟大的华夏先祖神农氏②就创立了市场。《汉书·食货志》记载:"《洪范》八政,一曰食,二曰货。食谓农殖嘉谷可食之物,货谓布帛可衣,及金刀龟贝,所以分财布利通有无者也。二者,生民之本,兴自神农之世。'斲木为耜,煣木为耒,耒耨之利,以教天下',而食足;'日中为市,致天下之民,聚天下之货,交易而

---

① 在中国,上古时代一般指夏朝建立之前的时期,也称之为"三皇五帝时代",对此说法不一。其中,《尚书大传》中以燧人、伏羲、神农为三皇,《帝王世纪》以伏羲、神农、黄帝为三皇;《世本》《大戴礼记》《史记·五帝本纪》列黄帝、颛顼、帝喾、尧、舜为五帝。
② 炎帝神农是一个多重内涵的文化符号,分别指人名、部落名、原始农业社会的一个时期。炎帝神农的突出贡献在于以"神农之教"创造了最早的农业文明,其族群不止一个,其活动的地域也不限于某一个固定的地方。参见王玉德:《试析炎帝神农文化的史源》,《学习与实践》2012 年第 4 期。

退,各得其所',而货通。食足货通,然后国实民富,而教化成。"这段文字就描述出:神农氏首辟市场,使人们在合适的时间、地点汇聚在一起,彼此根据各自需求交换剩余产品,而后满意而回。

神农氏之所以能够创设市场,得益于前期艰苦卓绝的工作,其最大的功绩就是发明了最早的农具,教民农耕,这也被认作"神农"称谓的由来,《白虎通德论》卷一记述:"古之人民皆食禽兽肉,至于神农,人民众多,禽兽不足,于是神农因天之时,分地之利,制耒耜,教民农作。神而化之,使民宜之,故谓之神农也。"在浙江河姆渡遗址第四个文化层中发现高达 150 吨人工栽培的稻谷、谷壳、稻秆、稻叶等的堆积,在该遗址西北一侧还保存了大片的古稻田,[①]足见神农时代原始农业的发达,而伴随稻谷一起出土的还有大量农具,含 176 件骨耜[②]。农业生产的发展无疑为市场交换奠定了物质基础,神农氏于是组织了最早的市墟,便于先民作农产品与日常用品方面的交换贸易。[③] 此外,在仰韶文化遗址[④]中还发现了具有精美纹饰的彩陶,及纺轮、骨针、骨锥(可用于纺织、缝纫),石镞、骨镞(可用作弓箭以狩猎)等手工制作品。在河南仰韶村的彩陶遗址、甘肃属于仰韶文化的墓葬以及陕西临潼姜寨发现的仰韶文化早期原始氏族村落遗址中,则发掘出作装饰品用的海贝。这些贝饰多半是从别的部落(临海地区)辗转交换来的。这些生产剩余、社会分工以及原始的交换印记,都昭示了一个商业文明的起源。

2. 黄帝与商业文明的雏形

黄帝,号轩辕氏,古华夏部落联盟首领,被尊称为中华"人文初祖"。据《史记·五帝本纪》载:"轩辕之时,神农氏世衰。诸侯相侵伐,暴虐百姓,而神农氏弗能征。于是轩辕乃习用干戈,以征不享,诸侯咸来宾从。……轩辕乃修德振兵,治五气,蓺[⑤]五种,抚万民,度四方,教熊罴貔貅貙虎[⑥],以与炎帝战于阪泉之野。三战,然后

---

① 陈民镇:《中华文明起源研究——虞朝、良渚文化考论》,合肥:安徽大学出版社,2010 年,第 7、8、66 页。
② 其中两件骨耜柄部还留有残木柄和捆绑的藤条。骨耜的功能类似后世的铲,是翻土农具。《辞海》(1999 年版)中的注释:"耒耜,是古代耕地翻土的工具。耜是耒耜的铲,耒是耜耜的柄。"作为最典型的耜,目前一致公认的最早实物就是河姆渡遗址中出土的骨耜,其年代可以追溯到公元前 5000 年。这就说明河姆渡原始稻作农业已进入"耜耕阶段"。参见金宇飞:《炎黄传说的考古学证明》,《复旦学报(社会科学版)》2003 年第 3 期。
③ 黄剑华:《略论炎帝神农的传说与汉代画像》,《重庆文理学院学报(社会科学版)》2013 年第 32 期。
④ 仰韶文化遗址,因位于河南省三门峡市渑池县城北九千米处的仰韶村而得名,是黄河中游地区一种重要的新石器时代彩陶文化,其持续时间大约在公元前 5000 年至前 3000 年(即距今约 7 000 年至 5 000 年,持续时长 2 000 年左右),与神农氏时期大体一致。
⑤ 蓺(yì),古同"艺"。种植之意。
⑥ 熊罴(pí):罴,熊的一种,也叫棕熊、马熊或人熊,古称罴。貔貅(pí xiū),又称"辟邪""天禄",是中国古书记载和汉族民间神话传说的一种凶猛的瑞兽。貔貅有嘴无肛,能吞万物而不泄,只进不出,神通特异,故有招财进宝、吸纳四方之财的寓意,同时也有赶走邪气、带来好运的作用,古时候人们常用貔貅作为军队的称呼。貙虎(chū hǔ),貙是古书中对云豹的称呼。《尔雅》有云,(貙)虎属,大如狗,文如狸。狸指豹猫。

得其志。"黄帝统一华夏部落,征服东夷、九黎族而统一中华,在位期间,播百谷草木,大力发展生产,始制衣冠、建舟车、制音律、制图做书等,这些发明创造,几乎都可在龙山时代的遗存①中得到印证。

在黄帝的统治下,市场得到进一步发展,中华商业文明逐步发展。《世本》记载黄帝命"共鼓、货狄作舟",命邑夷作车,不仅减轻了人们负载、提携之劳,可以运送更多的货物,而且扩大了交换的范围,"舟楫之利,以济不通,致远以利天下"(《易·系辞下》)。此外,黄帝还开凿了水井,《世本》中有"黄帝见百物,始穿井",《周书》中有"黄帝穿井"的记载,早期龙山文化②中发现的水井亦与之相合。水井成为人们交换的一大场所,"市井"一词由此而来。《史记正义》载:"古人未有市及井,若朝聚井汲水,便将货物于井边货卖,故言市井。"以井为市,不仅为长途交易之人提供饮水之便,还呈现出将货物"于井上洗涤,令香洁"③的文明景象。为使交易公平合理地进行,黄帝还命"隶首作算数"而"律度量衡"。他以"黄钟秬黍④定度量衡",长度以 1 黍为分,10 分为寸,10 寸为尺,10 尺为丈,10 丈为引;体积以 1 200 粒黍为龠,2 龠⑤为合,10 合为升,10 升为斗,10 斗为斛⑥;重量以 100 粒黍为铢,24 铢为两,16 两为斤,30 斤为钧,4 钧为石。据说这就是中国商品交换中使用的度、量、衡器的起源。⑦ 在黄帝的治理下,早期商业文明应运而生。《淮南子·览冥训》云:"黄帝治天下,……道不拾遗,市不豫贾。"描述的即是黄帝治理下诚实无欺的市场环境。

3. 王亥与商业(商人)的来源

王亥生活在夏朝中期,是夏诸侯国商部落第七任首领。商本是居住在黄河下游的一个古来的夷人部落,远祖叫契,是帝喾的后裔。传说契佐禹治水有功,始封于商(今河南商洛县)。契的孙子相土佐夏,功著于商(居于商丘),商部落即由此祖孙二人得名。⑧ 商部落畜牧业比较发达,《管子·轻重戊》中"立皂牢,服牛马,以为民利"

---

① 张宏彦:《史前求索集》,北京:科学出版社,2016 年,第 381 页。
② 指中国黄河中、下游地区约新石器时代晚期的一类文化遗存,年代为公元前 2500 年至公元前 2000 年。
③ [东汉] 应劭:《风俗通义》(汉唐人多引作《风俗通》),该书以考证历代名物制度、风俗、传闻为主,对两汉民间的风俗迷信、奇闻怪谈多有驳正)。
④ 黄钟是十二律之一,声调最宏大响亮。在宫、商、角、徵、羽五音之中,宫属于中央黄钟,五音十二律由此而分。《黄帝内经·灵枢·九针论》:"九而九之,九九八十一,以起黄钟数焉。"张景岳:"自一至九,九九八十一而黄钟之数起焉。黄钟为万事之本。故针数亦应之,而用变无穷也。"秬黍(jù shǔ)是一种黑黍,作为中国古代的度量衡,以产于羊头山附近(今山西省长治市)的中等大小的秬黍的种子为基准单位。
⑤ 龠(yuè),古代乐器,形状像笛;作为古代容量单位,等于半合(gě)。
⑥ 斛(hú),中国旧量器名,亦是容量单位,一斛本为十斗,后来改为五斗。
⑦ 张一农:《中国商业简史》,北京:中国财政经济出版社,1989 年,第 27 页。
⑧ 吴慧主编:《中国商业通史》第 1 卷,北京:中国财经经济出版社,2004 年,第 45—46 页。

就记载着相土发明马车,王亥发明牛车,驯服牛马供人使役的故事。畜养和役使畜力方法的掌握,就为商族远途贸易提供了条件。王亥于是带领同部落的人,用牛车拉着货物到外部落去进行交易,开创了华夏商业贸易的先河。

《山海经·大荒东经》中记载:"王亥托于有易、河伯仆牛。"《竹书纪年》中则记载着:"殷侯子亥宾于有易而淫焉,有易之君绵臣杀而放之。故殷上甲微假师于河伯,以伐有易,灭之,遂杀其君绵臣。中叶衰而上甲微复兴,故商人报焉。"①史家一般解释为商部落首领亥驾着牛车到有易族(狄人)经商,被有易氏杀害,并被夺去货物和牛车。后来王亥之子上甲微为父报仇,灭了有易氏,商部落的势力由此扩展。由于王亥始"服牛",商部落也凭借畜牧业和贸易专长而强大起来。后来,成汤灭夏,建立商朝,追尊王亥庙号为商高祖,殷墟甲骨文中称"商高祖王亥"。"殷人重贾",后人沿袭王亥传统进行商业贸易,并形成了专门从事远方贩运货物进行贸易的商贾(古有"行商坐贾"之别)。由于这些人多为商(族)人,后来人们就把专门从事买卖、交换的人通称为"商人",他们交换的产品就被称为"商品",他们从事的行业则被称为"商业"。王亥作为中华民族经商第一人,被后人尊称为"华商始祖"。

二、诸子百家商业思想撷英

"2 000多年前,中国就出现了诸子百家的盛况,老子、孔子、墨子等思想家上究天文、下穷地理,广泛探讨人与人、人与社会、人与自然关系的真谛,提出了博大精深的思想体系。"②在这种思想体系中,先秦诸子的商业思想往往与其哲学思想、政治理念、宇宙历史观以及伦理道德观念等交织在一起。另外,据《汉书·艺文志》记载,诸子百家中数得上名字的一共有189家,4 324篇著作。其后的《隋书·经籍志》《四库全书总目》等书则记载"诸子百家"实有上千家。至今,流传较广、影响较大的归纳起来只有12家,即儒家、道家、法家、墨家、兵家、阴阳家、纵横家、农家、名家、医家、杂家、小说家。足见诸子百家思想之博大,由于篇幅所限,只好撷取一二简要叙述。

---

① 王国维的最后结论是:"王亥之名及其事迹,非徒见于《山海经》《竹书》,周秦间人著书多能道之。"以前,对于《山海经》《竹书纪年》《世本》以及《史记》《吕氏春秋》所记载三代的事,其真实性均受到质疑。地下出土的甲骨文卜辞证实了这些记载的一些内容,由于历史久远,字体变化,讹误甚多,以致后人难以理解,以为全是伪托,不敢相信。应该承认,战国秦汉时代记载的三代之事,有的是有根据的,"非绝无根据也"。王国维利用甲骨文卜辞进行考核,获得许多重要成果,佐证了古代典籍中关于远古时代的记载。参见周桂钿、魏建武:《试注〈周易〉两句古经文》,《周易研究》2004年第3期。

② 2014年4月1日,习近平总书记在布鲁日欧洲学院的演讲。

1. 道家的商业思想

(1) 老子①——知足寡欲、无为而治

老子是道家的创始人,曾为周朝守藏室史官,在周朝衰败、退隐之际,勉强写下《道德经》②,这短短五千言中蕴含着丰富的哲学、政治、经济思想等。老子认为当时的社会是无道的,想要复归"至治之极"的社会生活,就像神农之世一样,如《庄子·盗跖》记载的"神农之世,卧则居居,……耕而食,织而衣,无有相害之心,此至德之隆也",以及《商君书·画策》"神农之世,男耕而食,女织而衣,刑政不用而治,甲兵不起而王"中描绘的一幅没有斗争和战乱的和平景象。那么如何才能实现呢?

老子认为:"五色令人目盲,五音令人耳聋,五味令人口爽,驰骋畋猎令人心发狂,难得之货令人行妨。"③过度的物质刺激会引起不必要的欲望和需求,于是老子提出"不贵难得之货""绝巧弃利"的主张,从而"使民不为盗,不见可欲,使心不乱"④。另外,尤其对于积累过多物质财富的人来说,应当"知足",所谓"罪莫大于可欲,祸莫大于不知足,咎莫大于欲得。故知足之足,常足矣"⑤"金玉满堂,莫之能守"⑥"多藏必厚亡"⑦。不知足也是过去商业经济发展过程中造成的环境破坏和贫富差距这些后患的重要原因。而贫富差距的拉大难免会造成社会动荡,对此,老子建议"损有余而补不足",剥夺靠剥削致富之人的财富,补济贫穷的百姓,以行"天之道"。

统治者知足寡欲,则"我无欲而民自朴",也就可以"无为而治"了。体现在经济方面,如《汉书·刑法志》所说:"慎无无为,从民所欲,而不扰乱。"这种思想使得西汉初年恢复经济发展取得了良好的效果。秦国末期繁重的苛捐杂税致使农民起义,以及楚汉之间连年苦战,西汉初期的社会经济遭到严重破坏。为避免重蹈覆辙,实现长治久安,汉高祖刘邦听取陆贾建议,一改秦王朝的农战政策,代之以"与民休息"的

---

① 据文献记载,老子曾是商末殷纣王时期主掌礼乐的贤臣商容的学生,后来,商容老师"实乃老夫之学有尽",推荐老子入周都深造。文献记载:"老子入周,拜见博士,入太学,天文、地理、人伦,无所不学,《诗》《书》《易》《历》《礼》《乐》无所不览,文物、典章、史书无所不习,学业大有长进。博士又荐其入守藏室为史。守藏室是周朝典籍收藏之所,集天下之文,收天下之书,汗牛充栋,无所不有。"老子因此积累了丰富的学识,可以说是通天彻地、博古通今。

② 《道德经》,又称《道德真经》《老子》《五千言》《老子五千文》。《史记·老子韩非列传》中记载老子"居周久之,见周之衰,乃遂去。至关,关令尹喜曰:'子将隐矣,强为我著书。'于是老子乃著书上下篇,言道德五千余言而去,莫知其所终",从中可知老子著《道德经》的背景是在周朝衰微、天下大乱之时,而天下大乱的原因就在于失道、失德,他因天下无道而退隐,出关之时,应函谷关的守关关令尹喜的要求,老子勉强言道与德,文意深奥,包涵广博,内含修身、治国、用兵、养生之道,且多以政治为旨归,乃所谓"内圣外王"之学。《道德经》也被华夏先辈誉为"万经之王",对传统哲学、政治、科学等产生了深刻影响。据联合国教科文组织统计,《道德经》是除了《圣经》以外被译成外国文字发布量最多的文化名著。

③ 引自老子《道德经·道经》。

④ 引自老子《道德经·道经》。

⑤ 引自老子《道德经·德经》。

⑥ 引自老子《道德经·道经》。

⑦ 引自老子《道德经·德经》。

政策,减轻国家对经济的干预,如此,私人为了自己的利益,就会主动趋利避害,一切经济就会取得较好的效果。国家"无为",老百姓就会"有为",这样就可以达到"无为而无所不为"的目的。①

(2) 管子②——侈靡论、取予有道

管子因辅佐齐桓公成就了春秋霸业,被称为"春秋第一相"。那么,管子是如何运用他的商业思想使齐国在兵荒马乱中富强起来的呢? 其思想主要记载在《管子》③中。在国家层面,他提出士、农、工、商四民分业定居的改革举措,对商业给予了一定的重视。④ 他认为"市也者,劝也,劝者,所以起本事",大意是商业(消费)可以刺激和促进农业生产的发展。如果没有市场,百姓生活物质供应就会短缺,所谓"聚者有市,无市则民乏"。在战争频发、科技不发达的年代,人民生活贫困,遇上灾荒则更加严重,管子则提出"岁凶旱水泆,民失本,则修宫室台榭,以前无狗后无彘者为庸"⑤。修宫室台榭,一般看来是贵族或政府的侈靡行为,而管子却将其转变为增加人民就业、改善生产条件、增强抗灾能力的事情。北宋范仲淹⑥就是根据这一思想解决了灾民的问题。在他任杭州太守时(1050 年),正逢大饥,他便号召富人"侈靡""宴游及兴造",因此被他人告上朝廷,说他"不恤荒政,游嬉不节,公私兴造,伤耗民力"。范仲淹辩解道:"宴游及兴造,皆欲以发有余之财以惠贫者。贸易、饮食、工技服力之人,仰食于公私者,日无虑数万人。荒政之施,莫此为大。"果不其然,这年两浙一带唯"杭州晏然,民不流徙"⑦。在荒灾之年他还大力推行以工代赈的措施,兴"开畎⑧之役","日以五升(米)召民为役,因而赈济"⑨。这样不仅救济了灾民,而且

---

① 赵靖主编:《中国经济思想通史》第 1 卷,北京:北京大学出版社,1991 年,第 482 页。
② 管子,名夷吾,字仲,春秋时期齐国著名的政治家。他很小就失去父亲,与母亲相依为命,加上生活贫苦,不得不过早地挑起家庭重担,先是与鲍叔牙合伙经商,后又从军再到齐国。几经曲折,经鲍叔牙力荐,为齐国上卿(即丞相)辅佐齐桓公成就了春秋霸业,被称为"春秋第一相"。
③ 《管子》大约成书于春秋战国(公元前 475—前 221 年)至秦汉时期,基本上是稷下道家推尊管仲之作的集结,《管子》全书几乎各篇都有《老子》的语言片段与哲学思想。清代史学家章学诚说:"《管子》,道家之言也。"《汉书·艺文志》将其列入子部道家类,而《隋书·经籍志》《四库全书》则将其列入法家类。观书中内容,博大精深,其中以黄老道家著作最多,其次法家著作 18 篇,其余各家杂之,其中的法家思想是道家影响下的法家思维。因此,总体来看,《管子》中的思想属于道家思想。
④ 虽然重视商业,但农业依然是最重要的。在齐国,工、商仅占人口的 1.2%,农占 91.5%。参见赵靖主编:《中国经济思想通史》第 1 卷,北京:北京大学出版社,1991 年,第 37 页。
⑤ 出自《管子·乘马数》。这句话的意思是:如果遇上大旱大水的灾年,百姓无法务农,则修建宫室台榭,雇用那些养不起猪狗的穷人,让他们以做工为生。所以,修建宫室台榭,不是为观赏之乐,而是实行国家的经济政策。
⑥ 范仲淹(989—1052),字希文。北宋杰出的思想家、政治家、文学家。在政治上实施庆历新政,还曾戍边御敌,他倡导的"先天下之忧而忧,后天下之乐而乐"思想对后世影响深远。
⑦ 引自沈括《梦溪笔谈》。
⑧ 畎(quǎn),《说文解字》:"畎,水小流也。象形。古文从田,川声。篆文从田,犬声。"作动词时有"疏通"之意。
⑨ 见《范仲淹全集》卷九《上吕相公并呈中丞咨目》。

借此兴修了水利设施,为灾后恢复生产及以后的防灾奠定了基础。[①] 这种"侈靡"与骄奢淫逸有着天壤之别。由此可见管子侈靡论思想的智慧。

管子的商业思想还表现在对商业或市场的本质认识,及对市场规律的把握,即"市者,天地之财具也,而万人之所和而利也,正是道也"。[②] 市场交换在于"皆以其所有易其所无",使参与市场买卖的各方都能获得一定的利益。因此,市场原则在于"与俗同好恶","俗之所欲,因而予之;俗之所否,因而去之"。"知予之为取","取之有度"的取予之道,以顺民心,得民心。所以,在对外贸易中采取"使关市讥而不征""为诸侯之商贾立客舍"的政策,从而使四方人物到齐国经商。对内则通过"敛之以轻""散之以重",平衡物价,调剂供求。当然还有其他诸多举措,最终实现"通货积财,富国强兵"。

2. 儒家的商业思想

(1) 孔子[③]——见利思义、诚信经商

孔子的商业思想中有着浓郁的伦理道德色彩,从《论语》[④]中可见一斑。首先体现在他重义轻利的思想中。在他看来,君子爱财应取之有道,所谓"富与贵,人之所欲也,不以其道得之,不处也;贫与贱,人之所恶也,不以其道得之,不去也"。[⑤] 在"义"与"利"发生冲突矛盾的时候,应该"见利思义",甚至"舍生取义"。郑国商人弦高犒师、大义救国的故事[⑥]就生动地阐释了这一点。弦高作为一名以贩牛为业的普通小商人,在得知祖国面临危难之际(秦军偷袭郑国),不惜冒生命危险,牺牲个人利益,勇入敌营,以十二头牛"犒赏"秦军,使得秦将以为偷袭行动被识破而放弃攻郑,从而避免了郑国的战祸。

孔子还强调诚信,认为"人无信不立"。孔子根据这一原则治理鲁国市场后很大程度上减少了欺诈行为,《荀子·儒效》就记载着:"仲尼将为司寇,沈犹氏不敢朝饮

---

① 赵靖主编:《中国经济思想通史》第3卷,北京:北京大学出版社,1997年,第133页。
② 出自《管子·问》。
③ 孔子(公元前551—前479年),名丘,字仲尼。《史记·孔子世家》记载:"孔子生鲁昌平乡陬邑,其先宋栗邑人也,曰孔防叔。"孔子是东周春秋末期著名的思想家、政治家、教育家,开创了私人讲学的风气,是儒家学派创始人。
④ 《论语》由孔子弟子及再传弟子编撰而成,以语录体为主,叙事体为辅,主要记录孔子及其弟子的言行,较为集中地反映了孔子的政治主张、伦理思想、道德观念及教育原则等,是儒家学派的经典著作之一。
⑤ 引自《论语·里仁》。
⑥ 《左传·僖公三十三年》记载:"三十三年春,秦师过周北门,左右免胄而下。超乘者三百乘。王孙满尚幼,观之,言于王曰:'秦师轻而无礼,必败。轻则寡谋,无礼则脱。入险而脱。又不能谋,能无败乎?'及滑,郑商人弦高将市于周,遇之。以乘韦先,牛十二犒师,曰:'寡君闻吾子将步师出于敝邑,敢犒从者,不腆敝邑,为从者之淹,居则具一日之积,行则备一夕之卫。'且使遽告于郑。则束载、厉兵、秣马矣。使皇武子辞焉,曰:'吾子淹久于敝邑,唯是脯资饩牵竭矣。为吾子之将行也,郑之有原圃,犹秦之有具囿也。吾子取其麋鹿以闲敝邑,若何?'杞子奔齐,逢孙、扬孙奔宋。孟明曰:'郑有备矣,不可冀也。攻之不克,围之不继,吾其还也。'灭滑而还。"

其羊，鲁之粥牛马者不豫价。"《孔子家语·相鲁》[①]也有类似记载："鬻[②]牛马者不储价；贾羊豚者不加饰，……四方客至于邑，不求有司，皆如归焉。"货真价实，诚信经商，使正常的商品交换得到了发展，市场的货物都能"布正以待之也"。诚信也成为后世儒商的经营原则。明清时期崛起的商帮——徽商[③]，很大程度上就是因为遵循儒家伦理道德而在众多商帮中脱颖而出。比如说清代休宁商人吴鹏翔在一次胡椒贸易中，购进了800斛胡椒，在得知这批胡椒有毒、原卖主请求中止合同原价退货的情况下，为防卖主将之"他售而害人"，他宁愿自己承担巨额损失而拒绝退货，"卒与以直（同值）而焚之"，断然将800斛胡椒付之一炬，全部销毁，从而避免了一起可能导致大范围中毒事件的发生。[④] 正是众多像吴鹏翔这样具有儒家商业智慧的商人才成就了徽商。

（2）孟子[⑤]——恒产思想、通工易事论

孟子的商业思想较孔子有所继承和发展。在义利观方面，孟子提出"义以生利"，认为只要做到仁义，利自然就有了，因而"不必曰利"。对于统治者来说，希望百姓民心归向、不离叛，从而称王。孟子基于当时"征城以战，杀人盈野；争城以战，杀人盈城"[⑥]给百姓带来沉重灾难，人们饥寒交迫、流离失所的情况，提出恒产思想，建议统治者施以仁政，使八口之家的农户有"五亩之宅""百亩之田""老者衣帛食肉，黎民不饥不寒"[⑦]，如此还不称王则是"未之有也"的事情。这样一种道理在商业经营中同样适用，顾客满意、获得了实惠，才有可能保持长久消费。

孟子还提出了"通工易事"这一分工和交换理论。《孟子·滕文公上》记载着孟子与农家许行[⑧]门徒陈相的一段精彩对话，节选部分如下：

孟子曰："许子必种粟而后食乎？"曰："然。""许子必织布而后衣乎？"

---

① 《孔子家语》又名《孔氏家语》，或简称《家语》，是一部记录孔子及孔门弟子思想言行的著作。作者存在争议。
② 鬻（yù）：卖。
③ 古徽州位于皖南山区及赣东北一隅，山多田少，土地贫瘠，是贫穷之地。正如明中叶著名学者王世贞所说："徽地四塞多山，土狭民众，耕不能给食，故多转贸四方。而其俗亦不讳贾。贾之中有执礼行谊者，然多隐约不著，而至其后人始，往往修书之业以谋不朽。"徽州人好编，不得已而经商，在徽人眼中，商人、商业和儒学、科举的关系是"贾为厚利，儒为高名，……一张一弛，迭相为用，不万钟则千驷，犹之转毂相巡"（汪道坤《太函集》卷五二），他们将儒家传统美德运用于商业中，从而成为独执商界之牛耳、富甲一方的地域性商帮。
④ 吴宁：《商亦有道——长江流域的商事与商规》，武汉：长江出版社，2014年，第101页。
⑤ 孟子（约公元前372—前289年），姬姓，孟氏，名轲，字子舆（待考，一说字子车、子居），战国时期邹城（今山东邹城市）人。一说是孔子之孙孔伋的再传弟子，韩愈《原道》将孟子列为先秦儒家继承孔子"道统"的人物，与孔子并称"孔孟"，元朝追封孟子为"亚圣公"，尊称为"亚圣"，其弟子及再传弟子将孟子的言行辑录成《孟子》一书。
⑥ 引自《孟子·离娄上》。
⑦ 引自《孟子·梁惠王上》。
⑧ 许行（xíng）（约公元前372—前289年），东周战国时期著名农学家、思想家。他反对不劳而获，提出君民并耕之说和"市贾不二"的价格论。

曰："否。许子衣褐。"……"以粟易械器者，不为厉陶冶；陶冶亦以其械器易粟者，岂为厉农夫哉？且许子何不为陶冶。……""然则治天下独可耕且为与？有大人之事，有小人之事。且一人之身，而百工之所为备。如必自为而后用之，是率天下而路也。故曰：或劳心，或劳力；劳心者治人，劳力者治于人；治于人者食人，治人者食于人：天下之通义也。"……"从许子之道，则市贾不贰，国中无伪。虽使五尺之童适市，莫之或欺。布帛长短同，则贾相若；麻缕丝絮轻重同，则贾相若；五谷多寡同，则贾相若；屦大小同，则贾相若。"曰："夫物之不齐，物之情也；或相倍蓰[1]，或相什伯，或相千万。子比而同之，是乱天下也。巨屦小屦同贾，人岂为之哉？从许子之道，相率而为伪者也，恶能治国家？"

从上述对话中我们首先可以看到孟子肯定商业和手工业在经济发展中的功能以及商品交换的必要性，认为商品交换对双方应是平等互利的，农夫与百工之间的交易谁也没有"厉"谁。所谓"厉"是指交换中是否有一方占另一方便宜，使另一方吃亏。[2] 脑力劳动和体力劳动之间的分工同样是"通工易事"的关系，与农民和手工业之间的分工一样也是必要的。而对于平等交换，孟子则在商品数量基础上进一步指出商品质量或使用价值（"物之情"）对于交换价格的重要性。

　　3. 法家——重农抑商思想

　　法家[3]是中国历史上提倡以法治国的重要学派，这些体现法制建设的思想，一直被沿用至今，涉及政治、经济、法律、管理等各个领域。对于商业，他们态度上较为一致，即"重农抑商"或"重本抑末"。"重农"相对好理解，我国以农业立国，在古代人们都是靠天吃饭，一旦发生荒灾，人民饥馑，往往就会引发动乱，国家根基动摇，致使朝代更替。[4] 同时，农业等生产活动也是国家富强的来源。正如商鞅[5]所说："国之所

---

① 蓰(xǐ)，五倍，倍～(数倍)。
② 赵靖主编：《中国经济思想通史》第 1 卷，北京：北京大学出版社，1991 年，第 216 页。
③ 法家成熟很晚，但成型很早，最早可追溯到夏商时期的理官，成熟在战国时期。春秋、战国亦称之为刑名之学，经过管仲、士匄、子产、李悝、吴起、商鞅、慎到、申不害、乐毅、剧辛等人予以大力发展，遂成为一个学派。战国末韩非对他们的学说加以总结、综合，集法家之大成。法家主要划分为齐法家(以管子为代表)和秦晋法家(以商鞅为代表)。秦晋法家主张不别亲疏，不殊贵贱，一断于法；齐法家主张以法治国，法教兼重。秦晋法家奉法、术、势为至尊与圭臬；齐法家既重术、势，又重法、教。
④ 拓展阅读：竺可桢在 1972 年发表的《中国近五千年来气候变迁的初步研究》。历史上一个偶然却又必然的现象，不一样冷暖期所相对应的朝代，也恰是王朝兴衰替换的关键期间。一个重要的原因就在于冷期时农产量减产，百姓饥荒而社会动乱，如果统治昏聩，治理不当的话很容易就会引发战乱，导致国家灭亡，改朝换代。
⑤ 商鞅(约公元前 395—前 338 年)，战国时期政治家、改革家、思想家，法家代表人物，卫国(今河南省安阳市内黄县梁庄镇)人，卫国国君的后裔，姬姓公孙氏，故又称卫鞅、公孙鞅。后因在河西之战中立功获封商于十五邑，号为商君，故世人称之为商鞅。商鞅通过变法使秦国成为富裕强大的国家，史称"商鞅变法"。其思想主要汇集在《商君书》(也称《商子》)中。

以兴者,农战也。"①"民无逃粟,野无荒草,则国富。"②时至今日,依然如此,农业乃立国之本,"任何时候都不能忽视农业、不能忘记农民、不能淡漠农村"③。

为何"抑商"呢?④ 法家杰出代表商鞅认为:"末事不禁,则技巧之人利,而游食者众之谓也。故农之用力最苦,而赢利少,不如商贾、技巧之人。苟能令商贾、技巧之人无繁。"⑤韩非⑥更是将商人视为国家的蠹虫,认为:"其商工之民,修治苦窳⑦之器,聚沸靡之财,蓄积待时,而侔农夫之利。"⑧工商业者会损害农民乃至国家的利益,必须严厉打击,并提出"夫明王治国之政,使其商工游食之民少而名卑,以寡趣本务而趋末作"。⑨ 通过限制商人的数量和打压其社会地位,促使人民务本(从事生产)而不是务末(从事商业)。在法家眼中,自利是人的天性,人们趋利的本性是很难改变的,正如司马迁所说:"天下熙熙,皆为利来;天下攘攘,皆为利往。"于是,商鞅提出"利出一孔"的理论,在通过重税、严刑等手段打击工商业的同时,使"边利尽归于兵,市利尽归于农"⑩,以名、利诱导人们从事农业生产,参与"农战",从而使秦国逐渐强大起来。不过值得一提的是,"抑商"的对象是牟利之商、玩弄技巧之商,对于增加财富的通有无之商,法家是赞成的。这在一定程度上受到荀子⑪及其性恶论的影响。荀子将商人分为"良贾"和"贪贾","良贾不为折阅不市(不因亏本而停止做生意)",与农民、工匠一样"常烦劳",而"贪贾""为事利,争货财,无辞让,果敢而振(妄动),猛贪而戾(乖张),悻悻然唯利之见,是贾盗之勇也"。⑫

---

① 引自《商君书·农战》。
② 引自《商君书·去强》。
③ 2015 年 7 月 16 日至 18 日,习近平总书记在吉林调研时的重要讲话。
④ 引自《史记》卷一二九《货殖列传》。
⑤ 引自《商君书·外内》。
⑥ 韩非(约公元前 280—前 233 年),战国时期韩国都城新郑(今河南省郑州市新郑市)人,为韩王之子、荀子学生、李斯同学。历史上杰出的思想家、哲学家和散文家。他创立的法家学说,为帮助秦国富国强兵、最终统一六国提供了理论依据。其思想著作《韩非子》则被秦王嬴政奉为秦国治国经要。
⑦ 窳(yǔ),贬义词,有粗劣、懒惰、瘦弱等意思。
⑧ 引自《韩非子·五蠹》。
⑨ 引自《韩非子·五蠹》。
⑩ 引自《商君书·外内》。
⑪ 荀子(约公元前 313—前 238 年),名况,字卿,战国末期赵国人。著名思想家、文学家、政治家。时人尊称"荀卿"。荀子发展了儒家思想,在人性问题上,与孟子"性善论"相对,提倡"性恶论"。他还是法家代表人物李斯、韩非以及西汉丞相张苍等人的老师。其代表作品为《荀子》,内容主要围绕着如何治国平天下而展开。《史记·荀卿列传》记载,荀卿憎恶乱世的黑暗政治,亡国昏乱的君主接连不断地出现,于是推究儒家、墨家、道家活动的成功和失败,序列著数万言便辞世,葬在兰陵。
⑫ 引自《荀子·荣辱》。

4. 墨家——交相利、节用思想

墨家①的商业思想以墨子②为最早和最多。身处战国时代，墨子反对"亏人自利"的行为，率先提出"交相利"这一互利共赢的思想。他还鼓励"有力者疾以助人，有财者勉以分人"，使"饥者得食，寒者得衣，……此安生生"，③并以此为"为贤之道"。英雄所见略同，习近平总书记在会见联合国秘书长潘基文时提出："当今世界正在发生深刻复杂变化，解决全球性难题和挑战，需要联合国广大会员国携手努力。……零和思维已经过时，我们必须走出一条和衷共济、合作共赢的新路子。"④

商业活动在墨子看来是充满艰辛与风险的，他说："商人之四方，市贾信徙，虽有关梁之难，盗贼之危，必为之。"⑤无论是个人还是国家要想致富，必须勤劳实干才行。对此，他提出"生财密，用之节"⑥这一主张。"生财密"即指增加生产，那么如何做到呢？ 他认为"赖其力者生，不赖其力者不生"。⑦ 人类只有通过劳动进行生产才能生存下去，而"强从事"（增大劳动强度、延长劳动时间）是实现"生财密"的重要途径，比如农夫应"早出暮入，耕稼树蓺，多聚叔粟"，妇人应"夙兴夜寐，纺绩织纴，多治麻丝葛绪"，士君子应"竭股肱之力"等。⑧ 如此，"强必富，不强必贫；强必饱，不强必饥；……强必暖，不强必寒"⑨。

墨子提出的"节用"思想，时至今日，犹显其智慧。"俭节则昌，淫佚则亡。"⑩对于统治阶级而言，骄奢淫逸导致亡国在中国历史中有不少前车之鉴。墨子认为："昔三代暴王桀、纣、幽、厉，贵为天子，富有天下，于此乎不而矫其耳目之欲，而从其心意之辟，外之驱骋田猎毕弋，内湛于酒乐，而不顾其国家百姓之政，繁为无用，暴逆百姓，

---

① 墨家与孔子所代表的儒家、老子所代表的道家共同构成了中国古代三大哲学体系。法家代表韩非子称其和儒家为"世之显学"，而儒家代表孟子也曾说"天下之言，不归杨（杨朱，道家代表人物）则归墨（墨子）"等语，证明了墨家思想曾经在中国的辉煌。墨家的思想主张主要有：兼爱、非攻、节用、明鬼、天志等。然而，后因汉武帝"罢黜百家，独尊儒术"遭到打压而逐渐灭绝，直到清末民初，其思想的进步性又被挖掘出来进入人们的视野。

② 墨子（生卒年不详），名翟（dí），是墨家学派的创始人，也是战国时期著名的思想家、教育家、科学家（被后世尊称为"科圣"）、军事家。墨子是宋国贵族目夷的后代，但因家族没落，被降为平民，在少年时代做过木工，处于小手工业阶层，后来为恢复自己先祖曾经有过的荣光，学习治国之道，开始各地游学，曾师从儒者，最终舍掉儒学，另立新说，创立墨家学派，广收弟子。其弟子根据墨子生平事迹的史料，收集其语录，完成了《墨子》，即墨家思想的代表著作。

③ 引自《墨子·尚贤下》。

④ 2013 年 6 月 19 日，习近平总书记在会见联合国秘书长潘基文时的谈话要点。

⑤ 引自《墨子·贵义》。

⑥ 引自《墨子·七患》。

⑦ 引自《墨子·非乐上》。

⑧ 引自《墨子·非乐上》。

⑨ 引自《墨子·非命下》。

⑩ 引自《墨子·辞过》。

遂失其宗庙。"①厉行勤俭节约,反对铺张浪费②也成为当下习近平总书记治国理政的重要理念。那么,如何做到节用呢?墨子认为应"去其无用之费",如他所说:"凡足以奉给民用,由止。诸加费不加利于民者,圣王弗为。"③在日常生活中,吃"足以增气充虚,强体养腹而已矣"④,穿衣在于"冬以圉寒,夏以圉暑"⑤,诸如此类,满足基本生理需求即可。此外,他还提出"节葬""非乐"等,与"节用"思想一脉相承。

5. 商家——治生之学

春秋战国时期涌现出一些著名的大商人,构成了一个独特的学派,即商家或称货殖家,他们运用儒、道、法、兵家等思想于商业经营实践中,探索出"治生之学"(带有规律性的经营之术或搞好经营管理的理论和原则)。如白圭所说:"吾治生,犹伊尹吕尚之谋,孙吴用兵,商鞅行法是也。"范蠡也运用兵家思想,选择了"交合""四达"的"衢地"——定陶为经商地点,占据"地利"。

范蠡⑥,人称陶朱公,被当作大商人的典范,有"富者皆称陶朱公""经营不让陶朱富,货殖何妨子贡贤"等说法。他的人生经历极富传奇色彩。他不仅帮助越王勾践转弱为强,灭吴称霸,而且在大功告成之后能急流勇退,开始他的经商事业。难能可贵的是,其"十九年中三致千金,再分散与贫交疏昆弟"⑦,做到了"富则兼及他人"。他的商业智慧主要在于对"计然之策"⑧的运用,这些策略在当今的市场营销实践中依然有效。

白圭⑨是范蠡之后最擅长经商的一位著名的诚商良贾,有"商祖"之誉。他提出商业经营者应具备智、勇、仁、强的素质,这也对应其商业思想的主要内容。具体如下:

智:"其智不足与权变"——"乐观时变"

勇:"勇不足以决断"——"趋时若猛兽挚鸟之发"

---

① 引自《墨子·非命下》。
② 习近平总书记在新华社《网民呼吁遏制餐饮环节"舌尖上的浪费"》、人民日报《专家学者对遏制公款吃喝的分析和建议》材料上的两则批示。
③ 引自《墨子·节用中》。
④ 引自《墨子·节用中》。
⑤ 引自《墨子·节用上》。
⑥ 范蠡(公元前536—前448年),字少伯,春秋时期楚国宛地三户(今河南淅川县滔河乡)人。春秋末著名的政治家、军事家、经济学家,为早期道家学者,楚学开拓者之一,被后人尊称为"商圣""南阳五圣"之一。
⑦ 引自[西汉]司马迁《史记·货殖列传》。
⑧ 《史记·货殖列传》记载:"计然曰:'知斗则修备,时用则知物,二者形则万货之情可得而观已。故岁在金,穰;水,毁;木,饥;火,旱。旱则资舟,水则资车,物之理也。六岁穰,六岁旱,十二岁一大饥。夫粜,二十病农,九十病末。末病则财不出,农病则草不辟矣。上不过八十,下不减三十,则农末俱利,平粜齐物,关市不乏,治国之道也。积著之理,务完物,无息币。以物相贸易,腐败而食之货勿留,无敢居贵。论其有余不足,则知贵贱。贵上极则反贱,贱下极则反贵。贵出如粪土,贱取如珠玉。财币欲其行如流水。'……范蠡既雪会稽之耻,乃喟然而叹曰:'计然之策七,越用其五而得意。既已施于国,吾欲用之家。'"
⑨ 白圭,名丹,战国时期洛阳著名商人。其师傅为鬼谷子,相传鬼谷子得一"金书",鬼谷子将里面的致富之计("将欲取之必先与之""世无可抵则深隐以待时")传于白圭。白圭曾在魏国做官,后来到齐、秦,也是一名著名的经济谋略家和理财家。《汉书》称他是经营贸易发展工商的理论鼻祖,即"天下言治生者祖"。

　　仁："仁不能取予"——"人弃我取，人取我予"，"与用事童仆同苦乐"

　　强："强不能有所守"——坚韧耐苦，"薄饮食，忍嗜欲，节衣服"

　　从白圭商业实践的一个例子中，可见商家思想的智慧。白圭坚持"人弃我取，人取我予"的原则，从事当时富商大贾不屑干的薄利的粮食、蚕丝等农副产品的生意。秋天丰收季节，农民出售粮食时，价格比较低廉，白圭大量购进。到了春天或年景不好的时候，市场粮食匮乏，奸商们囤积居奇，而白圭则以高于购进价格而比别家低廉的价格及时出售，满足人民需求。这与计然之策中"论其有余不足，则知贵贱。贵上极则反贱，贱下极则反贵"具有相同的道理。粮食多时价低（贱），人弃；粮食匮乏时则价高（贵），人取。白圭则反着干，不仅获得了丰厚的利润，而且也保护了农民等消费者的利益，实为"仁"。

三、中国商业智慧本真解读

　　中国文化的渊源在于《易经》智慧，即民间所说"天下文化皆出于《易》"。上述诸子百家的商业思想，都是其个体基于不同的时空下，从某个角度对于商业的一种理解，那么商业的本质究竟是什么呢？这些其实都已经包含在了《易经》智慧当中。

　　1. 噬嗑——中国传统商业本质论

　　成书于春秋战国时期的《易·系辞下》[①]就有了对市场营销精确的界定：

　　　　包牺氏没，神农氏作，……，日中为市，致天下之民，聚天下之货，交易而退，各得其所，盖取诸【噬嗑】。（《易·系辞下》）

这段文字描述的是中国古代先贤按照"制器尚象"[②]的方式来推行"道"（即真理）的过程。在中国科学范式中，"道""象""器"是在科学实践中一以贯之的三个概念、范畴。"道"是整体、阴阳未分之道，宇宙之本源，万物形成、存在之根据，指代宇宙大道、终极真理；"象"是"道"的显象，是圣人通过俯察天地万物之理而形成的符号（《周易》卦

---

① 《系辞下》包含解释卦辞和爻辞的七种文辞共十篇，统称《十翼》，相传为孔子所撰。即《汉书·艺文志》所称"人更三圣，世历三古"。三圣，即伏羲、文王和孔子。伏羲氏画八卦，文王推演六十四卦，孔子撰《十翼》。但是，关于成书时间存有争议，大多学者认为《易传》成书于战国时期（公元前475—前221年）。

② "尚象制器"或"制器尚象"为《系辞上》的"圣人四道"之一。《易传》则将上古的十三项重大发明，如网罟、耒耜、集市、衣裳、宫室、棺椁、书契等均列入上古时圣人的制器之列。《系辞》云："古者包牺氏之王天下也，仰则观象于天，俯则观法于地，观鸟兽之文与地之宜，近取诸身，远取诸物，于是始作八卦。"可见八卦的产生既不是神灵的启示，也不是人们的主观揣测，而是圣人对察天观地、近取诸身、远取诸物、效法天地万物的实践经验概括总结的结果。圣人看到了自然、社会、人生的某些变化现象及规律，就"拟诸其容"，制成八卦及六十四卦，"以通神明之德，以类万物之情"，试图把他们所看到的认为是正确的事物运动变化现象及规律，用一种符号化的语言告诉大多数人，以作为他们行动的指导，从而使大多数的行为活动避凶就吉，取得圆满成功。参见冷天吉：《论"观象制器"的方法论意义》，《河南师范大学学报（哲学社会科学版）》1993年第2期。

爻符号即是"象");而"器"是人为的有形可见的具体事物,是依据象进行的科学实践活动成果,它可以是具体的物质实体,也可以是一套制度,甚至可以是一种行为方式等,只要是尚象遵道的成果都可以称之为器。

在上述文字中,市场营销就是一种器,而这种器的渊源出处就是【噬嗑】象。因而,只要了解了【噬嗑】所反映的天道也就意味着抓住了营销的本质。

关于【噬嗑】的符号文字表征如下:

☲☳(离上震下)噬嗑:亨,利用狱。

就噬嗑而言,这个卦象分别由离卦☲和震卦☳上下相重而成。因此,在这个逻辑关系中理解噬嗑,就是要理解离卦和震卦各自的意义以及他们相重的含义。在《易经》中,震卦表征的是以雷为代表的一类现象和事物,离卦则表征的是以火为代表的一类现象和事物。离卦与震卦的两两重之首先就可以表征雷电之后得见彩虹的历程。由象表意,噬嗑卦象除了表征市场起源(上离为日,下震为动,日中之时下有众人活动,此市场,即"日中为市")外,它还表征一种经过斗争、博弈或互动而最终达到和谐境地的历程的本质。

从《易经》别卦①的另一种建构逻辑——"兼三才而两之"角度看,三画之八卦上为天,中为人,下为地,而六画之别卦则是上两阴阳符号为天,中两阴阳符号为人,下两阴阳符号为地。即用天、地、人这样一个三维结构来表征世间万物,小至微尘,大到宇宙,莫不如此! 天指代一个有机系统中的最高规制系统,即"大哉乾元,万物资始,乃统天"(《易经·彖传》)。地指代一个有机系统中的最大的涵养系统,即"至哉坤元,万物滋生,乃顺承天。坤厚载物,德合无疆"(《易经·彖传》)。而人则指代这个系统中最活跃的部分,整个系统因其而变化发展。这样,天地人就构成了一个稳定而又不乏变化发展的系统。

就人类的营销系统而言,"天"所对应的是人类的生产能力,因为生产能力决定了销售和消费的上限,没有谁可以超越特定历史时期的生产能力而去销售或者消费。"人"所对应的是消费或消费者,一切营销活动都是围绕他而展开。"地"所对应的是市场供给能力,所有的消费都直接是在既定市场供给能力上的消费。这样,人类营销实践中的"三才"就被具象化为生产能力(天)、市场供给能力(地)、消费者(人)。在这样一个人类营销实践的"三才"系统中,噬嗑反映出的是,天即生产供给处于少阳☳阶段,地即市场供给处于少阴☱阶段,人即消费者或消费需求处于少阳

---

① 《周易》六十四卦中的每一个卦叫"别卦","别"指类别。一个"别卦"展示的是主客双方关系形势下各种变化的可能性。

▇▇阶段。那么▇▇所反映的就是生产与消费需求
相对匹配,市场供给能力绰绰有余的人类营销
实践的一个态势,这无疑是一个非常好的
态势。①

　　从上述对"三才"逻辑和两重逻辑的解读
中,我们不难发现,不同的逻辑从不同的角度却
是反映了一个共通的方向——和谐。

　　这种和谐在中国古人看来,首先是消费者
与销售者之间关系的和谐,这主要表现在平等
交易和商业利润的合理性上。关于平等交易,
我国传统市场交易的基本原则是"和而利"②,即平等互利。价格欺诈违背这个原则,
扰乱市场秩序,故为历代政府所禁止。西周市场管理机构"禁伪而除诈",即包括禁
止价格欺诈。唐宋明清诸朝法律规定:凡买卖双方意见不同,一方仗势强买强卖
的;联合垄断价格,卖物时抬价,买物时压价的;与他人串通,迷惑欺骗对方以谋取利
益的——都要处以杖(笞)刑,情节严重者按盗窃罪论处。③ 关于合理商业利润,中国
的商业鼻祖范蠡早在春秋时期就指出"夫粜,二十病农,九十病末,末病则财不出,农
病则草不辟矣。上不过八十,下不减三十,则农末俱利"(《史记·货殖列传》卷一二
九),强调合理利润对商业双方的共赢效应。同时代的思想家、政治家晏婴则进一步
强调了超出合理利润的危害性,"蕴利生孽""足欲,亡无日矣"(《左传·鲁昭公
十年》)。

　　其次,这种和谐还表现在财富在整个社会里的合理分配以及商业利益对社会正
义的影响。这也是贯彻整个中国传统社会的义利之争。关于这一点,儒家学派的创
始人孔丘早就明确指出,"富与贵,是人之所欲也""不以其道得之,不处也"(《论语·
里仁》)。对于整个社会而言,他认为"邦有道,贫且贱焉,耻也;邦无道,富且贵焉,耻
也"(《论语·泰伯》)。

　　不仅如此,这种和谐还体现在人类消费行为与生态环境的关系之中。《孟子·
梁惠王》中,孟子说:"不违农时,谷不可胜食也;数罟不入洿池,鱼鳖不可胜食也;斧
斤以时入山林,材木不可胜用也。谷与鱼鳖不可胜食,材木不可胜用,是使民养生丧

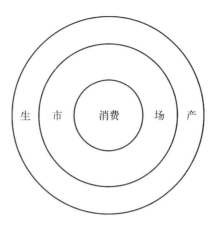

图 15.1　市场三才图

_____

① 贾利军、周南、何佳讯:《基于太极生化模式的营销进化论思考》,《周易研究》2015 年第 3 期。
② 《文言传》:"利者,义之和也。"义,是合适、公正之意。
③ 《古人是如何调控物价的》,http://www.zhineikaixin.com/blog/1/3675/。

死无憾也。"说的就是人类的消费要取用有度,顺应自然,给大自然以休养生息的时间。只有这样,人才能与自然相得益彰。《淮南子》中规定春天"禁伐木,毋覆巢杀胎夭,毋麛毋卵,毋聚众置城郭,掩骼埋骴"就是这样一个典型的例子。

综上,在中国传统"易文化"中,商业(营销)本质上是促进个体幸福、社会公正及生态和谐的人类社会实践。[①]

2. 四象——中国传统商业进化论

在中国"易文化"中,天地万物的发展都存在着内在的共通性的发展规律,可表述为:"易有太极,是生两仪;两仪生四象;四象生八卦;八卦定吉凶。吉凶生大业。"(《易·系辞上》)。太极是指元气未分的混沌状态,是宇宙的初始状态和源头;太极变化生出阴、阳两仪。阳仪以符号"▬"表示,表征阳刚、健壮等属性或事物;阴仪以符号"▬▬"表示,表征阴柔、柔弱等属性或事物。两仪产生以后,宇宙又进一步生成演化,生出"太阴(☷)—少阳(☵)—太阳(☰)—少阴(☱)"四象。四象既可以指事物的四种状态,也可以指事物发展演化的四个阶段。四象生成以后,再进一步演化,又生出八卦。按照宋人的观念,八卦的生成顺序(即八卦横图序列)为乾(☰)、兑(☱)、离(☲)、震(☳)、巽(☴)、坎(☵)、艮(☶)、坤(☷),而其阴阳消长的顺序(即八卦圆图序列)则为震(☳)、离(☲)、兑(☱)、乾(☰)、巽(☴)、坎(☵)、艮(☶)、坤(☷)(参《易学启蒙·原卦画》)。这样的八卦顺序实际上是建立在阳先阴后的基本假定或原则之上的,但实际上,任何事物都是从无到有,从弱到强的,因此也可以将八卦的生成序列(即八卦横图序列)理解为坤(☷)、艮(☶)、坎(☵)、巽(☴)、震(☳)、离(☲)、兑(☱)、乾(☰)。相应地,其阴阳消长的序列(即八卦圆图序列)可以理解为坤(☷)、艮(☶)、坎(☵)、巽(☴)、乾(☰)、兑(☱)、离(☲)、震(☳)。以阳先阴后和阴先阳后两种互逆的观念建立起来的八卦序列模式,也正好构成互逆的关系。

朱熹说:"人人有一太极,物物有一太极。"(《朱子语类》卷九四)按照这一说法,则太极生化模式不仅可以描述整个宇宙的生化过程,而且也可以描述任何具体事物的生成演化。基于这样的认识,本文试图从阴先阳后的观念出发,并以中国传统易学的太极生化模式为参照,以面向过去,同时面向未来、面向世界的视域,探讨营销进化的问题。

就人类营销实践而言,自商业形成之后,人类的营销行为就在商人(销售者)与

---

① 贾利军、李晏墅:《噬嗑:易经营销本质观的阐释与当代反思》,《江苏社会科学》2015 年第 2 期。

消费者两种力量（两仪）的互动中逐步向前发展。① 由此"两仪"衍生出了营销的"四象"。

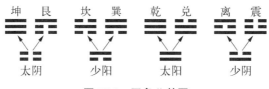

图 15.2　四象八卦图

（1）太阴阶段："重本抑末，节制消费"

在《易经》中，太阴符号为"▆▆"，它表征的是构成天地万物的两种基本力量在对比态势中，阴占据了完全的主导地位。对应营销的太阴阶段，即指营销的两仪即"商人（销售）—消费者（消费）"两者的力量都还很柔弱，处于一种酝酿发展的初级状态，局限在一个范围内，典型的模式就是"重本抑末，节制消费"。其实，采取这样一种模式是有着深刻的生产力根源的。

从商业的起源可以看出，商业发生在农业、畜牧业以及手工业之后，是依托于农业等的生产剩余，作为一种交换活动而存在，它本身其实并不直接创造财富。从代表财富的"利"字——"从禾，刂谓刀"，表明农业是财富之源，我国作为农业大国更是如此。

在人类营销的太阴阶段，人类的生产力较为落后，如果不重视农业（重末），不仅会造成社会基本供给不足，正如"神农之教曰：'土有当年不耕者，则天下或受其饥矣；女有当年不绩者，天下或受其寒矣。'故身亲耕，妻亲绩。所以见致民利也"②。而且，商业也很难持续发展下去。同时，抑制商业发展（抑末）也可使更多的人力投入生产，保证整个社会有一个基本的产出量。"节制消费"同样是生产供给不足下的必然选择。

整个营销的太阴阶段并非是一个均衡状态，其间也经历着由量变积累向质变转换的过程。这一转变过程在中国"易文化"中如图 15.3 所示：

图 15.3　太阴迁衍图

---

① 贾利军、周南、何佳讯：《基于太极生化模式的营销进化论思考》，《周易研究》2015 年第 3 期。
② 引自《吕氏春秋·爱类》。

上图所示的是"四象生八卦"这样一个过程的局部——太阴迁衍图,即太阴内部的发展变化过程。在这个过程中,原有的符号发生了叠加复合型的改变,即符号仍然保有了原有的含义,如▬▬仍然代表阴,▬仍然代表阳。但在此基础上原有的符号含义又被增加了新的内容。"三才"就是这样一个新引入的重要概念。这在前文中已阐述过,不再赘述。

根据这样一个"三才"概念系统,坤所表征的就是太阴阶段中生产能力、市场供给能力和消费能力都非常柔弱的一个子阶段(如图 15.4)。

图 15.4 营销坤卦图　　图 15.5 营销艮卦图

而营销太阴阶段的艮所表征的是生产开始发生显著转变(如图 15.5),生产供给显著增强,呈现出明显阳刚之态,成为促进营销状态发展变化的有利因素。这样一个生产发生巨变的时间点就是工业革命。

工业革命导致生产供给能力突飞猛进,人类得以摆脱基本的生存挣扎状态,而人类的营销也得以转变,进入下一个阶段。工业革命之前,整个人类是一个为物质化生存而斗争的历史时期,因此我们也把营销的太阴阶段称作"物质化生存营销"阶段,或者"功能营销阶段",这一阶段的营销模式即称为"功能营销模式"。

(2)少阳阶段:"务完物""不负人"

所谓少阳,"易文化"中的符号表征为:▬▬。它所表征的是构成万物的两种基本力量处在阳长阴消的状态,而事物处于一种蓬勃的初长阶段。在此营销阶段,得益于工业革命,机器的介入,人类的生产在短期内突破了人类原本基于落后生产力基础上的消费需求水平。人类消费需求向更高水平发展,开始关注产品的质量,这是整个人类社会在摆脱基本生存后的共通发展方向。因为商品质量在本质上是商品功能在时空上的恒常性。[①] 人们对于质量的追求是一种本性,本质上是人们对自身物质化(生物性)生存的再次确认,它是天赋生存渴望的高端表现。"务完物""不负人"语出中国商业之神范蠡,意思指的就是出售货物讲究质量才能保证良好的商誉,才能获得商业的成功。

"易文化"中,少阳内部的迁衍如图 15.6 所示:

---

① 贾利军、李晏墅:《系统论视角下营销发展进程解析》,《南京社会科学》2009 年第 9 期。

图 15.6　少阳迁衍图

　　在上一阶段的艮中,天与人、地相比更强势。发展到坎,则人、天发生与上一个阶段截然不同的逆转,在新的阶段中,人与天、地相比则显得更为积极。对应到具体的营销实践中,即表明工业革命后,生产(天)发生了巨变,带来了人类营销向下一个阶段的转变。具体而言,在艮中天(生产)对于人(消费)的供给仅仅是一种数量上的供给,天对人的胜利是一种数量上的胜利。通俗而言,至少从技术而言工业革命带来的是吃饱喝足的年代,也正是这个原因,这个时候的天(生产)为阳 ▬,而人(消费)为阴 ▬▬。但工业革命之后,人类需求逐步开始发生了改变,即人类不再仅仅满足吃饱喝足而是转向"食不厌精,脍不厌细"的时代。对于这样一种转变,工业革命初期所能提供的单纯数量上的供给就无疑落后于人类的消费需求了。这也就是坎中的天(生产)逆转为阴 ▬▬,而人(消费)则逆转为阳 ▬。因此,在坎这样一个营销阶段里,营销是一个质量制胜的时代。中国传统刀具品牌如张小泉、王二麻子等就是在手工作坊时代,质量参差不齐的社会背景下,率先关注了产品功能之上的质量而名扬天下。[①]

　　少阳的突变阶段巽表征的则是天(生产)开始与人(消费)匹配起来的阶段。

　　工业革命以后,生产得到长足的发展。营销系统中商品供给因素显示出旺盛的生命力。除了基本的粮食供给能力,产业结构升级导致商品供给能力开始极大地丰富和多元化。伴随着工业革命,人类社会也开始了一场与之密切相关而且几乎同样意义深远的消费革命,企业间的竞争越来越激烈。质量营销从早期营销者对质量概念关注的零散状态转变为整个社会营销的主体方向与态势。随着国际贸易的迅猛发展,全球范围内的营销实践迫切需要质量管理和质量保证的国际化标准。全球意义上的质量标准的颁布与实行推动质量营销走向高峰,质量营销的概念已在全社会得到广泛认同和推广。盛极而衰,质量营销作为营销发展方向的地位逐渐衰弱,取而代之的是新的营销发展方向。这个时候,人类营销就进入另一个阶段:太阳阶段。

　　(3)太阳阶段:"因客制宜,货随其愿"

　　所谓太阳,"易文化"中的符号表征为: ▬。它所表征的是构成万物的两种力量

---

① 贾利军、周南、何佳讯:《基于太极生化模式的营销进化论思考》,《周易研究》2015年第3期。

在力量对比中,阳处于绝对的优势,是事物高速发展状态。得益于人类生产技术的突飞猛进,人类营销从少阳的巽(☴)发展到太阳的乾(☰)。工业革命以后,伴随着自动化生产技术的迅猛发展,生产领域的质量控制日新月异,人类生产在质量控制方面甚至可以达到近乎完美的 6 西格玛标准。与此同时,伴随着市场法规的健全,营销从业者总体素质的提高,整个市场的产品质量保证体系也日趋成熟,诸如"三包"此类的售后质量保证日益普及。人类营销实践中出现了较为少见的天(生产)地(市场)人(消费)三者匹配的状态,也即乾卦所表征的意义。

乾   兑

太阳

图 15.7
太阳迁衍图

不过营销太阳阶段乾态并没有持续很长时间,因为对于市场竞争而言,质量标准的数量化、确定性使得这种竞争要素的可模仿性在自动化生产技术下变得非常便捷和简单,这样就非常容易产生同质化的竞争。与此同时,产品质量的提升本身又存在着天然的上限,并不能无限提升。凡此种种,使得单纯以质量作为市场竞争重要砝码的营销模式出现短暂辉煌而又迅速衰落。①

营销从乾态向兑态(☱)转变。兑态所展示的是人类的生产能力到达一个技术高峰的时候,人类的市场选择和需求发展共同发生了超越生产的技术性水平的进展,本质根源在于人类物质之上的心理需求。消费者购买商品不仅仅是为了获得商品的基本使用价值,以及这种使用价值在时间和空间上的恒常性,还关心这种商品给他带来的内心愉悦感。② 这个阶段我们通常也称之为"心理营销阶段"。

网络技术普及之后,以上对心理感受性消费的追逐得到了网络技术的推波助澜。网络时代,整个社会分裂为两个世界,一个是真实的物质社会,另一个是虚拟的网络社会。在虚拟的网络社会里,纯粹意义上的虚拟商品无处不在,一个消费者甚至可以通过付费的方式在虚拟世界里获得一个与真实世界截然不同的身份,体会一种前所未有的生活方式。这个时候,现实社会中心理产品的消费加上虚拟社会中完全不同的虚拟体验,把心理营销推向了一个前所未有的高度。

(4)少阴阶段:"悲天悯人"而"天理人伦"

所谓少阴,"易文化"中的符号表征为:☳。它所表征的是构成天地万物的两种基本力量处于阳消阴长的阶段,通常事物在这个时候处于一种衰退的状态。市场营销繁盛在工业文明、市场经济的巅峰处,商业阶层炮制的消费至上主义是整个社会消费行为的圣经,商业利润最大化是营销的唯一目标,由此而引发了生态危机和各

① 贾利军、周南、何佳讯:《基于太极生化模式的营销进化论思考》,《周易研究》2015 年第 3 期。
② 贾利军、李晏墅:《从占有式生存到体验式生存——心理营销范式解读》,《经济管理》2011 年第 9 期。

种社会危机的日益沉重。面对这一发展困境,消费者开始从"人类中心倾向"和"无节制消费"的倾向中清醒过来,开始反思人类及其消费对整个自然生态的影响,以及消费与整个人类社会和谐的关系等。人类营销实践也就从太阳阶段的兑态转变为少阴阶段的离态,表征人(消费)相较于天(生产)略显温和与柔弱。这种温和与柔弱的根源不在于因外部对抗的失利,而是在于内部的自省。在整个生产、市场和消费系统中,出现了生产和市场完全有能力供给,而消费却是"弱水三千,只取一瓢"的景象。

伴随"消费者觉醒"而来的是"生产的觉醒",这也是从离(☲)到震(☳)的真实写照。生产开始反思人类物质生产与社会公正和生态环保而自我节制。不过需要指出的是这种"自我节制"有别于"消费者觉醒",它是一种社会民主进程和生态危机双重压力下的"自我节制"。

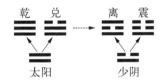

图 15.8 太阳—少阴迁衍图

在太阴阶段,无论对消费者还是销售者而言,营销都不再是一个简单的局部行为,而是被赋予了深刻的社会意义和生态意义。在这样一个营销阶段里,消费者开始从狭隘的自我中心中解脱出来。消费者在进行自我需求满足的消费过程中,开始考虑自身的消费给他人、社会、生态系统会带来什么样的影响。社会开始出现在自我需求满足、社会公正、生态和谐之间进行综合权衡的消费模式。而营销工作者的营销努力也不再仅仅以获取经济收益作为唯一目标,最能反映社会公正和生态保护的营销模式将获得最大的成功。这个时期的营销行为已经被打上了社会和生态的烙印,我们将这个阶段的营销称为"伦理营销阶段"。

当然,真正意义上的关注"天理人伦"的伦理营销应该是天、地、人之间的系统作用和共同指向,即下一轮四象迁衍太阴阶段中的坤态。在坤中,天(生产)因生态危机而自我节制,人(消费)因"消费者觉醒"而自我克制,地(市场)因天、人的节制而节制。

至此,从最初的坤,到下一轮四象迁衍中的坤,人类营销走完了一个完整的历程。从"重本节末,节制消费"到"悲天悯人"而"天理人伦",我们不难发现这期间的否定之否定,这也再一次印证了人类社会发展是一个螺旋式回环上升、发展的复杂历程。

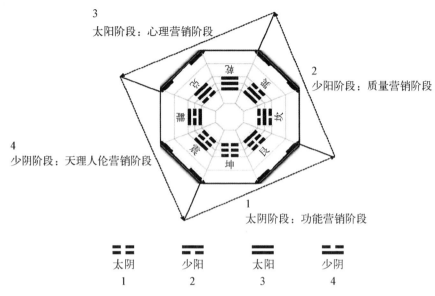

3
太阳阶段：心理营销阶段

2
少阳阶段：质量营销阶段

4
少阴阶段：天理人伦营销阶段

1
太阴阶段：功能营销阶段

太阴　　　少阳　　　太阳　　　少阴
1　　　　　2　　　　　3　　　　　4

图 15.9　人类营销发展历程四象、八卦图解

　　根据"易文化"中四象、八卦迁衍规律，太阴阶段是我们所能预见的人类营销的最后一个阶段。它所对应的是一种综观生态和谐、社会公正和个体幸福且融三者为一体的营销阶段。这也是当下中国对人类营销未来发展的期待。

　　"不忘本来才能开辟未来，善于继承才能更好创新。"①相信通过对中国传统商业（营销）思想的挖掘和阐发，可以为当代中国乃至世界正面临的在经济发展过程中，如何正确处理好生态保护（如环境污染问题）、社会公正（如贫富差距增大问题）、个体幸福（如贫困问题）等问题提供具有中国智慧的解决方案。

---

① 2014 年 2 月 24 日，习近平总书记在主持十八届中央政治局第十三次集体学习时的讲话。

第十六章　全球化时代中国特色大国外交的智慧与实践

当今世界正面临百年未有之大变局，国际体系和国际秩序深度调整，国际力量对比深刻变化。中华民族进入伟大复兴的关键阶段，全面改革开放进入攻坚期和深水区。面对国际形势新变化、中国发展新要求，习近平总书记强调："中国必须有自己特色的大国外交。"党的十八大以来，以习近平总书记为核心的党中央，创造性地提出构建"新型国际关系"的构想，人类命运共同体的理念，公平、开放、全面、创新的新发展观，共同、综合、合作、可持续的新安全观，义利相兼、以义为先的正确义利观，共商、共建、共享的新全球治理观，以及以平等为基础、以开放为导向、以合作为动力、以共享为目标的新全球经济治理观等，打开了中国特色大国外交新局面。在习近平外交思想指引下，中国特色大国外交更加自信，中国特色、中国风格、中国气派更加鲜明。

问题一：当前的国际形势有哪些特点？

问题二：习近平外交思想的基本内涵是什么？

问题三：中国特色大国外交的中国智慧可以用哪些中国话语来表达？

问题四：十八大以来中国外交在哪些方面积极进取？

"这是最好的时代，也是最坏的时代"，英国文学家狄更斯曾这样描述工业革命发生后的世界。今天，我们也生活在一个矛盾的世界之中。一方面，物质财富不断积累，科技进步日新月异，人类文明发展到历史最高水平；另一方面，地区冲突频繁发生，恐怖主义、难民潮等全球性挑战此起彼伏，收入差距拉大，贫困、失业现象迭出，世界面临的不确定性上升。对此，许多人感到困惑，世界到底怎么了？[①] 这是一个问题，一个事关人类未来前途和命运的重大问题。对于这个问题，有各种各样的

---

① 习近平：《共担时代责任　共促全球发展——在世界经济论坛 2017 年年会开幕式上的主旨演讲》，新华社瑞士达沃斯 2017 年 1 月 17 日电。

观点。有人说,经济全球化是诸多问题的罪魁祸首,应当重回保护主义和孤立主义;有人说,世界已经失序,既有的国际秩序和国际体系需要推倒重来;有人说,恐怖主义已无法消除,由此将引发新一轮的地区动荡和文明冲突;还有人说,传统大国和新兴大国的矛盾难以调和,世界发生冲突的可能性正在上升。总之,当今全球面临的问题清单越来越长,越来越棘手,世界仍未从“失序”中走出来。

中国有句古话:“以史为鉴,可以知兴替。”这早已不是我们第一次对现状进行反思,对未来作出选择。回顾历史的长河,我们曾经一次次走到生存发展的十字路口,一次次围绕和平还是战争、合作还是对抗、开放还是封闭作出影响深远的历史抉择。选对的时候,世界迎来和平与发展;选错的时候,就会付出火与血的代价。二十世纪发生的两场世界大战,就是离我们最近、代价最为惨痛的教训。或许,我们真的又一次站在了历史的十字路口。但与以往完全不同的是,我们已经身处一个各国利益相互交融、人类命运密不可分的世界,我们可能已经承受不起犯错的代价。对于形形色色的观点,我们可以秉持开放的态度,鼓励展开充分的讨论,激荡出思想的火花。但最终作出判断和选择,我们必须慎之又慎。①

面对这种乱象,国际社会把目光投向了中国,期待中国能够为世界的稳定与发展发挥更大作用,甚至有人期待中国能在国际体系、全球治理等方面扮演某种领导角色。作为国际社会的重要一员,中国当然不能也不会在这样重要的时刻置身事外。

一、当前国际形势的主要特点

当今世界正处在一个大发展大变革大调整时代,有人称之为“乱世”,有人称之为“变局”,有人称之为“无序”。认识世界发展大势,跟上时代潮流,是一个极为重要并且常做常新的课题。中国要发展,必须顺应世界发展潮流。要树立世界眼光、把握时代脉搏,要把当今世界的风云变幻看准、看清、看透,从林林总总的表象中发现本质,尤其要认清长远趋势。要充分估计国际格局发展演变的复杂性,更要看到世界多极化向前推进的态势不会改变;要充分预估世界经济调整的曲折性,更要看到经济全球化进程不会改变;要充分预估国际矛盾和斗争的尖锐性,更要看到和平与发展的时代主题不会改变;要充分预估国际秩序之争的长期性,更要看到国际体系

---

① 参见王毅:《共建伙伴关系,共谋和平发展——在中国发展高层论坛年会上的午餐演讲》,外交部网站:http://www.fmprc.gov.cn/web/ziliao_674904/zyjh_674906/t1447084.shtml。

变革方向不会改变；要充分预估我国周边环境中的不确定性，更要看到亚太地区总体繁荣稳定的态势不会改变。① 总体来看，当今的国际形势可以用"稳""乱""变""治"四个字来概括。

所谓"稳"，就是世界形势总体稳定，和平与发展的世界主题没有改变。发展问题没有根本解决，和平问题也没有彻底解决，但世界大战还打不起来，我们面临的国际社会基本上是动态稳定的。《中共中央关于制定国民经济和社会发展第十三个五年规划的建议》中有一个重要的判断："我国发展仍处于可以大有作为的重要战略机遇期，也面临诸多矛盾叠加、风险隐患增多的严峻挑战。要准确把握战略机遇期内涵的深刻变化，更加有效地应对各种风险和挑战，继续集中力量把自己的事情办好，不断开拓发展新境界。"

所谓"乱"，就是世界形势稳中有乱。联合国秘书长古特雷斯在 2017 年 9 月第七十二届联大一般性辩论会上向会员国汇报联合国工作报告中重点谈及阻挡人类前进之路的七大威胁和考验。② 第一，核危险。古特雷斯指出，使用核武器是不可想象的，威胁使用核武器也是绝不能容忍的。然而，今天全球对核武器的担忧达到了冷战结束以来的最高程度，而且并非无中生有。朝鲜以核试验、导弹试验发出挑衅，置数千万人于恐惧之中。……所有国家都必须显示更大决心，致力实现全世界消除核武器这一普世目标。核武器国家尤其有责任发挥带头作用。第二，恐怖主义的全球威胁。古特雷斯强调，恐怖主义仍在造成更多死亡和毁灭，任何原因、怨愤都无法为之辩解。光靠在战场上与恐怖分子交战、阻断其资金来源还不够，我们还须更进一步消除导致激进化的根源，包括消除真实存在、可能存在的不公正现象，消除青年人的高失业率和不满情绪。政治、宗教、族群领导人有责任站出来抵抗仇恨，作宽容温和的典范。我们需要团结起来，充分利用联合国相关文书，同时向幸存者提供更多支持。经验还表明，严厉镇压、粗暴方式会适得其反。第三，未解决的冲突以及对人道主义法的系统性违反。古特雷斯强调，战争没有赢家。从叙利亚到也门，从南苏丹到萨赫勒、阿富汗及其他地方，只有政治解决办法才能实现和平。冲突导致动乱，动乱导致暴力极端分子坐大。如不解决这些冲突，就无法根除恐怖主义。第四，气候变化让我们的希望陷入危险之中。古特雷斯表示，去年是有史以来最热的一年，过去十年也是有记录以来最热的十年。全球平均气温持续攀升、冰川在消融、永

---

① 《习近平出席中央外事工作会议并发表重要讲话》，新华网北京 2014 年 11 月 29 日电。

② H.E. Mr. António Guterres, *Secretary-General of the United Nations*, Secretary-General, 19 September 2017. https://gadebate.un.org/en/72/secretary-general-united-nations.

冻层在缩小、海平面上升等气候异常现象使数以百万计的人口、数以万亿计的资产面临风险。各国必须采取行动,在落实历史性的《巴黎协定》方面显示出更大的雄心。第五,日益严重的不平等正在破坏社会和社会契约的基础。第六,我们必须面对创新的黑暗面,网络安全威胁正日趋升级。第七,人口的流动,并不是一个威胁,而是一个挑战,如果得到妥善管理,可以帮助全世界团结起来。古特雷斯指出,看到难民、移民的形象被固化,被当作替罪羔羊,看到政治人物为捞选票煽起仇恨,感到十分痛心。当今世界,所有社会都在变得多文化、多种族、多宗教,必须将这一多样性视为日趋丰富化,而不是威胁。

所谓"变",是指世界形势乱中生变。其中一个最大的变化是中国的和平崛起和美国的实力下降。美国《福布斯》2017 年 3 月 26 日发表了一篇题为《未来——中国崛起,美国衰落》的文章。文章认为,放眼世界大局,新的大棋局不是西方资本主义对苏联共产主义,而是西方对以中国打头的东方;亚洲国家的增长如今更依赖中国而非美国,许多美国公司也依赖中国维持其增长,西方化时代行将终结;中国对于王朝兴衰习以为常,而美国人对本国衰落的观念要陌生得多;中国在地缘政治意义上的崛起"显然提出了美国能继续支配全球政治多久的问题",后西方世界已然开始。[1] 同时,以巴西、印度、俄罗斯、中国、南非为代表的一大批新兴市场国家和发展中国家异军突起,在国际事务中发挥着日益重要的作用。金砖国家的联合自强,推动了国际格局大演变、国际体系大调整。[2]

所谓"治",是指世界形势变中求治。实际上,"变"和"乱"是国际格局重组变革的必然过程,其中除了各种新的挑战,也蕴含着不少新的机遇。对于各国来说,关键是如何抓住机遇,克服挑战,努力推动国际格局朝着和平、稳定、公正,更加有利于世界发展繁荣的方向演进。当前,全世界 70 多亿人要和平不要战争,要发展不要贫穷,要合作不要对抗,已经是世界不可阻挡的潮流和全世界人民的共识,全球治理已是人心所向。联合国作为当代国际体系的核心机构,全球治理怎么样,联合国是一面镜子。联合国为人类和平与发展事业作出卓越贡献,但人人得享和平、发展和尊严的理想尚未实现。联合国应当顺应时代潮流,推动国际关系民主化、法治化和合理化。中国国家主席习近平在 2015 年的联大一般性辩论中,呼吁"构建以合作共赢为核心的新型国际关系,打造人类命运共同体"。这是习近平主席把握世界大势提

---

[1]　参见:《美媒:未来世界新格局"中国崛起,美国衰落"!》,《环球时报》2017 年 3 月 28 日。
[2]　《杨洁篪就金砖国家领导人第九次会晤和新兴市场国家与发展中国家对话会接受媒体采访》,外交部网站:http://www.fmprc.gov.cn/web/ziliao_674904/zyjh_674906/t1490622.shtml。

出的重大理念,也是探索人类社会向何处去提出的中国方案,同联合国宗旨一脉相承,与各会员国追求高度契合,得到国际社会的广泛理解与支持,成为我们共同奋斗的目标。当前人类追求更大发展繁荣的机遇前所未有,实现持久和平与永续发展的挑战也前所未有。联合国精神需要"再传承",联合国工作需要"再出发"。联合国要推动各方"彼此以善邻之道和睦相处",做世界和平的守护者;推动落实2030年可持续发展议程,做国际发展的推动者;推动国际关系民主化、法制化和合理化,做全球治理的引领者;推动不同文明"百花齐放",不同文化"百家争鸣",不同国度"百舸争流",做人类文明的沟通者。全球化是不可阻挡的时代潮流,既不是"西方化",也不是"东方化";既不能搞"丛林法则",更不能"赢者通吃"。联合国应本着共商、共建、共享原则,推动全球化朝着开放、包容、普惠、共赢的方向实现再平衡。中国的进步将继续为世界带来更大的和平红利、发展红利和治理红利。中国是世界和平的"稳定锚",是发展繁荣的"发动机",是多边主义的"助推器"。中国将始终把自己的梦想融入各国人民的共同梦想,用自身的发展助力世界各国的共同发展。中国愿与各国携起手来,共同开创人类更加美好的未来。①

二、习近平外交思想的中国智慧底蕴

党的十八大以来,以习近平同志为核心的党中央洞察国际风云演变,把握时代前进方向,站立世界发展潮头,创造性地提出一系列外交新理念、新思想、新战略,形成并确立了习近平外交思想,为指导新形势下的中国外交提供了理论和思想武器,为推动国际体系变革完善贡献了中国智慧和中国方案。

1. 习近平外交思想的丰富内涵②

第一,明确推进中国特色大国外交的前进方向。习近平敏锐把握中国与世界关系的历史性变化,强调中国必须有自己特色的大国外交,使我国对外工作有鲜明的中国特色、中国风格、中国气派。要坚持中国共产党领导,坚定中国特色社会主义道路自信、理论自信、制度自信和文化自信,为人类对更好社会制度的探索提供中国方案。要坚持和平发展,把中国发展与世界发展联系起来,在与世界各国良性互动、互利共赢中开拓前进。要积极为国家经济社会发展服务,为实施"走出去"和"引进来"

---

① 《王毅在第72届联合国大会一般性辩论上发表演讲》,人民网,联合国2017年9月21日电。

② 参见:《王毅:在习近平总书记外交思想指引下开拓前进》,外交部网站,http://www.fmprc.gov.cn/web/ziliao_674904/zyjh_674906/t1489118.shtml。

创造良好条件。在中国特色大国外交理念指引下,我们开拓进取、攻坚克难,开创了外交工作的崭新局面。

第二,确立打造人类命运共同体的追求目标。习近平本着对中国负责、为世界担当的博大情怀,提出齐心打造人类命运共同体的重要倡议,为人类社会实现共同发展、长治久安绘制了蓝图。习近平首先提出构建周边命运共同体,进而提出建设亚洲命运共同体,直至在联合国讲台上提出打造人类命运共同体的宏伟目标,并全面阐述了通过建设持久和平的世界、普遍安全的世界、共同繁荣的世界、开放包容的世界以及清洁美丽的世界,打造"五位一体"的人类命运共同体的总路径和总布局,使中国外交站在了人类道义和时代发展的制高点上。

第三,坚持追求合作共赢的核心原则。习近平倡导各国共同建立以合作共赢为核心的新型国际关系,强调不能身体已进入二十一世纪,而脑袋还停留在冷战思维、零和博弈老框框内,要跟上时代前进步伐,把合作共赢理念体现到政治、经济、安全、文化等对外合作的方方面面。合作共赢是对"二十一世纪国际关系向何处去"这一世纪命题的中国答案,强调以合作取代对抗、以共赢取代独占,推动各国同舟共济、携手共进,为建设美好世界提供了崭新思路。

第四,开辟构建全球伙伴关系的主要路径。习近平指出,要在坚持不结盟原则前提下广交朋友,形成遍布全球的伙伴关系网络。伙伴关系具有平等性、和平性、包容性,没有主从之分、阵营之别,不设假想敌,不针对第三方。志同道合是伙伴,求同存异也是伙伴。构建伙伴关系是对我国独立自主和平外交政策的继承和发展,突破了非友即敌或结盟对抗的冷战思维,为当今世界处理国与国关系提供了新模式。迄今,我国已同100个左右的国家、地区和区域组织建立了不同形式的伙伴关系,走出了一条"对话而不对抗、结伴而不结盟"的国与国交往新路。

第五,弘扬正确义利观的价值取向。习近平指出,在外交工作中要坚持正确义利观,政治上主持公道、伸张正义,经济上互利共赢、共同发展,国际事务中讲信义、重情义、扬正义、树道义。习近平特别指出,做周边和发展中国家工作,一定要坚持正确义利观;对那些长期对华友好且自身发展任务艰巨的周边和发展中国家,要更多考虑对方利益。习近平提出新安全观、新发展观、全球治理观等一系列新理念新思想,进一步丰富了中国外交的核心价值理念,得到国际社会特别是广大发展中国家普遍赞誉,成为社会主义中国软实力的独特标志。

第六,提出建设"一带一路"的重大倡议。习近平着眼构建我国全方位对外开放新格局和促进各国共同繁荣进步,提出建设丝绸之路经济带和二十一世纪海上丝绸之路的重大倡议。"一带一路"倡议秉持和平合作、开放包容、互学互鉴、互利共赢的丝路精神,把我国发展同沿线国家发展结合起来,把中国梦同沿线各国人民的梦想结合起来,赋予古代丝绸之路以全新的时代内涵,为世界提供了一项充满东方智慧的共同繁荣发展方案。在"一带一路"建设国际合作框架下,各方坚持共商、共建、共享原则,共谋发展新动力,拓展发展新空间,朝着构建人类命运共同体的目标不断迈进。

2. 习近平外交思想的重要特色①

第一,宽广深邃的历史视野。习近平以历史唯物主义的锐利目光,洞察时代潮流发展方向,高瞻远瞩地指出:中国正在前所未有地走近世界舞台中心,前所未有地接近实现中华民族伟大复兴的中国梦,前所未有地具有实现这个目标的能力和信心;我国同国际社会的互联互动已变得空前紧密。这些论断为我们分析形势、制定政策提供了科学指导,要求我们树立世界眼光,把握时代脉搏,从中华民族前进的纵坐标和世界力量对比的横坐标认清我国所处的历史方位,既不超越阶段盲目冒进,也不消极等待被动应付,坚持从世情、国情、党情出发,坚持从自身需要和战略目标出发,积极抢抓机遇,妥善化解挑战。

第二,统揽全局的战略思维。习近平以政治家和战略家的开阔视野,观大势、谋大事,亲自运筹外交工作顶层设计和战略谋划,强调中国外交要高举和平、发展、合作、共赢旗帜,统筹国内国际两个大局,统筹发展安全两件大事,牢牢把握坚持和平发展、促进民族复兴这条主线,为和平发展营造更加有利的国际环境,为实现"两个一百年"奋斗目标和中华民族伟大复兴的中国梦提供有力保障。习近平强调要将大国、周边、发展中国家及多边外交等各领域工作密切结合,通盘谋划、统筹协调、整体推进,首先实现了气势恢宏的外交开局,进而拓展为全面均衡的外交布局,使我国在复杂多变的国际格局中始终保持战略主动地位。

第三,主动进取的创新精神。习近平以改革者和开拓者的魄力,回应时代呼唤,响应人民诉求,把继承与发展、坚持与创新有机统一起来,在新中国外交理论和实践成果积累的深厚基础上,提出许多前人未曾提出过的新思想,引领中国外交开展许多前人未曾进行过的新实践,使新中国外交优良传统焕发出新的时代光芒,开创了马克思主义中国化的新境界。

第四,勇于担当的大国胸怀。习近平以社会主义大国领导人的气度,指出中国

---

① 参见《王毅:在习近平总书记外交思想指引下开拓前进》,外交部网站: http://www.fmprc.gov.cn/web/ziliao_674904/zyjh_674906/t1489118.shtml。

始终是世界和平的建设者、全球发展的贡献者、国际秩序的维护者,强调中国人是讲爱国主义的,同时也是具有国际视野和国际胸怀的;中国将在力所能及范围内积极承担更多国际责任和义务,同世界各国一道维护人类良知和国际公理,在国际和地区事务中主持公道、伸张正义。在习近平外交思想指导下,我们在国际上积极发出中国声音,发挥中国作用,越来越多的中国倡议上升为国际共识,越来越多的中国方案汇聚成国际行动,越来越多的中国机遇为世界各国共享。

3. 习近平外交思想的中国智慧表达

第一,历久弥新的和合智慧。基辛格难以想象,除了中国之外还有哪个国家的现代领导人会借用千年之前的战略方针作出一项牵动全国的决定。他的解释是,中国是独一无二的,没有哪个国家享有如此悠久、连绵不断的文明,也没有哪个国家能够对其古老的战略和政治韬略的历史及传统如此一脉相承。① 而"和合"思想正是中国传统文化中最富生命力的文化内核和因子,是中华民族数千年来追求的理想,譬如《易经·乾卦》中所描述的"大哉乾元! ……保合太和,乃利贞"的境界。天人合一的宇宙观、协和万邦的国际观、和而不同的社会观、人心和善的道德观构成的"和合"境界,被习近平形容为"贵和尚中、善解能容、厚德载物、和而不同"的伟大和谐思想,并成为外交实践的一大指导思想。这与美国等西方的冲突哲学形成了鲜明对照。冲突哲学的逻辑和做法是张扬冲突一面,希望通过直面冲突而解决冲突,再来寻求合作。因为"中国人从骨子底里没有侵略别国的文化基因",所以坚持走和平发展道路是从中国历史文化中得出的必然结论;因为中国具有"和而不同"的民族品格,所以力求促进文明交流的"和而不同和兼收并蓄",而不是张扬文明的冲突;因为中华文明强调天人合一、尊重自然,所以积极兑现减排承诺,共谋全球生态文明建设。

第二,推陈出新的义利智慧。中国历史曾出现过三次义利之辨,即春秋战国时期的义利之辨、宋明时期的义利之辨以及鸦片战争至"五四"时期的义利之辨,但最终占主流地位的则是儒家的义利之辨。中国文化之所以突出道义、强调义重于利,是因为中国早在两千多年前就已经形成"计利当计天下利,求名应求万世名"的义利智慧,并凝结为《易经》等人类文化的经典瑰宝流传下来。《易经·乾卦》中的"利者,义之和也",是中国文化义利融合的明证。"义"的内涵是合情、合理与合法,是中国政治哲学的价值理念,不同于西方国家利益至上的价值观。习近平提出的"计利当计天下利"、欢迎"搭便车"的义利观是中国外交得道多助的重要理念基础,同时"讲

---

① [美]亨利·基辛格著,胡利平等译:《论中国》,北京:中信出版社,2015年,前言部分。

信义、重情义、扬正义、树道义",也是中国对周边国家及发展中国家的庄严承诺。

第三,不竭动力的仁爱智慧。在中国的儒家思想看来,倘若实现世界和平、天下大同,不仅需要孟子主张的仁政,还须践行孔子提出的人人自觉行善,成就完美人格才行。换言之,孔子的"仁"字揭示了人性的真相,强调在动态过程中展现出人性的力量,真诚自觉地向善,走上人生正道;在人生正道上一以贯之地"择善固执"(《中庸》),最终达到人生的最高境界——"止于至善"(《大学》)。习近平创造性地转化儒家仁爱思想,将其创新性发展为仁爱智慧,首先用来解决中国同周边国家的关系。"亲诚惠容"的周边外交理念、"真实亲诚"的中非关系,其真谛都是以仁爱为本;和而不同、求同存异、聚同化异的思想基础也是仁爱为本;再进而强调"中国梦"与"各国梦"相通,主张从"各国梦"走向"世界梦"的大同之路,倡导世界各国共建人类命运共同体,将仁爱思想推到人类共同价值的极致。

第四,观今鉴古的历史智慧。习近平有着治国理政的大历史观,坚持马克思历史唯物主义,融合人文精神和科学实践于一体,汲取中国传统文化的历史智慧,认识中国和世界今天未来的发展趋势,按照历史规律和历史发展的辩证法,作出有历史眼光的明智决策。习近平是以一个民族的命运演变、一个国家的兴衰历史为基本关照,既重视民族的精神文化内核,又注重用鸟瞰的方法获得自身清晰的历史方位;既注重每个个体的心性修养(立德)和治平实践(立功、立言)的统一,又期待成为历史人物来贯通古今、应对挑战、开创新历史。习近平提出,要治理好今天的中国,需要对我国历史和传统文化有深入了解,也需要对我国古代治国理政的探索和智慧进行积极总结。实现"两个一百年"奋斗目标、实现中华民族伟大复兴的中国梦,需要充分发挥全党全国各族人民今天所具有的伟大智慧,也需要充分运用中华民族 5 000多年来积累的伟大智慧。中华民族的历史智慧是中国人民世世代代形成和积累的,我们要总结发扬,使之服务于实现中华民族伟大复兴的伟大事业。①

第五,崇尚诚信为本的中华美德。中国虽未彻底解决包括同周边国家在内的相关国家间的政治互信问题,但是,中国有着丰富的政治伦理思想,有着三千年治国理政的政治经验以及两千多年的国家间关系交往史,所以,中国有底气、有能力,并且责无旁贷地应该为实现国际社会的政治互信贡献中国的智慧。譬如,《尚书·大禹谟》记载的"人心惟危,道心惟微,惟精惟一,允执厥中",特别是"允执厥中",要求执政者以诚信和公平来把握持平的中道,中国传统政治文化的这"十六字心法",代代

---

① 《习近平在中共中央政治局第十八次集体学习时强调:牢记历史经验历史教训历史警示　为国家治理能力现代化提供有益借鉴》,《人民日报》2014 年 10 月 14 日。

相传,恪守不悖。因此,习近平 2013 年 10 月访问印尼国会时提出"人与人交往在于言而有信,国与国相处讲究诚信为本"。2014 年 7 月出访韩国之际,在韩媒发表《风好正扬帆》的署名文章强调:"'信'在东方价值观中具有重要地位,'无信不立'是中韩两国人民共同恪守的理念。中韩以信相交,确保了两国关系长期健康发展的牢固基础。"2014 年 6 月,在和平共处五项原则发表 60 周年纪念大会上,习近平引用"凡交,近则必相靡以信,远则必忠之以信",强调政治互信的重要性。

第六,秉持国际社会的公平正义。"大道之行也,天下为公。"公平正义是世界各国人民在国际关系领域追求的崇高目标。在当今国际关系中,公平正义远远没有实现。中华民族是崇尚公平与正义的民族。一是"均平"思想,像《论语》中的"不患寡而患不均,不患贫而患不安。盖均无贫,和无寡,安无倾"。二是敬老养老理念,比如《礼记》保留了上古"五十养于乡,六十养于国,七十养于学"的分级养老制度。三是救济弱者情怀。孟子指出,鳏、寡、孤、独,"此四者,天下之穷民而无告者,文王发政施仁,必先斯四者"。四是教育公平愿望。《礼记》指出:"大道之行也,天下为公,选贤与能,讲信修睦。"五是防止公权力滥用思想。孔子说"政者,正也""修己以安人""修己以安百姓",并提出五种美政:"惠而不费,劳而不怨,育而不贪,泰而不骄,威而不猛",要以敬的态度谨慎使用公权力,反对滥用权力,任意扰民,践踏民意,不顾民生。① 在国际舞台上,中国坚持公平正义的国际秩序,推动国际关系民主化。习近平提出:世界的命运必须由各国人民共同掌握,世界上的事情应该由各国政府和人民共同商量来办;垄断国际事务的想法是落后于时代的,垄断国际事务的行动也肯定是不能成功的。中国正推动各方在国际关系中遵守国际法和公认的国际关系基本原则,用统一适用的规则来明是非、促和平、谋发展;正在推进全球治理体系改革,体现各方关切和诉求,更好维护广大发展中国家正当权益。②

此外,不同文明交流互鉴的文明和谐观、"一带一路"的区域大合作观、共建共享共赢的新型国际安全观、"天下大同"的人类命运共同体理念等一系列独具中国特色的理念,一一展现着习近平外交思想中的中国哲学智慧。

4. 习近平外交思想的中国智慧形成

第一,从历史经验中汲取智慧。因为"历史是最好的教科书"③。"历史是最好的老师。在漫长的历史进程中,中华民族创造了独树一帜的灿烂文化,积累了丰富的

① 《习近平外交观中的民族品格》,"学习中国",2015 年 10 月 11 日。
② 《习近平在和平共处五项原则发表 60 周年纪念大会上的讲话(全文)》,新华网北京 2014 年 6 月 28 日电。
③ 习近平:《在对历史的深入思考中更好走向未来 交出发展中国特色社会主义合格答卷》,《人民日报》2013 年 6 月 27 日。

治国理政经验,其中既包括升平之世社会发展进步的成功经验,也有衰乱之世社会动荡的深刻教训。……治理国家和社会,今天遇到的很多事情都可以在历史上找到影子,历史上发生过的很多事情也都可以作为今天的镜鉴。中国的今天是从中国的昨天和前天发展而来的。要治理好今天的中国,需要对我国历史和传统文化有深入了解,也需要对我国古代治国理政的探索和智慧进行积极总结。"①习近平认为,要解决当今世界当代人类面临的突出难题,不仅需要运用人类今天发现和发展的智慧和力量,而且需要运用人类历史上积累和储存的智慧和力量。而中国优秀传统文化的丰富哲学思想、人文精神、教化思想、道德理念等,可以为人们认识和改造世界提供有益启迪,可以为治国理政提供有益启示,也可以为道德建设提供有益启发。② 尤其是,"中华文明历史悠久,从先秦子学、两汉经学、魏晋玄学,到隋唐佛学、儒释道合流、宋明理学,经历了数个学术思想繁荣时期。……中国古代大量鸿篇巨制中包含着丰富的哲学社会科学内容、治国理政智慧,为古人认识世界、改造世界提供了重要依据,也为中华文明提供了重要内容,为人类文明作出了重大贡献"。③ 所以,习近平在访问印度时,就鼓励两国青年多从中印古老文明中汲取智慧,在追求真理的道路上一路向前,心心相印、共创未来。④ 关于各国的发展模式,习近平认同历史学家的判断,即经济快速发展使社会变革成为必需,经济发展易获支持,而社会变革常遭抵制。⑤ 因为"世界上没有放之四海而皆准的发展模式,各方应该尊重世界文明多样性和发展模式多样化",所以更要"从各自的古老文明和发展实践中汲取智慧"⑥,促进共同发展繁荣。对于坚持构建中美新型大国关系的正确方向,习近平援引中国古人说的"度之往事,验之来事,参之平素,可则决之",用历史智慧给出了中国的建议。⑦ 关于"一带一路"倡议,他在多个场合反复强调:"一带一路"建设根植于历史,但面向未来。古丝绸之路凝聚了先辈们对美好生活的追求,促进了亚欧大陆各国互联互通,推动了东西方文明交流互鉴,为人类文明发展进步作出了重大贡献。我们完全可以从古丝绸之路中汲取智慧和力量,本着和平合作、开放包容、互学互鉴、互利共赢的丝路精神推进合作,共同开辟更加光明的前景。⑧

① 习近平:《牢记历史经验历史教训历史警示　为国家治理能力现代化提供有益借鉴》,《人民日报》2014年10月14日。
② 习近平:《在纪念孔子诞辰2565周年国际学术研讨会上的讲话》,新华网北京2014年9月24日电。
③ 习近平:《在哲学社会科学工作座谈会上的讲话》,新华社北京2016年5月18日电。
④ 习近平:《携手追寻民族复兴之梦——在印度世界事务委员会的演讲》。
⑤ 习近平:《共同构建人类命运共同体——在联合国日内瓦总部的演讲》,新华社日内瓦2017年1月18日电。
⑥ 习近平:《永远做可靠朋友和真诚伙伴——在坦桑尼亚尼雷尔国际会议中心的演讲》,《人民日报》2013年3月26日。
⑦ 《习近平在华盛顿州当地政府和美国友好团体联合欢迎宴会上的演讲》,新华网美国西雅图2015年9月22日电。
⑧ 习近平:《开辟合作新起点　谋求发展新动力——在"一带一路"国际合作高峰论坛圆桌峰会上的开幕辞》,新华社北京2017年5月15日电。

第二，从人民群众中汲取智慧。习近平始终坚持认为：群众的实践是最丰富最生动的实践，群众中蕴藏着巨大的智慧和力量。要解决矛盾和问题，就要深入基层，深入群众，拜群众为师，深入调查研究。一定要认真贯彻党的群众路线，坚持从群众中来到群众中去，一切相信群众，一切依靠群众，一切为了群众。[①] 在习近平看来，中国的古语"积力之所举，则无不胜也；众智之所为，则无不成也"与越南的俗语"独木难成林，三树聚成山"[②]，强调的都是集聚众人的力量和智慧去做事，没有不成功的。所以，习近平2015年9月在纽约联合国总部出席联合国发展峰会，并发表题为《谋共同永续发展　做合作共赢伙伴》的讲话时指出："我们的先辈集各方智慧，制定了联合国宪章，奠定了现代国际秩序基石，确立了当代国际关系基本准则。这一成就影响深远。"2016年9月，习近平在二十国集团工商峰会开幕式上发表题为《中国发展新起点　全球增长新蓝图》的主旨演讲中也强调"要充分汇集工商界的思想和智慧"，为二十国集团政策制定提供重要参考。2017年1月，习近平出席世界经济论坛2017年年会开幕式并发表题为《共担时代责任　共促全球发展》的主旨演讲，他在演讲中幽默地说道："大家从四面八方会聚这里，各种思想碰撞出智慧的火花，以较少的投入获得了很高的产出。我看这个现象可以称作'施瓦布经济学'。"这里他强调的还是聚集各方智慧，共商推动世界经济健康发展的大计。

第三，从书本知识中汲取智慧。"温故而知新"，在习近平看来，知识有前人传承的知识，也有今人创造的知识。前人传承的知识积累了人们历史上对处理人、社会、自然三者关系的重要认知和经验，今人创造的知识形成了人们应对时代问题的智慧和探索。所以这两方面的知识对人类继往开来都十分重要。[③] 任浙江省委书记时，他在《浙江日报》"之江新语"专栏谈《多读书修政德》中写道：我们国家历来讲究读书修身、从政以德。广大党员干部要养成多读书、读好书的习惯，使读书学习成为改造思想、加强修养的重要途径，成为净化灵魂、培养高尚情操的有效手段。习近平鼓励领导干部多读书的思想始终未变，并且在中央党校2009年春季学期第二批进修班暨专题研讨班开学典礼上作了题为《领导干部要爱读书读好书善读书》的讲话，系统阐述了他的读书观。习近平认为："爱学习、勤读书，通过读书学习来增长知识、增加智慧、增强本领，这是新形势下做一名称职的领导干部、胜任地履行领导职责的内在要求和必经之路"；"读书学习是领导干部胜任领导工作的必然要求。工欲善其

① 习近平：《办法就在群众中》，《之江新语》，第61页。
② 习近平：《携手开创中越关系的美好明天》，越南《人民报》，新华网北京2015年11月5日电。
③ 习近平：《在纪念孔子诞辰2565周年国际学术研讨会上的讲话》，新华网北京2014年9月24日电。

事,必先利其器。从古今中外历史中可以清晰地看到这样的现象:事有所成,必是学有所成;学有所成,必是读有所得"。所以"领导干部读书学习水平在很大程度上决定着工作水平和领导水平"。为此,他提出三点意见:一是领导干部要爱读书,二是领导干部要读好书,三是领导干部要善读书。他建议领导干部应当普遍阅读三方面的书:当代中国马克思主义理论著作、做好领导工作必需的各种知识书籍和古今中外优秀传统文化书籍。他在讲话中特别强调说:"优秀传统文化书籍作为古今中外文化精华的传世之作,思考和表达了人类生存与发展的根本问题,其智慧光芒穿透历史,思想价值跨越时空,历久弥新,成为人类共有的精神财富。特别是我们中华民族有着五千年的文明史,传统文化中的许多优秀文化典籍蕴涵着做人做事和治国理政的大道理。……要通过研读优秀传统文化书籍,吸收前人在修身处事、治国理政等方面的智慧和经验,养浩然之气,塑高尚人格,不断提高人文素养和精神境界。"2014年2月7日,习近平在俄罗斯索契接受俄罗斯电视台专访时谈道:"现在,我经常能做到的是读书,读书已成了我的一种生活方式。读书可以让人保持思想活力,让人得到智慧启发,让人滋养浩然之气。"

三、十八大以来中国外交上的积极进取

外交工作是党和国家工作全局的重要组成部分。在中国同世界关系发生深刻变化、中华民族进入伟大复兴关键阶段的历史背景下,习近平外交思想用马克思主义立场、观点、方法指导解决中国外交面临的新课题,科学回答了什么是中国特色大国外交、如何开展中国特色大国外交等重大问题,明确了新形势下对外工作的指导思想、基本原则、主要任务、战略策略、机制保障,是一个内涵丰富、思想深邃、系统完整的科学理论体系。

1. 中国外交工作原则与当前外交工作布局[①]

第一,明确新形势下对外工作的战略目标和重大使命。习近平科学判断世界发展大势、我国所处历史方位,明确指出我们前所未有地靠近世界舞台中心,前所未有地接近实现中华民族伟大复兴的中国梦,前所未有地具有实现这个目标的能力和信心。习近平强调,我国外交要高举和平、发展、合作、共赢的旗帜,统筹国内国际两个大局,统筹发展安全两件大事,坚持走和平发展道路,坚定维护国家主权、安全、发展

---

① 杨洁篪:《深入学习贯彻习近平总书记外交思想 不断谱写中国特色大国外交新篇章》,《求是》2017年第14期。

利益,维护和延长我国发展的重要战略机遇期,为实现"两个一百年"奋斗目标和中华民族伟大复兴的中国梦提供有力保障。这些重要论述深刻阐述了中国外交的性质、目标和使命,是我们开展对外工作的根本指针和遵循。

第二,坚定中国特色社会主义大国自信。习近平反复强调,全党要坚定中国特色社会主义道路自信、理论自信、制度自信、文化自信,中国共产党人和中国人民完全有信心为人类对更好社会制度的探索提供中国方案。党的十八大以来,面对国际风云变幻,中国外交攻坚克难,开拓前行,取得了举世瞩目的伟大成就。事实证明,中国特色社会主义是我国对外工作的最大优势、最大特色、最大机遇。坚持"四个自信",我们对外工作就有了根和魂,我国外交事业就有了前进动力和根本保证。

第三,提出构建人类命运共同体的宏伟蓝图。习近平本着"以天下为己任"的情怀,站在人类历史发展进程的高度,深刻洞察人类前途命运和时代发展趋势,提出了构建以合作共赢为核心的新型国际关系,齐心打造人类命运共同体的重要倡议,为人类社会实现共同发展、持续繁荣、长治久安指明了方向、绘制了蓝图,体现了中国将自身发展同世界共同发展相统一的全球视野、世界胸怀和大国担当,具有强大的吸引力、感召力和生命力。党的十八大以来,我国通过联合国、达沃斯世界经济论坛等重要多边舞台积极宣介构建人类命运共同体重大倡议,在对外交往中认真践行互利共赢理念,以实际行动不断推进构建人类命运共同体远景目标,赢得国际社会普遍赞誉。

第四,深化以发展全球伙伴关系为目标的全方位外交布局。习近平以卓越的政治家和战略家的宏大视野和战略思维,谋划运筹对外工作全局,并身体力行遍访五大洲不同类型的国家以及主要国际和区域合作组织。习近平与各国领导人、各界人士和社会民众广泛深入接触和交流,讲述中外互利合作的典型事例和人民交往的友好佳话,强调与各国人民结伴而行、共创美好未来的重大意义。党的十八大以来,我们以周边和大国为重点,以发展中国家为基础,以多边为舞台,以深化务实合作、加强政治互信、夯实社会基础、完善机制建设为渠道,全面发展同各国友好合作,我国全方位、宽领域、多层次对外交往格局更加丰富完整,我们的"朋友圈"覆盖全球。

第五,确立以"一带一路"建设为统领的对外开放新格局。习近平准确把握我国对外开放内外环境新变化,提出建设"一带一路"的重大倡议,坚定不移地推进新一轮高水平对外开放,欢迎各国分享中国发展机遇,为推动世界发展注入强大动力。四年来,共建"一带一路"逐渐从倡议变为行动,从理念转化为实践,成为开放包容的国际合作平台和各方普遍欢迎的全球公共产品,100多个国家和国际组织积极支持和参与,一大批有影响力的标志性项目顺利落地,我国与许多国家发展战略顺利对接,基础设施互联互通水平快速提升。不久前,我国成功举办"一带一路"国际合作高峰论坛,取得丰硕成果,进一步形成了各方携手共建"一带一路"的良好局面。

第六,展现捍卫国家主权安全利益的决心和意志。习近平明确指出,中国坚持走和平发展道路,不觊觎他国权益,但决不放弃我们的正当权益;任何国家不要指望我们会拿自己的核心利益做交易,不要指望我们会吞下损害我国主权、安全、发展利益的苦果。我们是这样说的,也是这样做的。党的十八大以来,我们在台湾、南海等一系列涉及我国重大核心利益的问题上,亮明立场,划出底线,敢于斗争,有力捍卫了我国的核心利益和正当权益,极大振奋了党心军心民心,也赢得了国际社会的广泛尊重。

第七,创新全球治理理念和实践。习近平深入发掘中华文化中独特的治理理念和智慧同当今时代的共鸣点,突出中国人民和世界人民的共同意愿,针对全球治理面临的重大现实问题和挑战,提出了全球治理观、新安全观、新发展观、正确义利观、全球化观等一系列新理念新主张,推动建立更加公正合理、普惠均衡的全球治理体系。党的十八大以来,我们通过主办北京亚太经合组织领导人非正式会议、二十国集团领导人杭州峰会以及出席一系列重大多边外交活动,积极参与和引领全球治理进程,为改革完善全球治理体系、推动建立更加公正合理的国际秩序讲好中国故事、贡献中国智慧、提出中国方案。

第八,坚持党中央统筹对外工作大局。习近平强调指出,办好中国的事情,关键在党。中国共产党的领导,既是中国特色社会主义的最本质特征,也是最大优势,更是我们应对各种内外复杂形势的根本保障。党的十八大以来,以习近平同志为核心的党中央总揽对外工作全局,进一步强化了中央外事工作领导小组职能,召开周边外交工作座谈会和中央外事工作会议,加强对外工作顶层设计、战略谋划和统筹协调,制定完善重大外事管理规定,推进实施对外工作体制机制改革,统领各方协同发力,为对外工作不断攻坚克难、胜利前行提供了强大政治保障。

2. 中国今后外交工作思路①

当今世界正处在大发展、大变革、大调整时期,中国外交面临着前所未有的机遇和挑战。我们要牢固树立"四个意识",坚定理想信念和责任担当,自觉在思想上、政治上、行动上,同以习近平同志为核心的党中央保持高度一致,深入贯彻习近平外交

---

① 杨洁篪:《深入学习贯彻习近平总书记外交思想　不断谱写中国特色大国外交新篇章》,《求是》2017 年第 14 期。

思想,推动我国对外工作不断迈上新台阶,为实现"两个一百年"奋斗目标和中华民族伟大复兴的中国梦创造良好外部条件,为推动人类和平与发展的进步事业作出新的重要贡献。

第一,紧紧围绕党和国家中心工作,加强对外战略统筹谋划。我们要科学研判国际形势和世界发展大势,牢牢把握坚持和平发展、促进民族复兴这条新时期对外工作的主线,坚持统筹国内国际两个大局,坚持稳中求进工作总基调,深入推进中国特色大国外交理论和实践创新,巩固提升我国主动有利的战略地位,更好服务国内改革发展稳定大局,不断开创中国特色大国外交新局面。

第二,努力深化对外战略全方位布局,营造更加和平稳定的外部环境。我们要坚持在和平共处五项原则基础上同各国发展友好合作,构建全球伙伴关系网络;要加强大国协调与合作,不断扩大利益汇合点,构筑总体稳定的大国关系架构;要坚持"亲诚惠容"理念,不断深化与周边国家睦邻友好合作,努力夯实周边战略依托;要弘扬正确义利观,不断拓展南南合作新内涵,增强同发展中国家互信、团结与合作。

第三,扎实推进"一带一路"建设,拓展对外开放新格局。我们要以"一带一路"国际合作高峰论坛成功召开为契机,秉持共商、共建、共享理念,推动落实高峰论坛达成的共识与成果;深化互利共赢开放战略,推进形成更加宽广多元的对外开放格局;积极维护多边贸易体制主渠道地位,促进国际贸易和投资自由化便利化,反对一切形式的保护主义,全力推动构建开放型世界经济。

第四,深度参与全球治理,推动建立更加公正合理的国际政治经济新秩序。我们要倡导并践行新型全球治理观,维护联合国在处理国际和平与安全事务中的核心地位和主渠道作用,支持二十国集团、亚太经合组织等发挥积极作用,推动国际秩序和国际体系朝着更加公正合理的方向发展;加强金砖机制建设,办好金砖国家领导人厦门会晤,提升新兴市场国家和发展中国家在国际治理体系中的话语权。

第五,有效强化底线思维,维护国家主权、安全和发展利益。维护国家的核心利益是中国外交的神圣使命。我们要坚持将维护国家利益作为对外工作的基本出发点和落脚点,坚定捍卫自身领土主权和正当的海洋权益;坚持一个中国原则,坚决反对和遏制"台独"分裂图谋,推进祖国统一;加强反恐、网络和执法等领域国际合作,维护和促进国家安全;完善构建高效有力的海外利益保护体系,切实保障我国公民和企业在海外的合法权益。

第六,积极做好政策宣示和公共外交,不断提升我国道义感召力。我们要坚定"四个自信",积极开展治国理政经验交流,深入阐释中国特色社会主义理论和方略;

大力宣介中国坚持走和平发展道路和推动构建人类命运共同体的深刻内涵,努力提出解决热点问题的新理念、新倡议、新方案,彰显负责任大国形象;倡导不同文明对话,增进社会人文交流,让中国梦同世界各国人民的美好梦想"美美与共"。

思想引领方向,实干铸就辉煌。中国正站在新的历史起点上,时代赋予中国外交新的伟大历史使命。外交工作者需要深入学习领会和贯彻落实习近平外交思想,锐意进取,奋力开拓,不断谱写中国特色大国外交新篇章,为实现"两个一百年"奋斗目标和中华民族伟大复兴的中国梦、为实现世界持久和平与共同发展作出新的更大贡献。

后　记

2017年秋季学期,通识选修课程"中国智慧"在华东师范大学闵行、中北校区开设,受到大学生们的热烈欢迎和由衷喜爱。这是一门由来自哲学系、中文系、古籍所、美术学院、音乐系、历史学系、社会发展研究院民俗学研究所、经济管理学部、国际关系与地区发展研究院的十六名热爱中国智慧并有志于将之在大学生中传播的教师共同讲授的课程。《中国智慧》这本教材就是这门课的一个产儿,可以说是集体智慧的结晶。许多在课堂有限时间里未及展开的内容,在本书中得以较为详尽地阐述。

本书共分为四大部分,共十六章。童世骏任主编,撰写导言并拟定全书整体框架。龚咏梅任副主编,负责编务和统稿。各章分工如下:

第一编　哲学与科技的智慧:第一章　先秦诸子的智慧(苟东锋),第二章　儒道思想的智慧(苟东锋),第三章　传统科技的智慧(傅海辉)。

第二编　文学与艺术的智慧:第四章　古典诗词中的智慧(方笑一),第五章　《红楼梦》中的道家智慧(王冉冉),第六章　汉字中的智慧(吕志峰),第七章　书法中的智慧(刘志基),第八章　绘画中的智慧(张晶),第九章　中国智慧的声乐表达(石春轩子)。

第三编　民俗与礼仪的智慧:第十章　岁时节日里的中国智慧(王均霞),第十一章　传统手工艺中的智慧(李柯),第十二章　神话中的中国智慧(田兆元)。

第四编　经世与致用的智慧:第十三章　传统中国的治世智慧(瞿骏　王锐),第十四章　传统中国的理政智慧(李磊),第十五章　中国传统商业(营销)智慧(贾利军),第十六章　全球化时代中国特色大国外交的智慧与实践(阎德学　余南平)。

初稿经下列专家审稿,一并鸣谢(排名不分先后):樊祖荫、马秋华、陈卫平、郁振华、李似珍、晋荣东、李舜华、程华平、刘志基、潘玉坤、杨烜、张同标、顾平、林忠军、孙正国、吴效群、王公龙、王东、章义和、孟钟捷。感谢上海教育出版社林凡凡女士对本书的精心编辑加工。感谢上海市教委、华东师大教务处、马克思主义学院对本书编写给予的大力支持。

尽管作者在专家意见基础上对书稿进行了修改,但仍难免存在错讹疏漏,希望广大读者批评指正。本书以其宽阔的视野,适合作为了解中国智慧的入门书籍。

本书编写组

图书在版编目(CIP)数据

中国智慧/童世骏主编. —上海：上海教育出版
社,2019.8（2022.10重印）
（中国系列丛书）
ISBN 978-7-5444-9113-6

Ⅰ. ①中… Ⅱ. ①童… Ⅲ. ①中华文化-青年读物
Ⅳ. ①K203－49

中国版本图书馆 CIP 数据核字(2019)第 119275 号

责任编辑　林凡凡
封面设计　郑艺

中国智慧 ZHONGGUO　ZHIHUI
童世骏　主编　龚咏梅　副主编
―――――――――――――――――――――――――――

出版发行　上海教育出版社有限公司
官　　网　www.seph.com.cn
地　　址　上海市闵行区号景路159弄C座
邮　　编　201101
印　　刷　上海展强印刷有限公司
开　　本　700×1000　1/16　印张18　插页3
字　　数　310千字
版　　次　2019 年 8 月第 1 版
印　　次　2022 年 10 月第 2 次印刷
书　　号　ISBN 978-7-5444-9113-6/D·0114
定　　价　68.00 元
―――――――――――――――――――――――――――

如发现质量问题，读者可向本社调换　　电话：021－64373213